RECHERCHES

PHILOSOPHIQUES

SUR

LES PREUVES

DU

CHRISTIANISME.

NOUVELLE ÉDITION,

Où l'on trouvera quelques Additions, & des Notes propres à faciliter l'intelligence de l'Ouvrage à un plus grand nombre de Lecteurs.

Par C. BONNET,

de diverses Académies.

A GENEVE,

Chez CLAUDE PHILIBERT & BARTH. CHIROL

M. DCC. LXX.

Heureux ceux qui ont cru fans avoir vu.

Je n'ai point honte de l'Evangile de CHRIST.

Il a mis en évidence la Vie & l'Immortalité.

PRÉFACE.

MA principale attention dans ces *Recherches*, a été de ne rien admettre d'essentiel qu'on pût me contester raisonnablement en bonne Philosophie. Je ne suis donc parti que des Faits les mieux constatés, & je n'en ai tiré que les Résultats les plus immédiats. Je n'ai parlé ni d'*Evidence* ni de *Démonstration* : mais ; j'ai parlé de *Vraisemblances* & de *Probabilités*. Je n'ai supposé aucun *Incrédule* : les mots d'*Incrédule* & d'*Incrédulité* ne se trouvent pas même dans tout mon Livre. Les *Objections* de divers genres, que j'ai discutées, sont nées du fond de mon Sujet, &

je

je me les suis proposées à moi-même. Je n'ai point touché du tout à la *Controverse* : j'ai voulu que ces *Recherches* pussent être lues & goûtées par toutes les Sociétés Chrétiennes. Je me suis abstenu sévérement de traiter le *Dogme* : je ne devois choquer aucune Secte : mais ; je me suis un peu étendu sur la Beauté de la *Doctrine*.

Je n'ai pas approfondi également toutes les Preuves ; mais, je les ai indiqué toutes, & je me suis attaché principalement à celles que fournissent les *Miracles*.

Les Lecteurs que j'ai eu sur-tout en vue, sont ceux qui *doutent* de bonne-foi, qui ont tâché de s'éclairer & de fixer leurs Doutes ; de résoudre les Objections, & qui n'y sont pas parvenus. Je ne pouvois ni ne
devois

devois m'adreſſer à ceux dont le Cœur a corrompu l'Eſprit.

Dans la multitude des Choſes que j'ai eu à expoſer, il s'en trouve beaucoup qui ne m'appartiennent point : comment aurois-je pu ne donner que du neuf dans une Matière qui eſt traitée depuis ſeize Siècles par les plus grands Hommes, & par les plus ſçavans Ecrivains? Je n'ai donc aſpiré qu'à découvrir une *Méthode* plus abrégée, plus ſûre & plus philoſophique de parvenir au grand But que je me propoſois.

J'ai tâché d'enchaîner toutes mes Propoſitions ſi étroitement les unes aux autres, qu'elles ne laiſſaſſent entr'elles aucun vuide. Peut-être cet enchaînement a-t-il été moins dû à mes efforts, qu'à la nature de mon *Plan.* Il étoit tel que je prévoyois

aſſez

aſſez, que mes Idées s'enchaîneroient
d'elles-mêmes les unes aux autres, &
que je n'aurois qu'à me laiſſer conduire par le Fil de la Méditation.

Qu'il me ſoit permis de le remarquer : la plupart des Auteurs que j'ai
lus, & j'en ai lu beaucoup ; m'ont
paru avoir deux défauts eſſentiels : ils
parlent ſans ceſſe d'*Evidence* & de *Démonſtration*, & ils apoſtrophent à tout
moment ceux qu'ils nomment *Déiſtes*
ou *Incrédules*. Il ſeroit mieux d'annoncer moins ; on inſpireroit plus de
confiance, & on la mériteroit davantage. Il ſeroit mieux de n'apoſtropher
point les *Incrédules* : ce ſont eux qu'on
veut éclairer & perſuader ; & l'on
commence par les indiſpoſer. S'ils
ne ménagent pas toujours les Chrétiens ; ce n'eſt pas une raiſon pour
les Chrétiens de ne pas les ménager
toujours.

Un

Un autre défaut, que j'ai apperçu dans presque tous les Auteurs que j'ai étudiés & médités, est qu'ils *dissertent* trop. Ils ne sçavent pas resserrer assez leurs raisonnemens ; je voulois dire, les *comprimer* assez. Ils les affoiblissent en les dilatant, & donnent ainsi plus de prise aux Objections. Quelquefois même il leur arrive de mêler à des Argumens solides, de petites réflexions *hétérogènes*, qui les infirment. La paille & le chaume ne doivent pas entrer dans la Construction d'un Temple de Marbre élevé à la VERITE'.

Le désir de prouver beaucoup, a porté encore divers *Apologistes*, d'ailleurs très estimables, à donner à certaines considérations une valeur qu'elles ne pouvoient recevoir en bonne *Logique*.

Je n'ai rien négligé pour éviter ces

b

louables, fi affortis à ma manière de
fentir & de penfer, fi appropriés à la
Fin la plus générale de mon Travail;
que je n'ofe prefqu'avouer la réfiftan-
ce que je leur oppofai. Ce Morceau
ne me fembloit point fait pour être
imprimé féparément : je l'avois adreffé à ces Philofophes, que je défirois
de conduire à la Vérité par des routes
nouvelles. Il ne me paroiffoit donc
point convenable de le détacher des
Parties qui le précédoient, & avec
lefquelles il avoit des liaifons fi naturelles & fi philofophiques. Je ne pouvois me réfoudre à refondre en entier
les Parties les plus métaphyfiques de
ce Morceau ; moins encore à les fup-
primer : elles étoient trop enchaînées
les unes aux autres & au Tout : j'étois
fatigué ; j'avois befoin de repos, après
avoir parcouru en affez peu de temps
une Carrière affez longue & qui n'é-
toit pas facile : une refonte un peu
consi-

confidérable m'auroit jetté dans un travail d'autant plus pénible, qu'il auroit été moins analogue au genre de ma Compofition & à ma manière de philofopher.

Afin donc de concilier, s'il étoit poffible, mes convenances avec les befoins de ces Lecteurs auxquels on defiroit que je me rendiffe plus utile, j'ai eu recours à quelques expédiens, qui m'ont paru fatisfaire au but, au moins en partie, & dont je vais dire un mot.

J'ai changé les *Partitions* de l'Ouvrage : elles étoient trop générales pour la nouvelle forme que je voulois lui donner : je l'ai divifé par *Chapitres* : je les ai diftribués & multipliés rélativement à l'ordre & à la diverfité des Sujets. J'ai mis à la tête de chaque Chapitre un *Titre particulier*, qui indique

dique brièvement & clairement la Matière du Chapitre. Ces Titres m'ont paru propres à faire faillir davantage ma marche, la fuite & la liaifon de mes Idées.

J'ai fupprimé le plus qu'il m'a été poffible, les Termes *fcientifiques* ; je leur ai fubftitué des Termes plus connus ou plus populaires ; & lorfque cette fubftitution ne pouvoit avoir lieu fans changer ou affoiblir l'Idée, ou fans employer une trop longue périphrafe, j'ai expliqué le terme *propre* dans une courte Note, que j'ai placée au bas de la page. J'ai fait ufage de femblables Notes, pour déterminer d'une manière plus précife les Idées que j'attachois à certaines expreffions & prévenir ainfi toute équivoque.

J'ai retranché la plus grande partie des *Renvois* à mes autres Ecrits : ils m'am'avoient paru utiles , quelquefois néceſſaires dans la *Palingénéſie ;* parce qu'elle étoit un *Supplément* à ces Ecrits. Je me ſuis donc borné à l'ordinaire , à renvoyer le Lecteur à ce que j'avois expoſé dans tel ou tel Chapitre de l'Ouvrage même.

J'ai fait çà & là dans le Texte quelques *Additions* plus ou moins importantes. Le Chapitre xxxix , par exemple , eſt entièrement neuf , & répond à une Objection aſſez ſpécieuſe.

J'ai répondu dans différentes Notes à d'autres Objections , auxquelles je n'avois pas été appellé à toucher dans le Texte , & que je n'aurois pu y incorporer qu'en faiſant , pour ainſi dire , des trous dans le Tiſſu. J'avois filé , en quelque ſorte , mon Ouvrage , comme le Ver-à-ſoie file ſa Coque.

D'au-

D'autres Notes, la plupart fort courtes, ont été deſtinées à caractériſer par quelques traits généraux, divers Perſonnages que je ne faiſois que nommer dans le Livre. D'autres enfin ont été employées à développer un peu plus certains endroits du Texte, ou à y répandre plus de jour.

J'ai uſé ſobrement de la liberté de faire des Notes. Je me ſuis borné à celles qui m'ont ſemblé les plus néceſſaires ou les plus utiles. Les Notes ont toujours l'inconvénient d'interrompre la lecture du Texte : elles retardent la marche de l'Eſprit ; & quand les Idées ſont fort enchaînées ; quand le Tiſſu eſt par-tout continu, cet inconvénient devient plus conſidérable encore.

Je ne parle point de quelques endroits du Texte, que j'ai cru devoir
retran-

retrancher, ni des motifs qui m'ont porté à les retrancher. Ces endroits font en trop petit nombre & trop peu importants pour que je doive m'y arrêter.

Cette nouvelle Edition de mes *Recherches fur le* Christianisme , comprend donc depuis la Partie xvi de la *Palingénéfie* , jufqu'à la Partie xxi inclufivement. Je n'ai pas jugé convenable d'inférer dans cette nouvelle Edition la Partie xxii , qui a pour objet les *Conjectures* que je formois *fur les Biens à venir.* De légères Conjectures fur la Vie à venir , auroient été déplacées dans un Ouvrage confacré uniquement à l'Examen *logique* & *critique* des *Preuves* de la Vie à venir.

Dans la Préface de la *Palingénéfie,* je ne préfentois ces *Recherches* que comme une fimple *Efquiffe* : c'étoit

c   **même**

même le Titre que je leur avois donné : „ pouvois-je, avois-je dit, an-
„ noncer plus, rélativement à la gran-
„ deur du Sujet & à la médiocrité de
„ mes Connoissances & de mes Ta-
„ lents ! " Je ne changerai pas ici de
langage : ma manière de sentir n'a
pas changé ; & mon nouveau Travail
sur le CHRISTIANISME m'y auroit affer-
mi, si j'avois eu besoin de l'être. Je
le disois ailleurs, * en parlant d'un
Sujet bien différent : je le répèterai
ici avec plus de fondement encore :
„ lorsqu'on traite des Matières aussi
„ difficiles, si l'on ne songe guères à
„ paroître modeste ; c'est qu'on est
„ forcé de l'être. "

Ainsi, en intitulant cet Ecrit, *Recherches sur le* CHRISTIANISME, je lui ai
donné le seul Titre qui pouvoit lui
conve-

---

* Préface de la *Contemplation de la Nature*, p. VII.

convenir. Il ne contient, en effet, que des *Recherches* : il n'eſt point du tout un *Traité* ; bien moins encore une nouvelle *Démonſtration Evangeli-que* : je ne m'y produis par-tout que comme un ſimple *Chercheur* de la Vé-rité, & je ne me preſſe point de croire l'avoir trouvée. Les Argumens les plus ſpécieux ſont toujours ceux que j'examine avec le plus de ſévérité, & je n'y acquieſce jamais que lorſqu'il me paroît que je choquerois autant le ſens-commun que la Logique, ſi je n'y acquieſçois point. Puis-je eſpérer, que cette marche ſi réſervée ; j'ai preſ-que dit *ſocratique*, qui plait tant aux Sages qui ſçavent aller à la Vérité par la route épineuſe du Doute philoſo-phique, ne déplaira pas à ceux qui ſont aſſez heureux pour ne douter point ?

Au reſte ; les Perſonnes qui ne ſont

pas verſées dans les Parties *métaphyſi-*
ques de mon Sujet, pourront, ſi elles
le veulent, ne commencer la lecture
de l'Ouvrage qu'au Chapitre vi. J'ai
bien fait, à la vérité, quelques Notes
pour éclaircir un peu ces Parties métaphyſiques ; mais, pour les mettre
davantage à la portée des Lecteurs
dont je parle, il auroit fallu un Com-
mentaire plus étendu que le Texte.

Je ne ſçaurois finir cette Préface,
ſans dire quelque choſe de l'*Hypothèſe*
que j'ai propoſée ſur les *Miracles.* J'ai
expoſé dans le Chapitre v les Fondemens métaphyſiques de cette Hypothèſe. J'ai eſſayé de l'appliquer à quelques Exemples particuliers, ou pour
parler plus exactement, je n'ai guères
fait qu'indiquer l'application qu'on
pourroit en faire à ces Exemples.
Ceux qui poſſèdent les Principes dont
je ſuis parti, jugeront de cette Hypothèſe.

thèſe. Mais, je crois devoir déclarer
ici de la manière la plus expreſſe, que
je n'ai point prétendu combattre le
Sentiment qui eſt le plus généralement admis ſur les *Miracles*. Le Lecteur éclairé préférera celle des deux
Opinions, qui lui paroîtra la plus conforme à la Raiſon & à la REVELATION.
Je n'ai point cherché à faire des Pro-
ſélytes à mes petites Opinions : l'on
ne ſçait pas combien j'y ſuis peu attā-
ché, & combien je ſerai toujours diſ-
poſé à avouer publiquement mes erreurs, dès qu'on me les aura fait appercevoir. J'ai dit naïvement & clairement ce qui m'avoit paru le plus
probable ou le plus harmonique avec
les Principes fondamentaux & ſi lumi-
neux de la *Théologie naturelle* & de la
Coſmologie. Il me ſemble toujours,
que ſi l'on y regarde de fort près, on
reconnoîtra, que tout ſe réduit ici
à examiner; s'il eſt poſſible que DIEU

ait

aît tout préordonné par un Acte *unique* de sa VOLONTE' : car si cette Pré-ordination *universelle* est possible, il devra paroître très indifférent au grand But des *Miracles*, que DIEU soit intervenu *immédiatement* dans un certain Temps & dans un certain Lieu pour les produire ou qu'IL aît préparé dès le commencement les *Causes* qui devoient les opérer. Ainsi, soit que DIEU agisse dans le Temps par des Volontés *particulières*, soit qu'IL aît agi hors du Temps par une Volonté *générale*, qui a embrassé la multitude infinie des Effets particuliers, la Chose ne revient-elle pas précisément au même & dans la Nature & dans la GRACE ? Si le *physique* a pu être enchaîné avec le *moral* ; si les *Priéres* ont pu être prévues par l'INTELLI-GENCE ADORABLE aux yeux de LAQUELLE tout est à nud dans la Création ; si cette Prévision, tout-à-fait exté-

extérieure à la Liberté humaine, ne détruit point cette Liberté; pourquoi rejetteroit-on comme abſurde, ou comme dangereuſe, une Hypothèſe qui s'accorde ſi bien avec les Princi-pes d'une ſaine Philoſophie, & qui donne de ſi hautes Idées du GRAND AUTEUR de l'Univers?

A Genthod, près de Genève le 29. d'Avril 1770.

TA

TABLE

DES

CHAPITRES.

CHAP.

Fin de la Table.

ERRATA.

(Le Lecteur est prié de faire usage de cet Errata avant que de commencer la lecture du Livre.)

Page 11. *lig.* 4. INFINIE, *lisez* INFINIES.

P. 45. *lig.* 2. *de la Note*, m'avoit, *lisez* m'avoient.

P. 97. *lig.* 10. font, *lisez* sont.

P. 201. *lig.* 21. *de la Note*, laissent, *lisez* laissent.

P. 287. *lig.* 1 & 2. certide, *lisez* certitude.

P. 303. *lig.* 5. ses Ecrits, *lisez* ces Ecrits.

P. 312. *lig.* 23 *de la Note* choses, *lisez* choses.

P. 439. *lig.* 3. portant, *lisez* portent.

RECHERCHES

PHILOSOPHIQUES

SUR LES PREUVES

DU

CHRISTIANISME.

CHAPITRE UN.

Principes préliminaires.

La Nature de l'Homme.

L'HOMME eſt un *Etre-mixte :* (a) il réſulte de l'Union de deux Subſtances. L'Eſpèce *particuliére* de ces deux Subſtances, & ſi l'on veut

_____

(a) On entend par un *Etre-mixte*, un Etre formé de l'Union d'une *Ame* & d'un *Corps*.

veut encore, la *manière* dont elles font unies, conſtituent la *Nature* propre de cet Etre, qui a reçu le nom d'*Homme*, & le diſtinguent de tous les autres Etres.

Les *Modifications* (b) qui ſurviennent aux deux Subſtances, par une ſuite des diverſes circonſtances où l'Etre ſe trouve placé, conſtituent le *Caractère* propre de chaqu'*Individu* de l'Humanité.

L'Homme a donc ſon *Eſſence*, (c) comme tout ce qui eſt ou peut être. Il étoit de toute Eternité dans les Idées de l'ENTENDEMENT DIVIN, ce

---

(b) Ce Mot exprime en général tous les changemens qui ſurviennent ou peuvent ſurvenir à un Etre. Ainſi les différentes *Figures* qu'un Corps revêt, ſont différentes *Modifications* de ce Corps. Il en eſt de même des *Idées* de l'Ame ; elles ſont auſſi des *Modifications* de l'Ame.

(c) L'*Eſſence* d'une choſe eſt ce qui fait qu'elle eſt ce qu'elle eſt, ou ſi l'on veut, qu'elle nous paroît

être

qu'il a été, lors que la VOLONTÉ EFFICACE l'a appellé de l'état de simple *Possible* à l'Etre.

Les *Essences* sont *immuables*. Chaque chose est ce qu'elle est. Si elle changeoit *essentiellement*, elle ne seroit plus cette Chose : elle seroit une autre Chose essentiellement différente.

L'ENTENDEMENT DIVIN est la Région éternelle des *Essences*. DIEU ne peut changer SES IDÉES, parce qu'IL ne peut changer SA NATURE. Si les *Essences* dépendoient de SA VOLONTÉ, la même Chose pourroit être

___

être ce qu'elle est. Ainsi nous disons, que l *Etendue* & la *Solidité* constituent l'*Essence* du Corps ; parce que le Corps nous paroît toujours *étendu* & *solide* & que nous ne sçaurions nous le représenter sans *étendue* & sans *solidité*. Voyez la Préface de l'*Essai Analytique sur les Facultés de l'Ame*, pag. XIII. XIV. XV. de l'Edit. in-4°.

A 2

être cette Chose , & n'être pas cette Chose.

Tout ce qui est, ou qui pouvoit être, existoit donc d'une manière *déterminée* dans l'ENTENDEMENT DIVIN. L'Action par laquelle DIEU a *actualisé* les *Possibles* ne pouvoit rien changer aux *Déterminations essentielles* & *idéales* (d) des *Possibles*.

Il existoit donc de toute éternité dans l'ENTENDEMENT DIVIN un *certain* Etre *Possible*, dont les *Déter-*

(d) Les *Déterminations idéales* d'un Etre sont ici ses *Qualités essentielles* , ses *Attributs* considérés dans les *Idées* de l'ENTENDEMENT DIVIN. Leibnitz avoit dit ; que l'ENTENDEMENT DIVIN étoit la *Région éternelle des Essences* ; parce que tout ce qui existe , existoit de toute éternité comme *Possible* ou *en Idée* dans l'ENTENDEMENT de DIEU. J'exprimerai cette Vérité sublime en d'autres termes : le *Plan* entier de l'*Univers* existoit de toute Eter-

terminations essentielles conſtituoient ce que nous nommons la *Nature humaine.*

Si, dans les IDÉES de DIEU, cet Etre étoit appellé à *durer*; ſi ſon Exiſtence ſe prolongeoit à l'infini au delà du Tombeau; ce ſeroit toujours *eſſentiellement* le même Etre qui *dureroit* ou cet Etre ſeroit détruit & un autre lui ſuccèderoit : ce qui ſeroit contre la ſuppoſition.

Afin donc que ce ſoit l'*Homme*, & non un autre Etre, qui *dure*; il faut que

Eternité dans l'ENTENDEMENT du SUPREME ARCHITECTE. Toutes les Parties de l'*Univers*, & juſqu'au moindre Atome, étoient deſſinés dans ce *Plan.* Tous les changemens qui devoient ſurvenir aux différentes Piéces de ce Tout immenſe y avoient auſſi leurs *Repréſentations.* Chaque Etre y étoit figuré par ſes *Caractères propres*; & l'*Acte* par lequel la SOUVERAINE PUISSANCE a *réaliſé* ce *Plan*, eſt ce que nous nommons la *Création.*

A 3

que l'Homme *conferve* fa *propre Na-*
ture , & tout ce qui le différencie *effen-*
tiellement des autres *Etres-mixtes.*

Mais ; l'*Effence* de l'Homme eft fufceptible d'un nombre indéfini de *Mo-*
difications diverfes , & aucune de ces
Modifications ne peut changer l'*Effen-*
ce. Newton encore Enfant étoit *ef-*
fentiellement le même Etre , qui cal-
cula depuis la route des Planètes.

De tous les Etres terreftres , l'*Hom-*
me eft inconteftablement le plus *per-*
fectible. L'Hottentot paroît une Bru-
te , Newton , un ange. L'Hottentot participe pourtant à la même *Ef-*
fence que Newton ; & placé dans d'autres circonftances , l'Hottentot auroit
pu devenir lui-même un Newton.

Si la confidération des ATTRI-
BUTS

BUTS DIVINS, & en particulier de la BONTÉ SUPRÊME fournit des raifons plaufibles en faveur de la *Con-ferrvation* & du *perfectionnement* futurs des *Animaux*, (e) combien ces raifons acquiérent-elles plus de force, quand on les applique à l'*Homme*, cet Etre *intelligent*, dont les Facultés éminentes font déjà fi développées ici-bas, & fufceptibles d'un fi grand accroiffement ; à l'*Homme* enfin, cet Etre *moral*, qui a reçu des *Loix*, qui peut les connoî-tre, les obferver ou les violer !

Mais ; puifque cet Etre qui paroît fi manifeftement appellé à durer & à accroître en Perfection, eft *effentielle-ment* un *Etre-mixte*, il faut que fon *Ame* demeure unie à un *Corps* : fi cela n'étoit

---

(e) On peut confulter les trois premiéres Parties de la *Palingénéfie Philofophique* de l'Auteur, & la Partie XIV. du même Ouvrage.

A 4

n'étoit point, ce ne feroit pas un *Etre-mixte*, ce ne feroit pas l'*Homme*, qui *dureroit* & qui feroit *perfectionné*. La *Permanence* de l'*Ame* ne feroit pas la *Permanence* de l'Homme : l'Ame n'eſt pas *tout* l'Homme ; le Corps ne l'eſt pas non plus : l'*Homme* réfulte effen-tiellement de l'*Union* d'une *certaine* Ame à un *certain* Corps.

L'Homme feroit-il *décompoſé* à la *Mort*, pour être *recompoſé* enſuite ? L'*Ame* fe fépareroit-elle entièrement du Corps, (*f*) pour être unie enſuite à un autre Corps ? Comment concilie-roit-on cette Opinion commune avec

(*f*) On le croit communément, & fans aucune preuve. Voyez la grande *Note* du Chap. XXXIII.

(*g*) Confultez la Partie VI de la *Palingénéfie*.

(*h*) Les Obſervations des meilleurs Naturaliſtes prouvent, que la Plante préexiſte dans la Graîne ; le Papillon, dans la Chenille ; le Poulet, dans l'Oeuf ; &c. Ceux qui défireront des détails fur ces Faits intéreffans, pourront confulter les Chapitres

IX,

le Dogme fi philofophique & fi fublime, qui fuppofe que la VOLONTÉ
EFFICACE a *créé* tout & *conferve*
tout par un Acte *unique* ? (g)

Si les Obfervations les plus fûres &
les mieux faites, concourent à établir,
que cette VOLONTÉ ADORABLE
a *préformé* les Etres organifés ; fi nous
découvrons à l'Oeil une *Préformation*
dans plufieurs Efpéces ; (h) n'eft-il pas
probable que l'*Homme* a été *préformé*
de maniére que la *Mort* ne détruit
point fon Etre, & que fon Ame ne ceffe
point d'être *unie* à un *Corps organifé* ?

Com-

IX, X, XII du Tome I. des *Confidérations fur les Corps
Organifés* : les Chapitres VIII, IX, X, XI, XII de la
P..rtie VII de la *Contemplation de la Nature* ; ainfi que
les Chapitres I, II, VI, VII, X, XI, XII, XIV de la
Partie IX du même Ouvrage. Ils pourront fe bor-
ner, s'ils le veulent, à parcourir ce *Tableau des
Confidérations* que j'ai inféré dans le Tome I. de la
Palingénéfie ou les Parties X & XI du même Livre.

Comment admettre en bonne Métaphyſique , des Actes *ſucceſſifs* dans la
VOLONTÉ IMMUABLE ? Com-
ment ſuppoſer que cette **VOLONTÉ**
qui a pu *préordonner* tout par un *ſeul
Acte*, intervient ſans ceſſe & *immédiatement* dans l'Eſpace & dans le Tems ?
Crée-t-elle d'abord la *Chenille* , puis
la *Chryſalide* , enſuite le *Papillon ?*
Crée-t-elle à chaqu'inſtant de nouveaux *Germes ?* Infuſe-t-elle à chaqu'inſtant de nouvelles *Ames* dans ces
Germes ? En un mot ; la grande Machine du Monde ne va-t-elle qu'au
Doigt & à l'Oeil ?

Si un Artiſte nous paroît d'autant
plus *intelligent*, qu'il a ſçu faire une
Machine qui ſe conſerve & ſe meut
plus longtems par elle-même ou par
les ſeules forces de ſa Méchanique,
pourquoi refuſerions-nous à l'Ouvrage

du

du SUPRÊME ARTISTE une prérogative qui annonceroit si hautement & sa PUISSANCE & son INTELLIGENCE INFINIES ?

Combien est-il évident , que l'AUTEUR de l'Univers a pu exécuter un peu en grand pour l'*Homme*, ce qu'il a exécuté si en petit pour le *Papillon* (i) & pour une multitude d'autres Etres organisés , qu'il a jugé à propos de faire passer par une Suite de Métamorphoses *apparentes* , qui devoient les conduire à leur Etat de Perfection *terrestre* ?

Combien est-il manifeste , que la SOUVERAINE PUISSANCE a pu

unir

_____

(i) Avec beaucoup de dextérité & d'attention l'on parvient à démêler dans la *Chenille* les Parties propres au *Papillon*, & même assez longtems avant la *Métamorphose.*

unir dès le commencement l'*Ame-hu-maine* à une Machine invisible, & in-destructible par les Causes secondes, & *unir* cette *Machine* à ce *Corps gros-sier*, sur lequel seul la *Mort* exerce son Empire!

Si l'on ne peut refuser raisonnable-ment de reconnoître la *possibilité* d'une telle *Préordination*, je ne verrois pas pourquoi on préféreroit d'admettre, que DIEU intervient *immédiatement* dans le tems, qu'IL crée un nouveau Corps organisé, pour remplacer celui que la *Mort* détruit, & conserver ainsi à l'*Homme* sa Nature d'*Etre-mixte*.

Il

(*k*) Les mêmes conditions *physiques* ou *matérielles* auxquelles la *Mémoire* a été attachée.

(*l*) Chap. VII; §. 57. Chap. XXII; §. 625, 626, 627, & suivans.

(*m*) Articles IX, X, XI, XV, XVI, XVII, XVIII, Tome I. de la *Palingénésie Philosophique*. Il suffiroit de sçavoir, que certains accidens purement *physiques*

Il ne fuffiroit pas même, que DIEU *créât* un nouveau Corps ; il faudroit encore que le nouveau *Cerveau* qu'IL créeroit contînt les *mêmes Détermina-tions* (k) qui conftituoient dans l'ancien le *Siége* de la *Perfonnalité* ; autrement ce ne feroit plus le *même* Etre qui feroit *confervé* ou *reftitué*.

La *Perfonnalité* tient effentiellement à la *Mémoire* : celle-ci tient au *Cerveau* ou à certaines *Déterminations* que les *Fibres fenfibles* contraEtEnt & qu'elles confervent. Je crois l'avoir affez prouvé dans mon *Effai Analytique*, (l) & dans l'*Analyfe abrégée* (m) de l'Ouvrage. Qu'on prenne la peine de ré-

---

affoibliffent & détruifent même la *Mémoire* , pour qu'on ne pût douter qu'elle ne dépende de l'état du *Cerveau*. Telle eft ici-bas la Condition de l'Hom-me , que l'altération des Organes *groffiers* , trouble ou interrompt le Jeu de l'*Inftrument* délié auquel l'Ame eft immédiatement unie.

fléchir un peu fur ces Preuves , & je me perfuade , qu'on les trouvera folides. On peut même fe borner à relire le peu que j'ai dit là - deffus dans la Partie II de la *Palingénéfie* , pag. 189 de la 1re. Edition. Je dois être difpenfé de reproduire fans ceffe les mêmes Preuves : je puis fuppofer que mes Lecteurs'ne les ont pas totalement oubliées.

Puis donc que la *Mémoire* tient au *Cerveau* , & que fans elle il n'y auroit point pour l'Homme de *Perfonnalité* , il eft très évident, qu'afin que l'Homme conferve fa propre *Perfonnalité* ou le *Souvenir* de fes *Etats paffés* , il faut, comme je le difois dans mon *Effai Analytique* , §. 730 , qu'il intervienne l'un ou l'autre de ces trois *Moyens :*

» ou une Action *immédiate* de DIEU
» fur

» fur l'*Ame* ; je veux dire , une *Révé-*
» *lation intérieure :*

» ou la *Création* d'un nouveau Corps,
» dont le *Cerveau* contiendroit des *Fi-*
» *bres* propres à retracer à l'*Ame* le
» *Souvenir* dont il s'agit :

» ou une telle *Préordination* , que le
» Cerveau *actuel* en contînt un autre ,
» fur lequel le premier fit des impref-
» fions durables , & qui fut deftiné à
» fe développer dans une autre vie. «

Je laiffe au Lecteur philofophe à
choifir entre ces trois *Moyens :* je
m'affure, qu'il n'héfitera pas à préférer
le dernier, parce qu'il lui paroîtra plus
conforme à la marche de la Nature,
qui prépare de loin toutes fes Productions , & les amène par un *Développe-*
ment plus ou moins accéléré à leur
Etat de *Perfection.*

L'*Ame-humaine*, *unie* à un Corps *organisé*, devoit recevoir par l'*intervention* ou à l'*occasion* de ce *Corps*, une multitude d'*Impressions* diverses. Elle devoit sur-tout être avertie par quelque Sentiment intérieur, de ce qui se passeroit dans différentes Parties de son Corps : comment auroit-elle pu autrement pourvoir à la conservation de celui-ci ?

Il falloit donc qu'il y eût dans les différentes Parties du Corps, des *Organes* très déliés & très *sensibles*, qui allassent rayonner dans le *Cerveau*, où l'Ame devoit être *présente* à sa *manière*, (*n*) & qui l'avertissent de ce qui surviendroit à la Partie à laquelle ils appartiendroient. Les

_____

(*n*) Je dis *a sa manière* ; parce que l'Ame étant *immatérielle*, ne peut être *présente* à un *Lieu* à la ma-nière d'un *Corps*. Il ne nous est point donné de péné-

Les *Nerfs* font ces Organes : on
connoît leur délicateſſe & leur ſenſibi-
lité. On ſçait qu'ils tirent leur *Origine*
du *Cerveau*.

Il y a donc quelque part dans le
Cerveau un Organe *univerſel*, qui réünit, en quelque ſorte, toutes les *Impreſſions* des différentes Parties du
Corps, & par le miniſtère duquel
l'Ame *agit* ou *paroît* agir ſur différentes Parties du Corps.

Cet Organe *univerſel* eſt donc proprement le *Siége de l'Ame*.

Il eſt indifférent au Sujet qui nous
occupe, que le *Siége* de l'Ame ſoit
dans

_____

pénétrer ce Myſtère. Il doit nous ſuffire que l'exiſtence de l'*Ame* ſoit prouvée par des Argumens ſo-
lides.

B

dans le *Corps calleux* ; dans la *Moëlle allongée* ou dans toute autre Partie du *Cerveau*. Je le faifois remarquer dans l'*Effai Analytique*, (o) & dans la *Contemplation de la Nature*. (p) J'y ai infifté encore dans l'Ecrit *fur le Rappel des Idées par les Mots* : (q) j'ai dit dans cet *Ecrit* : » quoiqu'il en foit de » cette Queftion fur le *Siége de l'Ame*: » il eft bien évident, que tout le Cer- » veau n'eft pas plus le Siége du *Sen-* » *timent*, que tout l'Oeil n'eft le Siége » de la Vifion..... Il importe fort peu » à mes Principes, de déterminer pré- » cifément quelle eft la Partie du Cer- » veau qui conftitue proprement le *Sié-* » *ge de l'Ame*. Il fuffit d'admettre » avec moi qu'il eft dans le Cerveau un » lieu

---

(o) §. 29.
(p) Part. IV. Chap. XIII. dans la *Note*.
(q) Voyez dans la *Palingénéfie* l'Ecrit intitulé *Effai*

d'Ap-

» lieu où l'Ame reçoit les impreſſions
» de tous les *Sens* & où elle déploye
» ſon Activité. «

Quelle que ſoit donc la Partie du
Cerveau que l'Anatomie enviſage comme le *Siége* de l'Ame , il demeurera
toujours très probable , que cette Partie , qu'on peut voir & toucher, n'eſt
que l'*Extérieur* , l'Ecorce ou l'*Enveloppe* du *véritable Siége* de l'Ame. Les
dernières *Extrêmités* des *Filets nerveux,*
la manière dont ces *Filets* ſont diſpoſés
& dont ils agiſſent dans cet *Organe
univerſel* , ne ſont pas des Choſes qui
puiſſent tomber ſous les Sens de l'Ana-
tomiſte & devenir l'Objet de ſes Obſervations ou de ſes Expériences.

Ainſi ,

d'Application des Principes Pſychologiques de l'Auteur , &
liſez depuis la page 129 , juſqu'à la page 133. de la
premiere Edition.

B 2

Ainſi, cette Partie du Cerveau que l'Anatomie regarde comme le *Siége* de l'Ame, elle ne la connoît à peu près point, & il n'y a pas la moindre apparence qu'elle la connoiſſe jamais ici-bas. C'eſt cette *Partie*, qui pourroit renfermer le *Germe* de ce nouveau Corps, deſtiné dès l'Origine des Choſes, à perfectionner toutes les Facultés de l'*Homme* dans une autre Vie. C'eſt ce *Germe* enveloppé dans des Tégumens périſſables, qui feroit le *véritable Siége* de l'Ame-humaine, & qui conſtitueroit proprement ce qu'on peut nommer la *Perſonne* de l'Homme. Ce Corps groſſier & terreſtre, que nous voyons & que nous palpons, n'en feroit que l'Etui, l'*Enveloppe* ou la Dépouille.

Ce *Germe*, préformé pour un *Etat Futur*, feroit *impériſſable* ou indeſtructible

tible par les *Caufes* qui opérent la dif-
folution du Corps *terreftre*. Par combien de *Moyens* divers & *naturels*,
l'AUTEUR de l'*Homme* n'a-t-IL pas
pu rendre *impériffable* ce *Germe* de
Vie ? N'entrevoyons - nous pas affez
clairement , que la *Matière* dont ce
Germe a pu être formé , & l'*Art* infini
avec lequel elle a pu être *organifée*,
font des Caufes *naturelles* & *fuffifantes*
de confervation ?

La célérité prodigieufe des Penfées
& des Mouvemens de l'*Ame* ; la célérité des Mouvemens correfpondans des
Organes & des Membres , paroiffent
indiquer que l'Inftrument *immédiat* de
la Penfée & de l'Aâion , eft compofé
d'une *Matiére*, dont la fubtilité & la
mobilité égalent tout ce que nous connoiffons ou que nous concevons de plus
fubtil & de plus aâif dans la Nature.

B 3   Nous

NOUS ne connoiſſons ou nous ne concevons rien de plus ſubtil ni de plus
actif, que l'*Ether*, le *Feu élémentaire*
ou la *Lumière*. Etoit-il impoſſible à
l'AUTEUR de l'*Homme*, de conſtrui-
re une Machine *organique* avec les *Elémens* de l'*Ether* ou de la *Lumière* &
d'*unir* pour toujours à cette *Machine*
une *Ame-humaine*? Aſſurément aucun
Philoſophe ne ſçauroit diſconvenir de
la *poſſibilité* de la Choſe : ſa probabilité repoſe principalement, comme je
viens de le dire, ſur la *célérité* prodi-
gieuſe des *Opérations* de l'*Ame* & ſur
celle des *Mouvemens* correſpondans du
Corps.

Les Impreſſions des Objets ſe pro-
pagent en un inſtant indiviſible des
Extrêmités du Corps au Cerveau par
le miniſtère des *Nerfs*. On a cru pendant longtems, que les *Nerfs vibroient*

(r)

(r) comme les *Cordes* d'un Inftrument de Mufique, & on expliquoit par ces *Vibrations* la propagation inftantanée des Impreffions. Mais, l'aptitude à *vibrer* fuppofe l'*Elafticité*, & on a re-connu que les *Nerfs* ne font point *élaf-tiques*. Il y a plus ; il eft prouvé, que tous les Corps *organifés* font *gé-latineux* avant que d'être folides : les Arbres les plus durs, les Os les plus pierreux, n'ont été d'abord qu'un peu de *gelée* épaiffie : on conçoit même un tems où ils pouvoient être pref-que *fluides*. Quantité d'Animaux ref-tent purement *gélatineux* pendant tou-te leur Vie : les *Polypes* de différentes Claffes en font des exemples, & tous ces *Polypes* font d'une *Senfibilité* ex-quife.

_____

(r) C'eft-à-dire, faifoient des *vibrations*, ou exé-cutoient des mouvemens analogues à ceux d'un *Pen-dule*, mais incomparablement plus prompts.

B 4

quife. Comment admettre des *Cordes élaſtiques* dans des Animaux ſi mols ?

Puis donc que les *Nerfs* ne font point *élaſtiques*, & qu'il eſt des Animaux qui font toujours d'une molleſſe extrême, il faut que la propagation *inſtantanée* des Impreſſions s'opère par l'intervention d'un *Fluide* extrêmement ſubtil & actif, qui réfide dans les *Nerfs*, & qui concoure avec eux à la production de tous les Phénomènes de la *Senſibilité* & de l'*Activité* de l'Animal.

C'eſt ce *Fluide* qui a reçu le nom de *Fluide nerveux* ou d'*Eſprits animaux*, & que le Cerveau eſt deſtiné à féparer de la Maſſe des Humeurs.

Je

(ſ) Mr. de HALLER, *Confid. ſur les Corps Organifés*, Art. 143.

(t) C'eſt-à-dire, qui font capables *de reſſort*. Un Corps eſt dit *élaſtique*, lorſque ployé ou courbé,

Je le difois d'après mon Illuftre Ami le PLINE (s) de la Suiffe : » le Cerveau » du *Poulet* n'eft le huitiéme jour qu'u- » ne Eau tranfparente & fans doute or- » ganifée. Cependant le Fœtus gou- » verne déja fes Membres ; preuve nou- » velle & bien fenfible de l'exiftence » des *Efprits - animaux* ; car comment » fuppofer des Cordes élaftiques (t) dans » une Eau tranfparente ? «

Divers *Phénoménes* de l'Homme & des Animaux, ont paru indiquer, que les *Efprits - animaux* avoient quelqu'a- nalogie avec le *Fluide électrique* (u) ou la *Lumière :* c'eft au moins l'Opinion d'habiles Phyficiens. Ils ont cru ap- percevoir dans l'Homme & dans plu- fieurs

il fe redreffe fubitement, dès qu'on l'abandonne à lui-même.

(u) L'*Electricité* eft cette Propriété commune à un très grand nombre de Corps ; en particulier,

au

fieurs Animaux des particularités remarquables, qu'ils ont regardées comme des fignes non équivoques de l'*Analogie* des *Efprits - animaux* avec la Matière *électrique.*

Je n'entrerai pas dans cette Difcuffion ; elle feroit affez inutile , & me conduiroit trop loin. Il doit me fuffire d'avoir indiqué les raifons principales , qui rendent très probables l'exiftence, la fubtilité & l'énergie des *Efprits-animaux.* Ce font ces *Efprits* qui établiffent un Commerce continuel & réciproque entre le *Siége* de l'Ame & les différentes Parties du Corps.

___

au *Verre* & aux *Réfines*, en vertu de laquelle, frottés ou chauffés , ils *attirent* & *repouffent* alternativement les Corps legers placés dans leur voifinage. Cette Propriété qui a tant occupé les Phyficiens depuis 30 ans , & qui leur a offert des Phénomènes fi furprenans & fi variés , paroît réfider dans un Fluide très-fubtil , qui a reçu le nom de *Fluide électrique* , & que le frottement ou la chaleur met en action

Les *Nerfs* eux-mêmes interviennent fans doute dans ce *Commerce.* Nous ne fçavons point comment ils fe terminent dans le *Cerveau.* Nous ne connoiffons point comment font faites leurs extrêmités les plus déliées : la Matière dont elles font formées pourroit être d'une fubtilité dont nous n'avons point d'Idées , & proportionnée à celle de cette Matière dont je fuppofe que le *véritable Siége* de l'Ame eft compofé.

Quoi qu'il en foit ; il demeure toujours certain , que nous n'avons des Idées *fenfibles* que par l'intervention des

tion & chaffe des pores des Corps où il étoit logé. Ce Fluide fe manifefte dans certaines Expériences fous les différentes formes d'*Aigrettes lumineufes ,* d'*Etincelles ,* de Dards enflammés , &c. Il avoit été refervé à notre Siécle de découvrir l'analogie de ce Fluide avec la Matière du *Tonnerre ,* & nos Phyficiens font devenus de nouveaux PROMÉTHÉES.

des *Sens*, & que la *Faculté* qui *conferve*
ces *Idées* & qui les *retrace* à l'Ame,
tient effentiellement à l'*Organifation* du
Cerveau ; puifque lorfque cette Organifation s'altère, ces Idées ne fe retracent plus ou ne fe retracent qu'impar-
faitement.

Si donc l'*Homme* doit conferver fa
Perfonnalité dans un autre *Etat* ; fi
cette *Perfonnalité* dépend effentiellement de la *Mémoire* ; fi celle-ci ne
dépend pas moins des *Déterminations*
que les *Objets* impriment aux Fibres
fenfibles & qu'elles retiennent ; il faut
que les *Fibres* qui compofent le *véritable Siége* de l'Ame participent à ces
Déterminations, qu'elles y foient *durables*, & qu'elles lient l'*Etat-Futur* de
l'Homme à fon *Etat-Paffé*.

Si l'on n'admet pas cette Suppofition

tion philofophique, il faudra admettre, comme je le remarquois , que DIEU *créera* un *nouveau Corps* pour confer- ver à l'Homme fa propre *Perfonnalité* ou qu'IL fe *révélera* immédiatement à l'*Ame*. (x)

_____

(x) Je le difois pag. 302 & 303 du Tom. I. de la *Palingénéfie* : » Je ne vois que mon *Hypothèfe*, qui » puiffe expliquer *phyfiquement* ou fans aucune inter- » vention *miraculeufe*, la confervation de la *Perfon- » nalité* ou de cette *Confcience* qui rend l'Homme *fuf- » ceptible de récompenfes & de châtimens*. Je fuis néan- » moins bien éloigné de penfer, que mon Hypo- » thèfe fatisfafie à toutes les difficultés : mais, j'ofe » dire , qu'elle me paroît fatisfaire au moins aux » principales : par exemple ; à celles qu'on tire » de la difperfion des Particules conftituantes du » Corps par fa deftruction ; de la volatilifation de » ces Particules, de leur introduction dans d'autres » Corps foit végétaux , foit animaux ; de leur affo- » ciation à ces Corps ; des Antropophages ; &c. &c.

On auroit bien peu médité cette Hypothèfe fur la *Réfurrection*, fi l'on m'objectoit, comme on l'a fait ; que fi une Fièvre chaude dérange ou détruit même les Fonctions du *Siége de l'Ame* ; la *Mort* doit y occafionner de bien plus grands défordres. Com- ment n'a-t-on pas apperçu, que je pourrois tour- ner

ner la même Objection contre l'*Ame* elle - même? N'eſt-il pas reconnu qu'elle ſuit à peu près les pro- grès du perfectionnement & de la dégradation du *Corps*, auquel elle eſt maintenant unie ? Ne répon- droit-on pas à l'Objection, comme on l'a fait cent fois ; que cette dépendance de l'Ame n'eſt duë qu'à ſon *Union actuelle* avec le Corps? J'applique la même Réponſe à l'union du Cerveau *groſſier* à ce Corps *éthéré* que je regarde comme le véritable *Siége de l'Ame.* Je voudrois qu'on fut moins empreſſé à cher- cher des Objections contre une Hypothèſe, qu'à étudier cette Hypothèſe & à juger de l'enchaîne- ment des Principes ſur leſquels elle eſt fondée. Il eſt, pour l'ordinaire, aſſez facile de trouver des Objections ; il l'eſt ſouvent aſſez peu de ſaiſir l'*En- ſemble* d'un Syſtême.

CHA;

CHAPITRE DEUX.

*De la Question si l'Homme peut s'assurer
par les seules Lumières de sa Raison
de la Certitude d'un Etat Futur.*

TEls sont très en raccourci les Principes & les Conjectures que la
Raison peut fournir sur *l'Etat Futur* de
l'Homme, & sur la *liaison* de cet Etat
avec celui qui le précéde. Mais; ce
ne sont là encore que de simples probabilités ou tout au plus de grandes
vraisemblances : peut - on présumer
qu'un jour la Raison poussera beaucoup
plus loin, & qu'elle parviendra enfin
par ses seules Forces, à s'assurer de la
Certitude de cet *Etat Futur* réservé au
premier des Etres Terrestres ?

Nous avons deux *Manières naturelles*

les de connoître ; l'*intuitive* & la *ré-fléchie.*

La Connoiſſance *intuitive* eſt celle que nous acquérons par les *Sens* , & par les divers *Inſtrumens* qui ſuppléent à la foibleſſe de nos Sens.

La Connoiſſance *réfléchie* eſt celle que nous acquérons par les *comparai-ſons* que nous formons entre nos Idées *ſenſibles* , & par les *Réſultats* que nous déduiſons de ces comparaiſons.

Pour que notre connoiſſance *intuitive* pût nous conduire à la *Certitude* ſur cet *Etat Futur* réſervé à l'Homme , il faudroit que nos *Sens* ou nos *Inſtru-mens* nous démontraſſent dans le *Cer-veau* une *Préorganiſation* manifeſte-ment & directement *rélative* à cet *Etat :* il faudroit que nous puſſions contem-

pler

pler dans le *Cerveau* de l'Homme le Germe d'un nouveau Corps, comme le Naturaliste contemple dans la Chenille le *Germe* du Papillon.

Mais, si ce *Germe* du Corps *Futur* existe déjà dans le Corps *visible* ; si ce *Germe* est destiné à soustraire la *véritable Personne* de l'Homme à l'action des Causes qui en détruisent l'*Enveloppe* ou le Masque ; il est bien évident, que ce *Germe* doit être formé d'une Matière prodigieusement déliée , & telle à peu près que celle de l'*Ether* ou de la *Lumière*.

Or est-il le moins du monde probable , que nos Instrumens seront un jour assez perfectionnés pour mettre sous nos yeux un Corps organisé formé des *Elémens* de l'*Ether* ou de ceux de la *Lumière ?* Je prie mon Lecteur de con-

C

fulter ici ce que j'ai expofé fur l'*Imperfection & les bornes naturelles de nos Connoiffances* dans les Parties XII & XIII de la *Palingénéfie.*

· Notre Connoiffance *réfléchie* dérive effentiellement de notre Connoiffance *intuitive :* c'eft toujours fur des Idées purement *fenfibles* que notre Efprit opère lors qu'il s'élève aux *Notions* les plus *abftraites.* Je l'ai montré très en détail dans les Chapitres XV & XVI de mon *Effai Analytique.* Si donc notre Connoiffance *intuitive* ne peut nous conduire à la *Certitude* fur l'*Etat Futur* de l'Homme ; comment notre Connoif-

fance

(*a*) En *Logique*, on nomme *Prémiffes*, les deux premières Propofitions d'un Raifonnement, fur lefquelles eft fondée une troifième Propofition qu'on nomme la *Conclufion.* Cette dernière Propofition ne peut donc être *certaine*, quand les deux autres ne font que *probables.*

fance *réfléchie* nous y conduiroit-elle ? La Raifon tireroit-elle une *Conclufion certaine* de *Prémiffes* (a) *probables* ?

Si nous faifons abftraction du Corps, pour nous en tenir à l'*Ame* feule, la Chofe n'en demeurera pas moins évidence : une Subftance *fimple* pourroit-elle jamais devenir l'*Objet immédiat* de notre Connoiffance *intuitive* ? L'*Ame* peut-elle *fe voir* & *fe palper* elle-même? Le Sentiment *intime* qu'elle a de fon *Moi*, n'eft pas une Connoiffance *intuitive* ou *directe* qu'elle ait d'elle-même ou de fon *Moi :* elle n'acquiert la *Conf-cience* (b) *métaphyfique* ou l'*Apperception* de fon Etre, que par ce retour qu'elle

_____

(b) Cette *Confcience* eft très différente de la *Conf-cience* en Morale. La *Confcience* en Métaphyfique eft ce fentiment qui affure l'Ame que c'eft elle-même qui éprouve telle ou telle Senfation.

qu'elle fait fur elle-même lors qu'elle éprouve quelque Perception, & c'eſt ainſi qu'elle ſçait qu'elle *exiſte*. Je le diſois art. 1. de mon *Analyſe Abrégée*: (*c*) » comment acquérons-nous le ſenti-
» ment de notre propre exiſtence? n'eſt-
» ce pas en réfléchiſſant ſur nos propres
» Senſations? ou du moins nos premié-
» res Senſations ne ſont-elles pas liées
» eſſentiellement à ce Sentiment qu'a
» toujours notre Ame, que c'eſt elle
» qui les éprouve, & ce Sentiment eſt-
» il

(*c*) *Paling. Philoſ.* Tom. I.

(*d*) Conſultez la Partie XIII de la *Palingénéſie*, pag. 32, 33, &c. de la premiére Edition. Vous y verrez, que les *Compoſés* ſont formés d'Etres *ſimples*, qui portent le nom d'*Elémens*. Si ces *Elémens* étoient eux-mêmes *compoſés*, ils le feroient d'Etres *ſimples*; autrement cette ſorte de progreſſion iroit à l'infini; ce qui feroit abſurde. Les *Elémens* dont il s'agit ici ſont donc des *Subſtances ſimples* ou ſans *étendue*; mais, qui ſont capables de produire en nous la Perception de l'*Etendue matérielle*, par une *Activité* qui leur eſt pro-

» il autre chofe que celui de fon Exif-
» tence ? «

Notre Connoiffance *réfléchie* nous
démontre très bien , qu'une Subftance
fimple ne peut périr comme une Subftance *compofée* ou plutôt elle nous dé-
montre , que ce que nous nommons *Subftance compofée* , n'eft point une vraye
Subftance , & qu'il n'y a de vrayes Subftances , que les Etres *fimples* dont les
Compofés font formés. (d) Mais ; notre
Con-

***

propre , & qui conftitue le fond de leur Etre. Les
Compofés ne font donc pas proprement des *Subftances* ;
mais , ils font des affemblages de *Subftances* fimples ,
actives , indeftructibles. Les *Compofés* n'exiftent donc
qu'en vertu des *Etres fimples* dont ils font formés.
Ces *Etres fimples* font *durables* ; les *Compofés* ne le font
pas. L'*Etendue matérielle* n'eft ainfi qu'un pur *Phénomène* , une fimple *apparence* rélative à notre manière
d'appercevoir & de juger , &c. Je ne fçaurois faire
comprendre ceci à ceux de mes Lecteurs qui n'ont
aucune connoiffance du *Leibnitianifme*.

Connoiſſance *réfléchie* peut-elle nous démontrer rigoureuſement que l'*Ame* ne périſſe point à la *Mort* ou qu'il n'y ait point pour l'*Ame* une manière de ceſſer d'être ou de ſentir, qui lui ſoit propre ? Une pareille démonſtration n'exigeroit-elle pas une Connoiſſance *parfaite* de la Nature *intime* de l'Ame & de ſes *Rapports* à l'*Union.* (e)

Notre Connoiſſance *réfléchie* nous montre très clairement, que l'exercice & le développement de toutes les Facultés de l'*Ame humaine* dépendent plus ou moins de l'*Organiſation*, & cette Vérité philoſophique eſt encore, à divers égards, du reſſort de notre Connoiſſance *intuitive :* car nos Sens &

nos

(e) Son *Union* avec le Corps.

(ƒ) Voici comment j'eſſayois de prouver la *ſimpli-cité* de l'*Ame* dans la Préface de mon *Eſſai Analytique*, pag. xix. Ceux qui ont cru appercevoir dans ce

Livre

nos Inſtrumens nous découvrent beaucoup de Choſes purement *phyſiques*,
qui ont une grande influence ſur les
Opérations de l'Ame.

Nous ne ſçavons point du tout ce
que l'Ame - humaine eſt *en ſoi* ou ce
qu'elle eſt en qualité d'*Eſprit pur*. Nous
ne la connoiſſons un peu que par les
principaux *Effets* de ſon *Union* avec le
Corps. C'eſt plutôt l'*Homme* que nous
obſervons, que l'*Ame-humaine*. Mais;
nous déduiſons légitimement de l'Obſervation des *Phénomènes* de l'Homme,
l'exiſtence de la Subſtance *ſpirituelle*
qui concourt avec la Subſtance *matérielle* à la production de ces Phénomènes. (*f*)

Ainſi;

Livre une teinte de *Matérialiſme*, n'avoient ſûrement
pas donné aſſez d'attention à cet endroit de la Préface & à pluſieurs autres endroits de l'Ouvrage où
j'établiſſois l'*Immatérialité* de l'Ame. Ils avoient jugé

trop

Ainſi, l'Ame-humaine eſt, en quelque ſorte, un *Etre relatif* à un autre
Etre auquel elle devoit être *unie*. Cette *Union*, incompréhenſible pour nous,

a

---

trop légèrement d'un Livre qui demandoit à être
médité.

» Nous avons le Sentiment diſtinct de pluſieurs
» impreſſions Simultanées, & ce Sentiment eſt tou-
» jours un & ſimple. Comment concilier la ſimpli-
» cité & la clarté de ce Sentiment avec l'Etendue &
» avec la Mobilité ? Ces deux Objets que je vois
» diſtinctement agiſſent ſur deux Points différens de
» mon *Senſorium* ou du *Siége* de mon Ame. Le Point
» qui reçoit l'action de l'un n'eſt pas le point qui
» reçoit l'action de l'autre ; car les Parties de l'E-
» tendue ſont diſtinctes les unes des autres : l'E-
» tendue ne peut donc avoir le Sentiment un &
» ſimple de deux choſes diſtinctes. Je compare ces
» deux objets, & de cette Comparaiſon il naît en
» moi une troiſiéme Perception, encore diſtincte
» des deux autres : c'eſt donc un troiſième Point de
» mon *Senſorium* qui eſt affecté ; & j'ai de même le
» Sentiment un & ſimple de ces trois Impreſſions
» Simultanées. L'Etendue matérielle ne compare
» donc pas ; car le Point où tomberoit la Compa-
» raiſon ſeroit toujours très diſtinct de ceux que
» les Objets comparé affecteroient. Il ne pourroit
» donc en réſulter un Sentiment unique, un *Moi*.
» Mais

a fes *Loix*, & n'eft point *arbitraire*.
Si ces *Loix* n'avoient pas eu leur *fondement* dans la *Nature* des deux *Subftances*, comment la SOUVERAINE
LI-

» Mais, les Objets n'agiffent fur l'Organe, que par
» impulfion : deux Objets qui l'affectent à la fois,
» y excitent donc à la fois deux Impulfions diftinc-
» tes. Un Corps qui reçoit à la fois deux mouve-
» mens différens fe prête à l'impreffion de tous deux,
» & prend un mouvement compofé, qui eft ainfi
» produit des deux Impulfions, fans être ni l'une,
» ni l'autre de ces Impulfions en particulier. Le
» Sentiment clair de ces deux Impreffions ne peut
» donc réfulter de ce mouvement. Le Sentiment du
» *Moi* ne réfide donc pas dans la Subftance matérielle.

» C'eft ainfi que nous fommes conduits à admet-
» tre qu'il eft en nous quelque chofe qui n'eft pas
» Matière, & à qui appartiennent le Sentiment &
» la Penfée. Nous nommons cette chofe une *Ame*,
» & nous difons que l'Ame eft une Subftance *imma-
» térielle*. Ces deux Subftances ne nous offrent rien
» de commun ; & pourtant elles font unies, &
» l'*Homme* réfulte de leur *Union*. «

Et en finiffant cette Préface, j'ajoutois : » Ce n'eft
» point parce que je crois l'Ame un Etre plus ex-
» cellent que la Matière, que j'attribue une Ame
» à l'Homme : c'eft uniquement, parce que je ne
» puis attribuer à la Matière tous les Phénomènes
» de l'Homme. «

LIBERTÉ auroit - ELLE pu intervenir dans la Création de l'*Homme*? (g) La SAGESSE agiroit-ELLE fans Motifs, & puiferoit - ELLE ces Motifs ailleurs que dans les Idées qu'ELLE a de la nature intime des Etres.

Notre Connoiffance *intuitive* & notre Connoiffance *réfléchie* ne peuvent donc nous fournir aucune Preuve démonftrative de la *Certitude* d'un *Etat Futur* réfervé à l'Homme. Je parle des preuves tirées de la *Nature* même de cet Etre. Mais ; la Raifon, qui fçait apprécier les vraifemblances, en trouve ici, qu'elle juge d'une grande force, & fur lefquelles elle aime à infifter.

Si la Raifon effayoit de déduire de la

con-

(g) Ceci ne fçauroit être entendu que par ceux qui ont lu & médité le §. 119. de mon *Effai Analytique.*

confidération des PERFECTIONS de
DIEU , & en particulier de sa JUS- CHAP. II.
TICE & de sa BONTÉ, des Conféquences en faveur d'un *Etat Futur* de
l'Homme ; je dis, que ces Conféquences ne feroient encore que *probables*.
C'eft que la Raifon ne peut embraffer
le *Syftême entier* de l'Univers , & qu'il
feroit *poffible* , que ce *Syftême* renfer-
mât des Chofes qui s'oppofaffent à la
Permanence de l'Homme. C'eft encore
que la Raifon ne peut être *parfaite-*
ment sûre de connoître *exactement* ce
que la JUSTICE & la BONTÉ font
dans l'ÊTRE SUPRÊME.

Je ne développerai pas actuellement
ces Propofitions : ceux qui ont réfléchi
mûrement fur cet important Sujet, &
qui fçavent juger de ce que la Lumiére
naturelle peut ou ne peut pas , me
comprennent affez, & c'eft à eux feuls
que je m'adreffe.

On fe tromperoit néanmoins beaucoup , & on me feroit le plus grand
tort , fi l'on penfoit , que j'ai deffein
d'affoiblir ici les Preuves que la Raifon
nous donne de l'exiftence d'une autre
Vie. Je veux fimplement faire fentir
fortement , que ces Preuves , quoique
très fortes , ne fçauroient nous conduire
dans cette Matière , à ce qu'on nomme
en bonne Logique , la *Certitude morale*. Qui eft plus difpofé que je le fuis
à faifir & à faire valoir ces belles Preuves , moi qui ai ofé en employer quel-
ques-unes pour effayer de montrer qu'il
n'eft pas improbable , que les *Animaux-
mêmes* foient appellés à une autre Oeconomie ! (*h*)

Je

(*h*) *Palingénéfie* , Part. I , II , III.

(*i*) J'ai effayé dans les Parties I , II , III , V de la
Palingénéfie Philofophique , d'appliquer aux *Animaux* ,
cette *Hypothèfe* fur l'Etat *Futur* de l'Homme , que
j'avois expofée très . . . . dans le Chapitre XXIV.

de

Je dirai plus ; ces préfomptions en faveur d'une Oeconomie Future des Animaux, rendent plus frappantes encore les Preuves que la Raifon nous donne d'un *Etat Futur* de l'Homme. Si le Plan de la SAGESSE DIVINE embraffe jufqu'à la Reftitution & au Perfectionnement futurs du *Vermiffeau*, que ne doit-il point renfermer pour cet Etre qui domine avec tant de fupériorité & de grandeur fur tous les Animaux !

Suppofons qu'il nous fût permis de voir jufqu'au fond dans la Tête d'un *Animal*, & d'y démêler nettement les Elémens de ce *nouveau Corps* dont nous concevons fi clairement la *poffibilité* : (i)

___

de l'*Effai Analytique*, & que mes Principes fur l'Oeconomie *phyfique* de notre Etre, m'avoit fait naître. Je n'ai préfenté ces Idées que comme de fimples *Conjectures* ; mais j'ai montré qu'elles n'étoient pas deftituées de probabilité.

fuppofons que nous découvriffions dif-
tinctement dans ce *nouveau Corps* bien
des Chofes qui ne nous paruffent point
du tout *rélatives* à l'*Oeconomie Préfente*
de l'Animal ni à l'*Etat Préfent* de notre
Globe ; ne ferions-nous pas très fondés
à en déduire la *Certitude* ou au moins
la très grande Probabilité d'un *Etat
Futur* de l'Animal ? & ce grand accroiffement de Probabilité à l'égard de l'*A-
nimal*, n'en feroit-il pas un plus corfi-
dérable encore en faveur de l'*Etat Futur*
de l'*Homme*.

Nous aurions donc ou à peu près
cette *Certitude morale* qui nous man-
que, & que nous défirons ; fi notre
Connoiffance *intuitive* pouvoit percer
le fond de l'*Organifation* de notre Etre,
& nous manifefter clairement fes *Rapports* divers à un *Etat Futur*. Mais ;
n'eft-il pas évident, que dans l'Etat
pré-

préſent des Choſes , notre Connoiſſance
intuitive ne ſçauroit pénétrer juſques-
là? Afin donc que notre manière *natu-*
relle de connoître *par intuition* (*k*) pût
nous dévoiler ce grand Myſtère , il ſeroit néceſſaire que nous acquiſſions de
nouveaux *Organes* ou de nouvelles *Fa-*
cultés.   Et ſi notre Connoiſſance *intui-*
tive changeoit à un tel point , nous ne
ferions plus préciſement ces *mêmes*
Hommes que DIEU a voulu placer ſur
la Terre ; nous ferions des Etres fort
ſupérieurs , & nous ceſſerions d'être *en*
rapport avec l'Etat *actuel* de notre
Globe.   Je ſuis encore obligé de renvoyer ici à ce que j'ai dit des *Bornes*
naturelles de nos Connoiſſances dans la
Partie XIII de la *Palingénéſie*.

L'AUTEUR de notre Etre ne pou-
voit-

_____

(*k*) Par le miniſtère des *Sens*.

voit-IL donc nous donner cette *Certi-*
tude morale, le grand Objet de nos
plus chers défirs, fans changer notre
Conftitution *préfente*? La SUPRÊME
SAGESSE auroit-ELLE manqué de
Moyens pour nous apprendre ce que
nous avons tant d'intérêt à fçavoir,
& à fçavoir avec Certitude? Je conçois
facilement, qu'ELLE a pu laiffer ignorer aux *Animaux* leur *Deſtination Fu-*
ture : ils n'auroient plus été des *Ani-*
maux, s'ils avoient connu ou fimplement foupçonné cette *Deſtination* : ils
auroient été des Etres d'un Ordre plus
relevé, & le Plan de la SAGESSE
exigeoit qu'il y eût fur la Terre des
Etres vivans, qui fuffent bornés aux
pures Senfations, & qui ne puffent s'é-
lever aux *Notions abſtraites*.

Mais; l'*Homme*, cet Etre *intelli-*
gent & *moral* étoit fait pour porter fes
regards

regards au-delà du Tems, pour s'élever jufqu'à l'ÊTRE des ÊTRES & y
puifer les plus hautes efpérances. La
SAGESSE ne pouvoit-ELLE SE prêter
aux efforts & aux defirs les plus nobles
de la Raifon humaine, & fuppléer par
quelque *Moyen* à la foibleffe de fes Lumiéres ? Ne pouvoit-ELLE faire tomber
fur l'Homme mortel un Rayon de cette
LUMIERE CELESTE qui éclaire les INTEL-
LIGENCES SUPÉRIEURES ?

Cette belle Recherche, la plus importante de toutes celles qui peuvent
occuper un Philofophe, fera l'Objet
des Chapitres fuivans.

D   CHA.

CHAPITRE TROIS.

DIEU

Créateur & Légiflateur.

IL me femble que j'ai affez prouvé
dans le Chapitre précédent , que
notre Connoiffance *naturelle* ne fçauroit
nous conduire à la *Certitude morale* fur
l'*Etat Futur* de l'Homme. C'eft toujours en vertu du *Rapport* ou de la
Proportion d'un Objet avec nos Facultés , que nous parvenons à faifir cet
Objet ; & à opérer fur les Idées qu'il
fait naître. Si cette Proportion n'exifte point , l'Objet eft hors de la Sphère
de nos Facultés , & il ne fçauroit parvenir *naturellement* à notre Connoiffance. Si l'Objet ne foutient avec nos Facultés que des Rapports éloignés ou indirects ,

directs, nous ne fçaurions acquérir de cet Objet qu'une Connoiſſance plus ou moins *probable* : elle ſera d'autant plus *probable* que les *Rapports* ſeront moins éloignés ou moins indirects. Il faut toujours, pour appercevoir un Objet, qu'il y aît une certaine proportion entre la Lumiére qu'il réfléchit, & l'Oeil qui raſſemble cette Lumière.

Maintenant, je me demande à moi-même, ſi ſans changer les *Facultés* de l'Homme, il étoit *impoſſible* à l'AUTEUR de l'Homme, de lui donner une *Certitude morale* de ſa Deſtination *Future* ?

Je reconnois d'abord, que je ferois de la plus abſurde témérité, ſi je décidois de l'impoſſibilité de la Choſe ; car il ſeroit de la plus grande abſurdité qu'un Etre auſſi borné, auſſi chétif que

D 2   je

je le fuis osât prononcer fur ce que la **PUISSANCE ABSOLUE** peut ou ne peut pas.

Portant enfuite mes regards fur cet Affemblage de Chofes, que je nomme la *Nature*, je découvre que cet Affemblage eft un Syftême admirable de *Rapports* divers. Je vois ces *Rapports* fe multiplier, fe diverfifier, s'étendre, à mefure que je multiplie mes Obfervations. Je m'affure bientôt que tout fe paffe dans la *Nature* conformément à des *Loix* conftantes, qui ne font que les *Réfultats naturels* de ces *Rapports* qui enchaînent tous les Etres & les dirigent à une *Fin* commune.

Il

(a) Lorfque j'ai exaniné en détail un certain nombre de Chofes, & que j'ai trouvé *conflamment* dans *toutes* les *mémes* Propriétés *effentielles*, je crois être fondé à en *inféʳer*, que les *Chofes* qui me paroiffent *précifément femblables* à celles-là, mais, que je n'ai

pas

Il eſt vrai, que je n'apperçois point de liaiſon *néceſſaire* entre un Moment & le Moment qui le ſuit, entre l'Action d'un Etre & celle d'un autre Etre, entre l'état actuel d'un Etre & l'état qui lui ſuccèdera immédiatement, &c. Mais ; je ſuis fait de manière, que ce que j'ai vu arriver toujours, & que ceux qui m'ont précédé ont vu arriver toujours, me paroît d'une *Certitude morale*. Ainſi, il ne me vient pas dans l'Eſprit de douter, que le Soleil ne ſe lève demain, que les Boutons des Arbres ne s'épanouiſſent au Printems, que le Feu ne réduiſe le Bois en Cendres, &c.

Je conviens que mon *Jugement* eſt ici purement *analogique* ; (a) puiſqu'il

_____

pas examinées dans le même détail, ſont auſſi douées des *mêmes Propriétés*.

Cette *manière de juger* eſt ce que les Logiciens nomment l'*Analogie*.

D 3

eſt très évident que le *Contraire* de ce que je penſe qui arrivera, eſt toujours *poſſible*. Mais, cette ſimple *Poſſibilité* ne ſçauroit le moins du monde contre-balancer dans mon Eſprit ce nombre ſi conſidérable d'*Expériences* conſtan-tes qui fondent ici ma *Croyance analo-gique*.

Il me ſemble que je choquerois le *Sens commun*, ſi je refuſois de prendre l'*Analogie* pour Guide dans des Choſes de cette nature. Je mènerois la Vie la plus miſérable ; je ne pourrois même pourvoir à ma Conſervation : car ſi ce que je connois des *Alimens* dont je me ſuis toujours nourri, ne ſuffiſoit point pour fonder la *Certitude* où je ſuis que ces *Alimens* ne ſe convertiront pas tout d'un coup & à propos de rien, en vé-ritables *Poiſons* ; comment pourrois-je hazarder d'en manger encore ?

Je

Je fuis donc dans l'obligation très raifonnable d'admettre, qu'il eft dans la Nature un certain *Ordre conftant*, fur lequel je puis établir des *Jugemens*, qui fans être des *Démonftrations*, font d'une telle *Probabilité* qu'elle fuffit à mes *Befoins*.

Mes *Sens* me manifeftent cet *Ordre :* ma Faculté de *réfléchir* m'en découvre les *Réfultats* les plus effentiels.

L'*Ordre de la Nature* eft donc, à mes yeux, le *Réfultat général* des *Rapports* (b) que j'apperçois entre les Etres.

Je regarde ces *Rapports* comme *in-variables*, parce que je ne les ai jamais vu

____

(b) » J'entends en général, par ces *Rapports*, ces » *Propriétés*, ces *Déterminations*, en vertu defquelles » différens Etres *confpirent* au même *But*, ou *concou-* » *rent* à produire un certain *Effet*. « *Effai Anal.* §. 40.

D 4

vu & qu'on ne les a jamais vu varier *naturellement*.

Je déduis raifonnablement de la Contemplation de ces *Rapports* l'*Exiftence* d'une PREMIERE CAUSE INTELLIGENTE : c'eft que plus il y a dans un *Tout*, de *Parties* & de Parties *variées* qui concourent à une *Fin* commune, & plus il eft *probable* que ce *Tout* n'eft point l'Ouvrage d'une Caufe *aveugle*.

Je ne déduis pas moins raifonnablement de la *Progreffion* des Etres *fucceffifs* la *Néceffité* d'une PREMIERE CAUSE : c'eft que je n'ignore pas, que dans une *Suite* quelconque, il doit toujours y avoir un *premier Terme*, & qu'un nombre actuellement *infini* eft une contradiction : c'eft encore que chaqu'Etre fucceffif ayant fa *Raifon* dans celui qui le précède ; ce dernier, dans

CHAP. III.

dans un autre encore, &c. il faut que la Chaîne entière, qui n'eſt que l'*Aſſemblage* de tous ces *Etres ſucceſſifs*, aît hors d'elle une *Raiſon* de ſon *exiſtence*.

Ce n'eſt pas que j'apperçoive une *liaiſon néceſſaire* entre ce que je nomme une *Cauſe* & ce que je nomme un *Effet* : mais ; je ſuis obligé de reconnoître que je ſuis fait de maniére, que je ne puis admettre qu'une Choſe *eſt* , ſans qu'il y aît une *Raiſon* pourquoi elle eſt , & pourquoi elle eſt *comme elle eſt* & non *autrement*.

Je tiens pour *Néceſſaire* tout *ce qui eſt & qui ne pouvoit pas ne pas être ni être autrement*. Or , je vois clairement, que l'Etat *actuel* de chaque Choſe n'eſt pas *néceſſaire* ; puiſque j'obſerve qu'il *varie* ſuivant certaines *Loix*. Je con-

conçois donc clairement , que chaque Chose pourroit être *autrement* qu'elle n'est ; je nomme cela *Contingence* , & je dis , que dans ma *maniére de concevoir* , chaque Chose est *contingente* de sa nature.

Je crois pouvoir inférer encore de cette *Contingence* , qu'il est une RAISON ÉTERNELLE qui a *déterminé* , dès le commencement , les Etats *passés* , l'Etat *actuel* , & les Etats *futurs* de chaque Chose.

Mais ; quand je parle de *Contingence* , c'est suivant ma manière très imparfaite de *voir* & de *concevoir* les Choses. Il me paroît bien clair , que si je pouvois embrasser l'*Univers* entier ou la *Totalité* des Choses , je connoîtrois pourquoi chaque Chose est comme elle est & non autrement : j'en jugerois

alors

alors par fes *Rapports* au *Tout* , de la
même manière précifément qu'un Mé-
chanicien juge de chaque Pièce d'une
Machine. Je conclurois donc , que l'U-
nivers lui-même eft comme il eft, parce que fa CAUSE ne pouvoit être *au-*
trement.

Cependant il n'en demeureroit pas
moins vrai, que chaque *Piéce* de l'U-
nivers , chaqu'Etre *particulier* , confi-
déré *en lui - même* , auroit pu être *au-*
trement. La raifon que j'en découvre,
eft que chaqu'Etre *particulier* n'étoit
point *déterminé* en tout fens par fa *pro-*
pre Nature. Toutes fes *Déterminations*
n'étoient pas *néceffaires* , au fens que
j'ai attaché à ce Mot. Il étoit fufceptible d'une multitude de *Modifications* (c)
di-

(c) Voyez ce qu'il faut entendre par ce mot dans
la *Note* (b) page 2.

diverſes, & j'en obſerve pluſieurs qui ſe ſuccèdent dans tel ou tel Etre *particulier*.

Il n'en eſt pas de même, à mes yeux, des *Vérités* que je nomme *néceſſaires* : je ne puis pas dire de ces *Vérités* ce que je viens de dire des Etres *particuliers*. Les Vérités *néceſſaires* ſont *déterminées* par leur *propre nature* : elles ne peuvent être que d'une ſeule manière : c'eſt dans ce ſens métaphyſique, que les *Vérités géométriques* ſont *néceſſaires*, & qu'elles excluent toute *Contingence*. Elles étoient *telles* de toute Eternité dans cette INTELLIGENCE NÉ-

---

(d) Conſultez le Chapitre I. & en particulier la *Note* (d) page 4.

(e) » Les *Loix de la Nature* ſont en général les *Réſultats* ou les *Conſéquences* des *Rapports* qui ſont en-» tre les Etres. « *Eſſai Analyt.* §. 40.

(f) La *Lumière* ſe propage en ligne droite. Sa *Réfraction* eſt cette Propriété en vertu de laquelle ſes

NÉCESSAIRE , qui étoit la *Région* de toute *Vérité*. (*d*)

Si les *Loix de la Nature* réfultent effentiellement des *Rapports* qui font entre les Etres ; (*e*) fi ces *Rapports*, confidérés *en eux-mêmes*, ne font pas *néceffaires* ; il me paroît que je puis en déduire légitimement , que la *Nature* a un LÉGISLATEUR. La *Lumière* ne s'eft pas donné à elle-même fes *Propriétés* , & les *Loix* de fa *Réfraction* & de fa *Réflexion* réfultent des *Rapports* qu'elle foutient avec différens Corps foit *liquides* , foit *folides*. (*f*)

Je

Rayons fe *plient* ou fe courbent en paffant d'un *Milieu* dans un *Milieu* d'efpèce différente ; par exemple , de l'Air dans l'Eau , ou de l'Eau dans l'Air. La *Réflexion* de la Lumière eft cette Propriété par laquelle elle *réjaillit* ou *paroît* réjaillir de deffus les Corps. L'expérience découvre ces *Propriétés* & leurs *Loix* ; la Géométrie les calcule.

Je m'exprimerois donc d'une manière fort peu exacte, si je disois, *que les Loix de la Nature ont appropriés les Moyens à la Fin :* c'est que les *Loix de la Nature* ne font que de *simples Effets*, & que dans mes Idées, des *Effets* supposent une *Cause*, ou pour m'exprimer en d'autres termes, l'existence *actuelle* d'une Chose, suppose l'existence *rélative* d'une autre Chose, que je regarde comme la *Raison* de l'*actualité* de la première.

Si la Nature a reçu des *Loix*, CELUI qui les lui a imposées a, sans doute, le Pouvoir de les suspendre, de les modifier ou de les diriger comme IL lui plait.

Mais ; si le LÉGISLATEUR de la Nature est aussi SAGE que PUISSANT, IL ne *suspendra* ou ne *modifiera* ses *Loix*,

Loix, que lorfqu'elles ne pourront fuf- fire, *par elles - mêmes*, à remplir les vuës de sa SAGESSE. C'eft que la *Sageffe* ne confifte pas moins à ne pas multiplier fans néceffité les *Moyens*, qu'à choifir toujours les *meilleurs* Moyens, pour parvenir à la *meilleure* Fin.

Je ne puis douter de la SAGESSE du LÉGISLATEUR de la Nature, parce que je ne puis douter de l'INTELLIGENCE de ce LÉGISLATEUR. J'obferve que plus les Lumiéres de l'Homme s'accroiffent, & plus il découvre dans l'Univers de Traits d'une INTELLIGENCE FORMATRICE. Je remarque même avec étonnement que cette INTELLIGENCE ne brille pas avec moins d'éclat dans la Structure du Pou ou du Ver-de-terre, que dans celle de l'Homme ou dans la difpofition & les mouvemens des Corps céleftes.

Je

Je conçois donc que l'INTELLI-GENCE QUI a été capable de former le Plan immense de l'Univers, est au moins la plus PARFAITE des IN-TELLIGENCES.

Mais ; cette INTELLIGENCE réfi-de dans un ÊTRE NÉCESSAIRE : un Etre *néceſſaire* eſt non ſeulement celui *qui ne peut pas ne pas être* : il eſt en-core celui *qui ne peut pas être autre-ment*. Or, un Etre dont les *Perfections* ſeroient *ſuſceptibles* d'accroiſſement, ne ſeroit pas un *Etre néceſſaire*, puiſqu'il *pourroit être autrement*. J'infere donc de ce Raiſonnement, que les PERFEC-TIONS de l'ÊTRE NÉCESSAIRE ne ſont pas *ſuſceptibles* d'accroiſſement & qu'elles ſont *abſolument* ce qu'ELLES ſont. Je dis *abſolument*, parce que je ne puis concevoir des *Degrés* dans les PERFECTIONS de l'ÊTRE NÉCES-SAIRE,

SAIRE. Je vois très-clairement , qu'un CHAP. III. Etre *borné* peut être *déterminé de plufieurs maniéres* , puifque je conçois très clairement le changement *poſſible* de ſes *Bornes*.

Si l'ÊTRE NÉCESSAIRE poſſéde une INTELLIGENCE *ſans bornes* , IL poſſédera auſſi une SAGESSE *ſans bornes* ; car la *Sageſſe* n'eſt proprement ici que l'*Intelligence* elle - même , en tant qu'elle ſe propoſe une *Fin* & des *Moyens* rélatifs à cette Fin.

L'INTELLIGENCE CRÉATRI- CE n'aura donc rien fait qu'avec *Sa-geſſe :* ELLE SE fera propoſé dans la Création de chaqu'Etre la *meilleure* Fin *poſſible* , & aura prédéterminé les *meil-leurs* Moyens pour parvenir à cette Fin.

❧❧

E CHA-

CHAPITRE QUATRE.

L'Amour du Bonheur,

Fondement des Loix Naturelles de l'Homme.

Conséquence,
en faveur de la Perfection du Système Moral.

Les Loix de la Nature, Langage du
LEGISLATEUR.

JE suis un Etre *sentant* & *intelligent :* il est dans la Nature de tout Etre sentant & intelligent de vouloir sentir ou exister *agréablement*, & vouloir cela, c'est *s'aimer soi-même*. L'*Amour de soi-même*, ne diffère donc pas de l'*Amour du Bonheur*. Je ne puis me dissimuler, que l'*Amour du Bonheur* ne

ne foit le Principe *univerfel* de mes
Actions.

Le *Bonheur* eft donc la grande *Fin*
de mon Etre. Je ne me fuis pas fait
moi-même ; je ne me fuis pas donné à
moi-même ce Principe univerfel d'action : l'AUTEUR de mon Etre qui a
mis en moi ce puiffant Reffort , m'a
donc créé pour le *Bonheur*.

J'entends en général par le *Bonheur*,
tout ce qui peut contribuer à la *Confervation* & au *Perfectionnement* de mon
Etre.

Parce que les Objets *fenfibles* font fur
moi une forte impreffion , & que mon
Intelligence eft très bornée , il m'arrive
fréquemment de me méprendre fur le
Bonheur , & de préférer un Bonheur
apparent à un Bonheur *réel*. Mon Ex-

E 2   périence

périence journaliére, & les Réflexions qu'elle me fait naître, me découvrent mes méprises. Je reconnois donc évidemment, que pour obtenir la Fin de mon Etre, je suis dans l'Obligation étroite d'observer les *Loix* de mon Etre.

Je

(*a*). » L'Homme eſt un *Etre-mixte* : l'Amour du
» Bonheur eſt le Principe univerſel de ſes Actions.
» Il a été créé pour le *Bonheur*, & pour un Bonheur
» rélatif à ſa Qualité d'*Etre-mixte*.

　» Il ſeroit donc contre les *Loix* établies, que
» l'Homme pût être *heureux* en choquant ſes *Réla-*
» *tions*, puiſqu'elles ſont fondées ſur ſa propre *Na-*
» *ture*, combinée avec celle des autres Etres. *Paling.*
» Part. VIII.

　» Les *Loix Naturelles* ſont donc les *Réſultats des*
» *Rapports* que l'Homme ſoutient avec les divers
» Etres : Définition plus philoſophique que celles
» de la plupart des Juriſconſultes & des Moraliſtes.

　» L'Homme parvient par ſa *Raiſon* à la *Connoiſſan-*
» *ce* de ces *Rapports* divers. C'eſt en étudiant ſa pro-
» pre *Nature* & celle des Etres qui l'environnent,
» qu'il démêle les *liaiſons* qu'il a avec ces Etres &
» que ces Etres ont avec lui.

　» Cette *Connoiſſance* eſt celle qu'il lui importe le
plus

Je regarde donc ces *Loix*, comme les *Moyens naturels* que l'AUTEUR de mon Etre a choisi pour me conduire au *Bonheur*. (*a*) Comme elles résultent essentiellement des *Rapports* que je soutiens avec différens Etres, & que je ne suis point le Maître de changer ces

Rap-

» plus d'acquérir, parce que c'est uniquement sur
» elle que repose son véritable *Bonheur*.

» Ce seroit la chose la plus contraire à la Nature,
» que l'Homme pût être *véritablement* heureux en
» violant les *Loix* du Monde qu'il habite. C'est que
» ce sont ces *Loix*-mêmes qui peuvent seules *conser-*
» *ver* & *perfectionner* son Etre.

» L'Homme assujetti à ces *Loix* par son CREA-
» TEUR, aspireroit-il donc, en insensé, au privi-
» lége d'être *intempérant* impunément, & préten-
» droit-il changer les *Rapports* établis entre son *Es-*
» *tomac* & les *Alimens* nécessaires à sa conservation.

» Il y a donc dans la Nature un *Ordre préétabli*,
» dont la *Fin* est le plus grand Bonheur *possible* des
» Etres *sentans* & des Etres *intelligens*.

» L'Etre *intelligent* & *moral* connoît cet *Ordre* &
» s'y conforme. Il le connoît d'autant mieux, qu'il
» est plus *intelligent*. Il s'y conforme avec d'autant
» plus d'exactitude, qu'il est plus *moral*. « *Ibid*.
Part. XV.

Rapports ; je vois manifeſtement que je ne puis violer plus ou moins les *Loix* de ma Nature *particulicre* , ſans m'éloigner plus ou moins de ma véritable *Fin.*

L'Expérience me démontre, que toutes mes Facultés ſont renfermées dans certaines *Limites* naturelles , & qu'il eſt un *Terme* où finit le *Plaiſir* & où commence la *Douleur.* J'apprens ainſi de l'Expérience , que je dois régler l'*Exercice* de toutes mes Facultés, ſur leur *Portée* naturelle.

Je ſuis donc dans l'obligation philoſophique de reconnoître , qu'il eſt une *Sanction naturelle* des Loix de mon Etre ; puiſque j'éprouve un *mal* lorſque je les *viole.*

Parce que je m'aime moi-même , &
que

que je ne puis pas ne point *défirer* d'ê-
tre *heureux* ; je ne puis pas ne point
défirer de continuer d'être. Je retrouve
ces *Défirs* dans mes Semblables , & fi
quelques-uns paroiffent fouhaiter la ceffation de leur Etre ; c'eft plutôt le changement de leur Etre , que l'*Anéantif-
fement* , qu'ils fouhaitent.

Ma Raifon me rend au moins très
probable , que la *Mort* ne fera pas le
Terme de la Durée de mon Etre. Elle
me fait entrevoir des Moyens *phyfiques
préordonnés* , qui peuvent prolonger
mon *Humanité* au-delà du Tombeau.
Elle m'affure que je fuis un Etre *per-
feftible* à l'indéfini : elle me fait juger
par les progrès continuels que je puis
faire vers le Bon & le Vrai dans mon
Etat *préfent* , de ceux que je pourrois
faire dans un autre Etat où toutes mes
Facultés feroient perfeftionnées. En-
E 4   fin;

fin ; elle puife dans les Notions les plus philofophiques qu'elle fe forme des ATTRIBUTS DIVINS & des *Loix naturelles* , de nouvelles Confidérations qui accroiffent beaucoup ces différentes *Probabilités.*

Mais ; ma Raifon me découvre en même tems , qu'il n'eft point du tout dans l'Ordre de mes Facultés *actuelles* , que j'aye fur la *Survivance* de mon Etre , plus que de fimples *Probabilités.* (b)

Cependant ma Raifon elle-même me fait fentir fortement , combien il importeroit à mon Bonheur , que j'euffe fur mon *Etat Futur* plus que de *fimples Probabilités* ou au moins une Somme

de

(b) Voyez ce que j'ai dit là-deffus dans le Chapitre deux.

de Probabilités telle qu'elle fût équivalente à ce que je nomme la *Certitude morale.*

Ma Raifon me fournit les meilleures Preuves de la SOUVERAINE IN-TELLIGENCE de L'AUTEUR de mon Etre : elle déduit très légitimement de cette INTELLIGENCE , la SOUVERAINE SAGESSE du GRAND ÊTRE. (*c*) SA BONTÉ fera cette SAGESSE ELLE - MEME occupée à procurer le plus grand Bien de tous les Etres *fentans* , & de tous les Etres *intelligens.*

Cette SAGESSE ADORABLE ayant fait entrer dans fon Plan le Syftême de l'*Humanité* , a voulu , fans doute , tout ce qui pouvoit contribuer à la plus grande *Perfection* de ce *Syftême.*

_____

(*c*) Voyez dans le Chapitre trois ce que j'ai expofé fur ce fujet.

Rien n'étoit affurément plus propre
à procurer la plus grande Perfection de
ce Syftême, que de donner aux Etres
qui le compofent, une *Certitude mo-*
rale de leur *Etat Futur*, & de leur faire
envifager le *Bonheur* dont ils jouïront
dans cet *Etat*, comme la Suite ou la
Conféquence de la *Perfection morale*
qu'ils auront tâché d'acquérir dans l'*E-*
tat Préfent.

Et puifque l'Etat *actuel* de l'*Huma-*
nité ne comportoit point, qu'elle pût
parvenir à fe convaincre par les *feules*
forces de la Raifon, de la *Certitude* d'un
Etat Futur, il étoit, fans contredit,
dans l'Ordre de la SAGESSE, de lui
donner par quelqu'autre Voye une *af-*
furance fi néceffaire à la *Perfection* du
Syftême moral.

Mais; parce que le Plan de la SA-
GESSE

GESSÉ exigeoit apparemment, qu'il y CHAP. IV. eût fur la Terre des Etres intelligens, mais très bornés, tels que les *Hommes*; ELLE ne pouvoit pas *changer* les *Facultés* de ces Etres pour leur donner une *Certitude* fuffifante de leur *Deſtination Future*.

Il falloit donc que la SAGESSE employât dans cette Vue un *Moyen*, tel que fans être renfermé dans la Sphère *actuelle* des Facultés de l'Homme, il fut cependant fi bien approprié à la *Nature* & à l'*Exercice* le plus raifonnable de fes Facultés, que l'Homme pût acquérir par ce *Moyen nouveau* le Degré de Certitude qui lui manquoit, & qu'il défiroit fi vivement.

L'Homme ne pouvoit donc tenir cette *Certitude* fi défirable, que de la MAIN même de l'AUTEUR de fon Etre.

Etre. Mais ; par quelle *Voye* particulière, la SAGESSE pouvoit-elle convaincre l'Homme *raisonnable* des grandes Vuës qu'elle avoit formées sur lui ?
A quel *Signe* l'Homme *raisonnable* pouvoit-il s'assurer que la SAGESSE elle-
même *parloit ?*

J'ai reconnu que la Nature a un LÉ-
GISLATEUR ; & reconnoître cela,
c'est reconnoître en même tems que ce
LÉGISLATEUR peut suspendre ou
modifier à son gré les *Loix* qu'il a données à la Nature.

Ces *Loix* sont donc, en quelque sor-
te, le *Langage* de l'AUTEUR de la
Nature ou l'Expression *physique* de SA
VOLONTÉ.

Je conçois donc facilement, que
l'AUTEUR de la Nature a pu se ser-
vir

vir de ce *Langage*, pour faire connoître aux Hommes avec *Certitude* ce
qu'il leur importoit le plus de fçavoir
& de fçavoir bien, & que la Raifon
feule ne faifoit guères que leur indiquer.

Ainfi, parce que je vois évidemment, qu'il n'y a que le LÉGISLA-
TEUR de la Nature, qui puiffe en
modifier les *Loix*; je me crois fondé
raifonnablement à admettre qu'il *a*
parlé; lorfque je puis m'affurer raifonnablement que certaines *Modifications*
frappantes de ces *Loix* ont eu lieu,
& que je puis découvrir avec évidence
le But de ces *Modifications*.

Ces *Modifications* feront donc pour
moi des *Signes particuliers* de la *Volonté* de l'AUTEUR de la Nature à
l'égard de l'*Homme*.

Je

Chap. IV.

Je puis donner un *Nom* à ces sortes de *Modifications*, ne fût-ce que pour indiquer les *Changemens* qu'elles ont apportés à la-Marche *ordinaire* de la Nature : je puis les nommer des *Miracles*, & rechercher ensuite quelles Idées je dois me faire des *Miracles*.

CHA-

CHAPITRE CINQ.

Les Miracles.

Recherches sur leur nature.

JE sçais assez qu'on a coutume de regarder un *Miracle* comme l'*Effet* d'un Acte *immédiat* de la TOUTE-PUISSANCE, opéré dans le *Teins*, & rélativement à un certain *But moral*.

Je sçais encore, qu'on recourt communément à cette Intervention *immédiate* de la TOUTE-PUISSANCE, parce qu'on ne juge pas qu'un *Miracle* puisse être renfermé dans la *Sphère* des *Loix* de la *Nature*.

Mais; s'il est dans la *Nature* de la *Sagesse*, de ne point *multiplier* les *Actes*

tes fans *néceſſité* ; ſi la VOLONTÉ
EFFICACE a pu produire ou *préordonner* par un Acte *unique* toutes ces
Modifications des Loix de la Nature,
que je nomme des *Miracles*, ne fera-t-
il pas au moins très probable qu'ELLE
l'aura fait ?

Si la SAGESSE ÉTERNELLE qui
n'a aucune *Rélation* au *Tems*, a pu produire *hors du Tems* l'*Univerſalité* des
Choſes, eſt-il à préfumer qu'ELLE ſe ſoit
refervé d'agir dans le *Tems*, & de mettre la MAIN à la Machine comme l'Ouvrier le plus *borné ?*

Parce que je ne découvre point *comment* un *Miracle* peut être renfermé
dans la *Sphère* des Loix de la Nature,
ferois-je bien fondé à en conclure, qu'il
n'y eſt point du tout renfermé ? Puis-
je me perfuader un inſtant que je connoiſſe

noiſſe à fond les *Loix de la Nature* ? ne vois-je pas évidemment, que je ne connois qu'une très petite Partie de ces *Loix*, & que même cette *Partie* ſi petite, je ne la connois qu'*impar- faitement* ?

Comment donc oſerois-je pronon- cer ſur ce que les *Loix* de la Nature *ont pu* ou *n'ont pas pu* opérer dans la MAIN du LÉGISLATEUR ?

Il me ſemble que je puis, ſans té- mérité, aller un peu plus loin : quoi- que je ſois un Etre extrêmement bor- né, je ne laiſſe pàs d'entrevoir ici la *Poſſibilité* d'une *Préordination* rélative à ce que je nomme des *Miracles*.

Des Méditations aſſez profondes ſur les *Facultés* de mon *Ame*, m'ont con- vaincu, que l'exercice de toutes ces

F   Fa-

CHAP. V. Facultés dépend plus ou moins de l'état & du jeu des *Organes*. Il est même peu de Vérités qui soient plus généralement reconnues. J'ai assez prouvé dans un autre Ouvrage, (*a*) que les *Perceptions*, l'*Attention*, l'*Imagination*, la *Mémoire*, &c. tiennent essentiellement aux Mouvemens des *Fibres sensibles*, & aux *Déterminations* particulières que l'action des Objets leur imprime, qu'elles conservent pendant un tems plus ou moins long, & en vertu desquelles ces *Fibres* peuvent retracer à l'*Ame* les *Idées* ou les *Images* des Objets. (*b*)

C'est

(*a*) L'*Essai Analytique sur les Facultés de l'Ame*, publié en 1760.

(*b*) Il ne faudroit pas m'objecter, qu'il seroit possible que l'Ame *pensât* sans Corps. J'accorderai, si l'on veut, cette possibilité : mais, je demanderai, si l'on sçait tant soit peu ce que feroit une *Ame humaine* séparée de tout Corps ? On ne connoît un peu l'*Ame humaine*, que par son *Union* avec le Corps : de cette *Union* résulte essentiellement un *Etre-mixte*, qui porte le nom d'*Homme*, & qui est appellé à du-

* rer*

CHAP. V.

C'eſt une Loi *fondamentale* de l'U-*nion* de l'Ame & du Corps, que lorſ-que *certaines* Fibres *ſenſibles* ſont ébran-lées, l'Ame éprouve *certaines* Senſa-tions : rien au monde n'eſt plus conſ-tant, plus invariable que cet Effet. Il a toujours lieu, ſoit que l'ébranlement des *Fibres* provienne de l'*action* même des Objets, ſoit qu'il provienne de quelque mouvement qui s'opère dans la *Partie* du Cerveau qui eſt le Siége de toutes les Opérations de l'Ame.

Si une foule d'Expériences (c) dé-montre

---

rer toujours. Si donc l'Homme doit durer toujours, ſon Ame *penſera* toujours par le miniſtère d'un Corps. Voyez le Chapitre I. de ces *Recherches.* Ainſi, à quoi bon élever la Queſtion, ſi l'*Ame* peut *penſer* ſans Corps? l'Homme n'eſt point un *Eſprit - pur*, & ne le ſera jamais. Je renvoye ceux qui déſireront plus de détails ſur cette Queſtion, aux Articles XVI, XVIII, XIX de mon *Analyſe Abrégée* ; Tom. I. de la *Palingénéſie.*

(c) Les Livres de Médecine & de Phyſique ſont

　　　　　pleins

Chap. V. montre que l'*Imagination* & la *Mémoire* dépendent de l'*Organisation* du Cerveau, il est par cela même démontré, que la *Reproduction* ou le *Rappel* de telle ou de telle Idée, dépend de la *Reproduction* des Mouvemens dans les Fibres *sensibles appropriées* à ces *Idées*.

Nous *représentons* toutes nos *Idées* par des *Signes d'Institution*, qui affectent l'Oeil ou l'Oreille. Ces *Signes* sont des *Caractères* ou des *Mots*. Ces *Mots* sont *lus* ou *prononcés :* ils s'impriment donc dans le *Cerveau* par des *Fibres* de la *Vuë* ou par des *Fibres* de l'*Ouïe*. Ainsi, soit que le Mouvement se reproduise

---

pleins d'Observations qui prouvent que des accidens purement *physiques* affoibliffent, altèrent ou détruisent même entièrement l'*Imagination* & la *Mémoire*. Rien de mieux constaté ; & revoquer en doute de pareils Faits, ce seroit renoncer à toute Certitude historique.

produife dans des Fibres de la Vuë ou dans des Fibres de l'Ouïe , les *Mots* attachés au jeu de ces Fibres feront également rappellés à l'*Ame* , & par ces Mots, les *Idées* qu'ils font deftinés à *repréfenter.*

Je ne puis raifonnablement préfuppofer que tous mes Lecteurs poffédent, auffi bien que moi, mes Principes *pfychologiques* ; (d) je fuis donc obligé de renvoyer ceux qui ne les poffédent pas affez, aux divers Ecrits dans lefquels je les ai expofés en détail. Ils feront bien fur-tout de relire avec attention mon Ecrit *fur le Rappel des Idées par les Mots , & fur l'Affociation des Idées en général,* que j'ai inféré dans le Tome I. de la *Palingénéfie.*

Dès

(d) La *Pfychologie* eft la Science de l'Ame. Les Principes qu'on puife dans cette Science font donc des *Principes pfychologiques.*

Dès que je me fuis une fois convaincu par l'Expérience & par le Raifonnement, que la *Production* & la *Reproduction* de toutes mes Idées tiennent au *Jeu* fecret de certaines *Fibres* de mon Cerveau; je conçois avec la plus grande facilité, que la SAGESSE SUPRÊME a pu *préorganifer*, au commencement des Chofes, *certains Cerveaux*, de manière qu'il s'y trouveroit des *Fibres* dont les *Déterminations* (e) & les *Mouvemens* particuliers, répondroient, dans un tems marqué, aux Vuës de cette SAGESSE ADORABLE.

Qui pourroit douter un inftant, que fi nous étions les maîtres d'ébranler, à notre gré, *certaines Fibres* du Cerveau de

---

(e) Mot qui exprime *certaines* conditions *phyfiques,* deftinées à rappeller à l'Ame tel ou tel *Signe,* & par çe Signe, telle ou telle *Idée.*

de nos Semblables ; par exemple , les Fibres *appropriées aux Mots* , nous ne rappellaffions , à volonté , dans leur Ame , telle ou telle *Suite* de Mots , & par cette Suite une *Suite* correfpondante d'*Idées* ? Répéterai-je encore que la *Mémoire des Mots* tient au Cerveau , & que mille Accidens , qui ne peuvent affecter que le Cerveau , affoibliffent & détruifent même en entier la *Mémoire des Mots* ? Rappellerai-je ce Vieillard vénérable , dont j'ai parlé dans mon *Effai Analytique* , §. 676 , qui avoit , en pleine veille , des *Suites* nombreufes & variées de *Vifions* , abfolument *indépendantes* de fa *Volonté* , & qui ne *troubloient* jamais fa *Raifon* ? Répéterai-je , que le *Cerveau* de ce Vieillard étoit une forte de *Machine d'Optique* , qui exécutoit d'elle-même fous les Yeux de l'Ame , toutes fortes de Décorations & de Perfpectives ?

F 4

On

On ne s'avifera pas non plus de douter, que DIEU ne puiffe ébranler au gré de SA VOLONTÉ, les *Fibres* de tel ou de tel Cerveau, de maniére qu'elles traceront, à point nommé, à l'Ame une *Suite* déterminée d'Idées ou de Mots, & une telle *Combinaifon* des unes & des autres, que cette *Combinaifon* repréfentera plus ou moins figurément une Suite d'*Evénemens* cachés encore dans l'Abime de l'*Avenir* ?

Ce que l'on conçoit fi clairement que DIEU pourroit exécuter par SON Action *immédiate* fur un *Cerveau* particulier, n'auroit-IL pu le *prédéterminer* dès le commencement ? Ne conçoit-on pas à peu près auffi clairement, que DIEU a pu préordonner dans tel ou tel Cerveau, & hors de ce Cerveau, des *Caufes* purement *phyfiques*, qui déployant leur action dans un tems marqué

qué par la SAGESSE , produiront précifément les mêmes Effets , que produiroit l'Action *immédiate* du PREMIER
MOTEUR ?

C'étoit ce que j'avois voulu donner
à entendre en terminant ce Paragraphe
676 de mon *Effai Analytique* , auquel
je viens de renvoyer : mais , je doute
qu'on aît fait attention à cet endroit de
l'Ouvrage. » Si les Vifions *prophéti-*
» *ques* , difois-je dans cet endroit, ont
» une Caufe *matérielle* , l'on en trouve-
» roit ici une explication bien fimple,
» & qui ne fuppoferoit aucun Miracle :
» (*f*) l'on conçoit affez, que DIEU a
» pu préparer de loin dans le Cerveau
» des *Prophêtes* des Caufes phyfiques
» propres à en ébranler, dans un tems
» dé-

_____

(*f*) Je prenois ici le Mot de *Miracle* dans le fens
qu'on attache communément à ce Mot.

» déterminé , les Fibres fenfibles fui-
» vant un *Ordre* rélatif aux Evénemens
» futurs qu'il s'agiffoit de repréfenter à
» leur Efprit. «

L'Auteur de l'*Effai de Pfychologie*,
(g) qui n'a pas été mieux lu ni mieux
entendu que moi, par la plupart des
Lecteurs, & qui a tâché de renfermer
dans un affez petit Volume tant de
Principes & de grands Principes ; a eu
la même Idée que j'expofe ici. Dans le
Chapitre XXI de la Partie VII de fes
Principes Philofophiques, il s'exprime
ainfi :

» Soit que DIEU agiffe *immédiate-*
» *ment* fur les Fibres *repréfentatrices*
» des

_____

(g) *Effai de Pfychologie ou Confidérations fur les Opéra-*
tions de l'Ame , *fur l'Habitude & fur l'Education &c.*
Londres 1755 , & fe trouve à Amfterdam chez Marc
Michel REY.

» des Objets , & qu'IL leur imprime
» des *Mouvemens* propres à *exprimer*,
» ou à *repréfenter* à l'Ame une *fuite* d'E-
» vénemens *futurs*: foit que DIEU aît
» *créé* dès le commencement des *Cer-*
» *veaux* dont les *Fibres* exécuteront *par*
» *elles - mêmes* dans un tems *déterminé*
» de femblables *Repréfentations*; l'Ame
» *lira* dans l'*Avenir*: ce fera un ESAIE,
» un JÉRÉMIE, un DANIEL. «

Les *Signes d'inftitution* (h) par lefquels nous *repréfentons* nos *Idées* de
tout Genre , font des Objets qui tombent fous les *Sens*, & qui, comme je le
difois, frappent l'*Oeil* ou l'*Oreille*, &
par eux, le *Cerveau*. La *Mémoire* fe
charge du Dépot des *Mots* , & la *Ré-*
flexion

_____

(h) Les *Caraɛtères*, les *Lettres*, les *Mots*, & en général toutes les *Manières* dont les Hommes font con-
venus d'exprimer leurs *Idées*.

flexion les combine. On eft étonné , quand on fonge au nombre confidérable de Langues *mortes* & de Langues *vivantes* qu'un même Homme peut apprendre & parler. Il eft pourtant une *Mémoire* purement *organique* où les *Mots* de toutes ces *Langues* vont s'imprimer, & qui les préfente à l'Ame au befoin, avec autant de célérité, que de précifion & d'abondance. On n'eft pas moins étonné, quand on penfe à d'autres Prodiges que nous offre la *Mémoire* & l'*Imagination*. SCALIGER apprit par cœur tout HOMÉRE en vingt-un jours, & dans quatre mois tous les Poëtes Grecs. WALLIS extraifoit de Tête la *Racine quarrée* d'un nombre de cinquante-trois Figures. (*i*) Combien d'autres Faits de même Genre, ne pour-

_____

(*i*) Mr. de HALLER, *Phyfiologie*, Tome v, Liv. XVII, Art. VI.

pourrois-je pas indiquer ! Qu'on prenne la peine de réfléchir fur les grandes
Idées que ces Phénomènes merveilleux
de la *Mémoire*, nous donnent de l'*Organifation* de cette *Partie* du Cerveau
qui eft le *Siége de l'Ame* & l'Inftrument
immédiat de toutes ces Opérations ; &
l'on conviendra, je m'affure, que cet
Inftrument, le Chef - d'Oeuvre de la
Création terreftre, eft d'une Structure
fort fupérieure à tout ce qu'il nous eft
permis d'imaginer ou de concevoir.

Ce qu'un Sçavant exécute fur fon
Cerveau par un travail plus ou moins
long, & par une *Méthode* appropriée,
DIEU pourroit, fans doute, l'exécuter
par un Acte *immédiat* de sa PUISSAN-
CE. Mais ; il pourroit auffi avoir établi, dès le commencement, dans un
certain *Cerveau*, une telle *Préorgani-
fation* que ce Cerveau fe trouveroit,

dans

dans un tems prédéterminé, monté à peu près comme celui du Sçavant, & capable des mêmes *Opérations* & d'Opérations plus étonnantes encore.

Suppofons donc, que DIEU eût créé, au commencement, un certain nombre de *Germes humains*, dont IL eut *préorganifé* les *Cerveaux* de manière, qu'à un certain jour marqué, ils devoient fournir à l'Ame l'Affortiment complet des *Mots* d'une multitude de *Langues* diverfes ; les Hommes auxquels de pareils *Cerveaux* auront appartenus, fe feront trouvés ainfi transformés, prefque tout d'un coup, en *Polyglottes* (*k*) vivantes.

Je prie ceux de mes Lecteurs qui ne com-

_____

(*k*) Terme pris ici au figuré, & qui exprime des *Dictionnaires* en plufieurs Langues.

comprendront pas bien ceci, de relire
attentivement les Articles xiv, xv, xvi,
xvii, xviii, de mon *Analyse Abrégée*,
(*l*) & les endroits rélatifs de l'*Essai A-
nalytique*. Les Idées que je présente
dans ce Chapitre, sont si éloignées de
celles qu'on s'étoit faites jusqu'ici sur
les Sujets qui m'occupent, que je ne
puis revenir trop souvent à prier mon
Lecteur de ne me juger qu'après m'a-
voir bien saisi & bien médité. Je n'es-
pére pas d'obtenir la grace que je demande : je sçais que le nombre des bons
Lecteurs est fort petit, & que celui des
vrais Philosophes l'est encore davantage. Mais ; s'il arrive qu'on m'entende
mal, je n'aurai au moins rien négligé
pour prévenir les méprises de mes Juges.

Au

CHAP. V.

(*l*) Tom. I. de la *Palingénésie*.

Au reste ; il n'y a pas la moindre difficulté à concevoir, que ces *Germes préordonnés*, qui devoient être un jour des *Polyglottes* vivantes, avoient été placés dans l'*Ordre* des Générations *successives*, suivant un *rapport* direct à ce *Tems* précis marqué par la SAGESSE.

Il n'y a pas plus de difficulté à concevoir dans certains *Cerveaux*, la *Possibilité* d'une *Préorganisation* telle, que les *Fibres* appropriées aux *Mots* de diverses *Langues*, ne devoient déployer leur action, que lorsqu'une certaine *Circonstance* associée surviendroit.

J'entrevois donc par cet Exemple si frappant, ce qu'il seroit *possible* que fussent ces Evénemens extraordinaires, que je nomme des *Miracles*. Je commence ainsi à comprendre, que la *Sphère* des *Loix de la Nature* peut s'étendre beau=

beaucoup plus loin qu'on ne l'imagine. CHAP. V.
Je vois aſſez clairement, que ce qu'on
prend communément pour une *Suſpen-*
ſion de ces *Loix*, pourroit n'être qu'une
Diſpenſation ou une *Direction particu-*
liére de ces mêmes *Loix*.

Ceci eſt d'une vraiſemblance qui me
frappe. Je *penſe* & je *parle* à l'aide des
Mots dont je revêts mes *Idées*. Ces
Mots font des *Signes* purement *maté-*
riels. Ils ſont attachés au *Jeu* de certaines *Fibres* de mon *Cerveau*. Ces *Fi-*
bres ne peuvent être ébranlées que mon
Ame n'aît auſſi-tôt les Perceptions de
ces *Mots*, & par eux les *Idées* qu'ils
repréſentent.

Voilà les *Loix de la Nature* rélatives
à mon Etre *particulier*. Il me ſeroit
impoſſible de former aucune *Notion gé-*
nérale ſans le ſecours de quelques *Si-*
G *gnes*

—gnes d'*Inftitution* : il n'y a que ceux
qui n'ont jamais médité fur l'*Oeconomie*
de l'*Homme* , qui puiffent douter de
cette Vérité *pfychologique*.

Je découvre donc que les *Loix de
la Nature* rélatives à la *Formation* des
Idées dans l'*Homme* , à la *Repréfenta-
tion* , au *Rappel* & à la *Combinaifon*
de ces Idées par des *Signes arbitraires* ; (m) ont pu être *modifiées* d'une
infinité de maniéres *particuliéres* , &
produire ainfi , dans un *certain Tems* ,
des Evénemens fi *extraordinaires* , qu'on
ne les juge point renfermés dans la
Sphère d'Activité de ces *Loix de la
Nature*.

J'apperçois ainfi , que le GRAND
OU-

_____

(m) Les *Mots* des Langues ou leur *Signification* font
des Chofes *arbitraires* ou de pure convention. Les
Signs n'ont aucun Rapport *néceffaire* avec les *Objets*
dont

OUVRIER pourroit avoir caché, dès
le commencement, dans la Machine de
notre Monde, certaines *Pièces* & certains *Reſſorts*, qui ne devoient jouer
qu'au moment que certaines *Circonſtan-*
ces correſpondantes l'exigeroient. Je reconnois donc, qu'il ſeroit *poſſible*, que
ceux qui excluent les *Miracles* de la
Sphère des *Loix de la Nature*, fuſſent
dans le Cas d'un Ignorant en *Méchani-*
que, qui ne pouvant deviner la Raiſon
de certains Jeux d'une belle Machine
recourroit pour les expliquer, à une
ſorte de *Magie*, ou à des Moyens *ſur-*
naturels.

Un autre Exemple très frappant m'af-
fermit dans ma Penſée : j'ai vu aſſez
diſtinctement, qu'il ſeroit *poſſible* que
cet

---

dont ils ſont les *Signes* ou les *Repréſentations*. Auſſi
le même Objet eſt-il *repréſenté* par différens *Mots* en
différentes *Langues*.

CHAP. V.

cet *Etat Futur* de l'Homme que ma Raiſon me rend ſi probable , fût la Suite *naturelle* d'une *Préordination phyſique* auſſi ancienne que l'Homme. (*n*) J'ai même entrevû qu'il ſeroit *poſſible* encore , qu'une *Préordination* analogue s'étendît à tous les Etres ſentans de notre Globe. (*o*)

(*n*) *Eſſai Analytique* ; Chap. XXIV , §. 726 , 727 , &c. *Contemplation de la Nature* , Part. IV , Chap. XIII. Chap. I. de ces *Recherches ſur le* CHRISTIANISME.

(*o*) Part. I , II , III , IV , V , VI de la *Palingénéſie.*

CHA.

CHAPITRE SIX.

Continuation du même Sujet.

Deux Systêmes possibles des Loix de la Nature.

Caractères & But des Miracles.

JE suis ainsi conduit par une marche qui me paroît très philosophique, à admettre qu'il est deux *Systêmes* des *Loix de la Nature*, que je puis distinguer exactement.

Le premier de ces *Systêmes* est celui qui *détermine* ce que je nomme le *Cours ordinaire* de la Nature.

Le second *Systême* est celui qui donne naissance à ces Evénemens *extraordinaires* que je nomme des *Miracles*.

G 3 .Mais;

Mais ; parce que les *Loix de la Na-tture* ont toujours pour premier fonde-ment les *Propriétés essentielles* des *Corps*, & que si l'*Essence* des Choses *changeoit*, les Choses feroient *détruites* ; (*a*) je suis obligé de supposer comme *certain*, qu'il n'y a rien dans le *second Systême* qui *choque* les Propriétés *essentielles* des *Corps*. Et ce que je dis ici des *Corps* doit s'entendre encore des *Ames* qui leur font *unies*. J'ai appris d'une Phi-losophie sublime , que les *Essences* des Choses font *immuables* & *indépendantes* de la VOLONTÉ CRÉATRICE. (*b*)

Ce

(*a*) Voyez le commencement du Chapitre 1.

(*b*) L'*Essence* des Choses étant *ce qui fait qu'elles font ce qu'elles font*, DIEU ne pourroit changer les *Essen-ces* fans détruire les Choses : car il feroit contra-dictoire que l'*Essence changeât*, & que la Chose restât *la même*. Une Chose ne peut pas *être*, & en même tems *n'être pas*. C'est ce que les Métaphysiciens ex-priment, quand ils disent, que les *Essences* font *im-muables*, *éternelles*, &c.

Ce ne font donc que les *Modes* ou CHAP. VI. les Qualités *variables* des *Corps* & des *Ames* qui ont pu entrer dans la Compofition du *Syftême* dont je parle , & produire cette *Combinaifon particulière* de Chofes , d'où peuvent naître les Evénemens *miraculeux*.

Par exemple ; je conçois facilement, qu'en vertu d'une certaine *Prédétermination phyfique*, la *Denfité* (c) de tel ou de tel Corps a pu *augmenter* ou *diminuer* prodigieufement dans un *Tems* marqué ; la *Pefanteur* n'agir plus fur un autre Corps ; (d) la Matière *électrique* s'ac-

_____

(c) La *Denfité* des Corps eft cette Propriété par laquelle ils contiennent plus ou moins de *Matière* fous un même *Volume*. Ainfi , le *Métal* eft plus *denfe* que le *Bois* ; l'*Eau* l'eft plus que l'*Air* , &c.

(d) Je fuppofe ici, comme l'on voit , que la *Pefanteur* n'eft pas *effentielle* à la *Matière* , & qu'elle dépend d'une Caufe *phyfique* fecrete , qui pouffe les Corps vers un *Centre commun*. Cette fuppofition n'eft

G 4   point

s'accumuler extraordinairement autour
d'une certaine Perſonne & la *transfigu-*
rer ; (*e*) les Mouvemens *vitaux* renaître dans un Corps où ils étoient éteints
& le rappeller à la Vie ; (*f*) des Ob-
ſtructions *particulières* de l'Organe de la
Vue ſe diſſiper & laiſſer un libre paſ-
ſage à la Lumière, &c. &c.

Et ſi parmi les Evénemens *miracu-*
leux

point gratuite : les Propriétés *eſſentielles* ne *varient*
point, & la *Peſanteur varie* &c. Il eſt donc *poſſible*
qu'il y aît eu une *Prédétermination phyſique* rélative à
l'action de la *Peſanteur* ſur un *certain* Corps & dans
un *certain* Tems.

(*e*) On connoît ces *Couronnes lumineuſes* qui paroiſſent ſur les Perſonnes qu'on *électriſe* par certains Pro-
cédés, & l'on n'ignore pas non plus bien d'autres
Prodiges que l'*Electricité* a offerts à notre Siécle.
Voyez la *Note* de la page 25.

(*f*) Il eſt aujourd'hui bien démontré, que le grand
Principe des Mouvemens *vitaux* eſt dans l'*Irritabilité*.
Une *Prédétermination phyſique* qui accroîtroit beaucoup l'*Irritabilité* dans un Corps *mort*, pourroit donc
y faire renaître les mouvemens *vitaux* & le rappeller à la Vie. Il peut y avoir bien d'autres Moyens
phyſi-

leux qui s'offriroient à ma Méditation, CHAP. VI. il en étoit, où je n'entrevisse aucune Cause *physique* capable de les produire; je me garderois bien de prononcer sur *l'impossibilité* absolue d'une *Prédétermination* correspondante à ces *Evénemens.* Je n'oublierois point que je suis un Etre dont toutes les Facultés sont extrême-ment bornées, & que la Nature ne m'est tant soit peu connue que par quelques *Effets.*

---

physiques prédéterminés propres à concourir au même Effet, & qui me sont inconnus. Je me borne à in-diquer celui que je connois un peu. L'*Irritabilité* est cette Propriété des Fibres *musculaires*, en vertu de laquelle elles *se contractent* ou se raccourcissent d'elles-mêmes à l'attouchement de quelque Corps que ce soit, pour *se rétablir* ensuite par leur propre Force. Consultez là-dessus le Chap. xxxiii de la Part. x de la *Contemplation de la Nature.* C'est par son *irritabilité* que le Cœur *bat* sans cesse; qu'il *bat* encore après avoir été séparé de la Poitrine, & qu'on peut y rappeller le mouvement & la vie, lorsqu'il en paroît privé. C'est encore à l'*Irritabilité* que sont dûs bien d'autres Phénomènes *vitaux*, qui ne sont pas moins surprenans. *Paling.* Part. xv.

Effets. Je fongerois en même temps, à d'autres Evénemens de *même genre* où j'entrevois des Caufes *phyfiques préor-données* capables de les opérer.

Quand je cherche à me faire les plus hautes Idées du GRAND AUTEUR de l'*Univers*, je ne conçois rien de plus fublime & de plus digne de cet ETRE ADORABLE, que de penfer qu'il a tout *préordonné* par un Acte *unique* de SA VOLONTÉ, & qu'il n'eft proprement qu'un feul *Miracle*, qui a enveloppé la Suite immenfe des Chofes *ordinaires :* & la Suite beaucoup moins nombreufe des Chofes *extraordinaires :* ce grand *Miracle*, ce *Miracle* incompréhenfible peut-être pour toutes les INTELLIGENCES finies, eft celui de la *Création.* DIEU a *voulu*, & l'*Univerfalité* des Chofes a reçu l'Etre. Les Chofes *fuccessives* foit *ordinaires*, foit

ex-

extraordinaires préexiſtoient donc dès le commencement à leur *apparition*, & toutes celles qui apparoîtront dans toute la Durée des Siécles & dans l'Eternité même, exiſtent déjà dans cette *Prédé-termination univerſelle* qui embraſſe le *Tems* & l'*Eternité.*

Mais ; ce feroit en vain que la SOU-VERAINE SAGESSE auroit *prédéter-miné phyſiquement* des Evénemens *ex-traordinaires* deſtinés à donner à l'*Hom-me* de plus fortes Preuves de cet *Etat Futur*, le plus cher Objet de ſes déſirs ; ſi cette SAGESSE n'avoit, en même tems, *prédéterminé* la venue d'un PER-SONNAGE extraordinaire, inſtruit par ELLE-même du ſecret de SES vues, & dont les *Actions* & les *Diſcours* correſ-pondiſſent exactement à la *Prédétermi-nation* dont les Miracles devoient ſortir.

Il

Il ne faut que du Bon-sens pour appercevoir qu'un *Miracle*, qui seroit absolument *isolé*, ou qui ne seroit accompagné d'aucune *Circonstance rélative* propre à en *déterminer* le *But*, ne pourroit être pour l'Homme *raisonnable* une *Preuve* de sa Destination *Future*.

Mais ; le *But* du *Miracle* sera exactement ,*déterminé* , si immédiatement avant qu'il s'opère le PERSONNAGE respectable que je suppose, s'écrie en s'adressant au MAITRE de la Nature ; *je TE rends graces de ce que TU m'as exaucé : je sçavois bien que TU m'exauces toujours ; mais, je dis ceci pour ce Peuple qui est autour de moi , afin qu'il croye que c'est TOI QUI m'as envoyé.*

Le

. (g) J'ajouterai ici un mot , pour achever de développer ma Pensée sur les *Miracles*.

Il seroit *possible*, que plusieurs des Sujets , sur lesquels je suppose que des .Guérisons *miraculeuses* ont été

Le *Miracle* deviendra donc ainſi la *Lettre de Créance* de l'ENVOYÉ, & le *But* de la Miſſion de cet ENVOYÉ ſera de *mettre en évidence la Vie & l'Im- mortalité.*

Si, comme je le diſois, les *Loix de la Nature* ſont le *Langage* du SUPRÊ- ME LÉGISLATEUR, l'ENVOYÉ dont je parle, ſera auprès du Genre-Humain *l'Interprête* de ce Langage. Il aura été chargé par le LÉGISLATEUR d'in- terprêter au Genre-Humain les *Signes* de ce Langage divin, qui renfermoient les aſſurances d'une heureuſe *Immorta- lité.* (g)

Il étoit abſolument indifférent à la
Miſſion

été opérées, euſſent été eux-mêmes *préordonnés* dans un *Rapport* direct à ces *Guériſons.*

Il feroit *poſſible*, par exemple, que le *Germe* d'un *certain* Aveugle - né eût été placé dans l'Ordre des
Géné

CHAP. VI. *Miſſion* de cet ENVOYÉ , qu'il opérât lui - même les *Miracles* ou qu'il ne fît que *s'accommoder* à leur *But* en le *déterminant* d'une manière précife par ſes *Diſcours* & par ſes *Actions*. L'Obéiſſance parfaite & conſtante de la Nature à la Voix de l'ENVOYÉ , n'en devenoit pas moins propre à *authoriſer* & à *caractériſer* ſa *Miſſion*.

La *Naiſſance extraordinaire* de l'ENVOYÉ pouvoit encore relever ſa Miſſion auprès des Hommes , & il étoit *poſſible* que

_____

Générations, de manière que cet *Aveugle* étoit lié à la *Miſſion* de l'ENVOYÉ, dès le commencement des Choſes, & qu'en coïncidant ainſi avec cette Miſſion, il eût pour *Fin* de concourir à l'*authoriſer* par le *Miracle* dont il devoit être le *Sujet*. La Réponſe ſi remarquable de l'ENVOYÉ ſur cet Aveugle, ſembleroit confirmer mon Idée, & indiquer la *Préordination* dont je parle. *Cet Homme n'eſt point né Aveugle parce qu'il a péché, ni ceux qui l'ont mis au monde ; mais, c'eſt* AFIN

QUE

que cette *Naiffance* fût enveloppée comme tous les autres Evénemens *miraculeux* dans cette Difpenfation *particulière* des *Loix de la Nature*, qui devoit les produire. Combien de moyens *phyfiques préordonnés*, très différens du Moyen *ordinaire*, pouvoient faire développer un *Germe* humain dans le Sein d'une Vierge !

Si cette *Oeconomie particulière* des Loix de la Nature étoit deftinée par la SAGESSE à fournir à l'Homme *raifonnable*

QUE LES ŒUVRES DE DIEU PAROISSENT EN LUI.

Je conçois donc, que les *Yeux* de cet Aveugle, avoient été *préorganifés*, dès le commencement, dans un *Rapport* déterminé à l'action des Caufes *phyfiques* & fecretes, qui devoient les ouvrir dans un certain Tems, & dans un certain Lieu. Je me plais à contempler le *Germe* de cet Aveugle, caché depuis quatre mille ans dans la *grande Chaîne*, & préparé de fi loin pour les *Befoins* de l'Humanité.

nable (*h*) une *Preuve de Fait* de la Certitude de son *Etat Futur*, cette Preuve a dû être revêtue de *Caractères* qui ne permiſſent pas à la Raiſon d'en méconnoître la *Nature* & la *Fin*.

J'obſerve d'abord, que les Faits renfermés dans cette Oeconomie, comme dans leur Principe *phyſique préordonné*, ont dû être tels, qu'il parût *manifeſtement* qu'ils ne reſſortoient pas de l'Oeconomie *ordinaire* des Loix de la Nature : s'il y avoit eu ſur ce Point quelqu'*équivoque*, comment auroit-il été *manifeſte* que le LÉGISLATEUR *parloit*.

Il n'y aura point eu d'*équivoque* s'il

a

(*h*) Remarquez, que je répète ſouvent dans cet Ecrit le mot de *raiſonnable* : c'eſt que je ſuppoſe partout, que l'Homme qui recherche les *Fondemens* d'un Bonheur à venir, fait de ſa *Raiſon* le meilleur emploi

à été *manifeſte* , qu'il n'y avoit point de *Proportion* ou d'*Analogie* entre les *Faits* dont il s'agit & les *Cauſes appa- rentes* de ces Faits. Le *Sens-commun* apprend aſſez qu'un *Aveugle-né* ne re- couvre point la Vue , par un attouche- ment *extérieur* & *momentané* ; qu'un *Mort* ne *reſſuſcite* point à la ſeule Pa- role d'un Homme, &c. De pareils Faits ſont aiſés à diſtinguer de ces *Prodiges* de la Phyſique, qui ſuppoſent toujours des *Préparations* ou des *Inſtrumens*. Dans ces ſortes de *Prodiges*, l'Eſprit peut toujours découvrir une certaine *Proportion* , une certaine *Analogie* en- tre l'*Effet* & la *Cauſe* ; & lors - même qu'il ne la découvre pas *intuitivement*, il

---

ploi poſſible , & qu'occupé de l'examen de la plus importante de toutes les Vérités, il ne cherche point à ſe la déguiſer à lui-même & aux autres par de vaines ſubtilités, qui ne prouveroient que l'abus de ſa Raiſon.

H

il peut au moins la *concevoir*. Or, le moyen de *concevoir* quelqu'*Analogie* entre la *Prononciation* de *certains Mots* & la *Réfurrection* d'un *Mort*? La Prononciation de ces Mots ne fera donc ici qu'une Circonftance *concomitante*, (i) abfolument *étrangère* à la Caufe *fecrete* du Fait; mais propre à rendre les Spectateurs plus attentifs, l'obéïffance de la Nature plus frappante, & la Miffion de l'Envoyé plus authentique. Lazare *fors dehors! & il fortit.*

Au refte; je ne ferois pas entrer dans l'*Effence* du *Miracle* fon Opération *inftantanée*. Si un *certain* Miracle offroit des *Gradations* fenfibles, il ne m'en paroîtroit pas moins un *Miracle*, lorfque je

(i) Une circonftance qui *accompagne* le Miracle.

(k) C'eft-à-dire, que la Caufe *apparente* n'eft ici qu'un *Signe* qui annonce l'Effet ou y prépare le Spectateur.

je découvrirois toujours une *dispropor-tion évidente* entre l'Effet & sa Cause *apparente* ou *symbolique*. (*k*) Ces Gra-dations me sembleroient même propres à indiquer à des Yeux philosophes, un Agent *physique*, & très différent du *symbolique*. (*l*) Les *Gradations* décélent toujours un *Ordre physique*, (*m*) & elles sont susceptibles d'une accélération à l'indéfini.

Je remarque en second lieu, que ce Langage *de Signes* (*n*) a dû être *mul-tiplié* & *varié*, & former, pour ainsi dire, un *Discours* suivi, dont toutes les Parties fussent *harmoniques* entr'el-les, & s'appuyassent les unes les au-tres: car plus le LÉGISLATEUR aura déve-

(*l*) Je veux dire ; très-différent de la Cause *appa-rente*.

(*m*) C'est que la Nature ne va point *par sauts*.
(*n*) Les *Miracles*.

développé SES Vues, multiplié & varié SES Expreſſions, & plus il aura été *certain* qu'IL *parloit*.

Mais; s'IL a voulu *parler* à des Hommes de *tout Ordre*, aux Ignorans comme aux Sçavans, IL aura parlé aux *Sens*, & n'aura employé que les *Signes* les plus *palpables*, & que le ſimple *Bonſens* pût facilement ſaiſir.

Et comme le *But* de ce Langage *de Signes* étoit de *confirmer* à la Raiſon la *Vérité* de ces grands *Principes* qu'elle s'étoit déjà formé ſur les *Devoirs* & ſur la *Deſtination Future* de l'Homme ; l'INTERPRETE (o) de ce *Langage* a dû annoncer au Genre - humain une *Doctrine* qui fût préciſément conforme à ces Principes les plus épurés & les plus nobles

_____

(o) L'ENVOYE' de DIEU.

nobles de la Raifon, & donner dans fa PERSONNE le *Modèle* le plus accompli de la *Perfeſtion humaine.*

D'un autre côté, fi la *Miſſion* de l'ENVOYÉ avoit été *bornée* à *annoncer* au Genre-humain cette *Doſtrine* fubli- me; fi en même tems qu'il l'annonçoit, le MAITRE de la Nature n'avoit point *parlé* aux *Sens* ce *Langage* nouveau fi propre à les frapper; il eſt de la plus grande évidence, que la *Doſtrine* n'au- roit pu accroître aſſez par elle-même la *Probabilité* de cet *Etat Futur* qu'il s'a- giſſoit de *confirmer* aux Hommes. C'eſt qu'on ne fçauroit dire précifémeñt ce que la Raifon humaine *peut ou ne peut pas* en matière de *Doſtrine*; comme on peut dire ce que le *Cours ordinaire* de la Nature *peut ou ne peut pas* rélative- ment à *certains* Faits palpables, nom- breux, divers. (*p*)

(*p*) On

(*p*) On voit affez, que cet Argument repofe fur cette Vérité fi évidente, que la Raifon humaine eft fufceptible d'un *accroiffement* à l'indéfini. SOCRATE avoit *entrevu* la Théorie de l'*Homme moral*, & l'*Immortalité* de l'Ame. Si dix à douze Socrates avoient fuccédé au premier dans la durée des Ages, qui fçait fi le dernier, aidé des lumiéres de fes Prédéceffeurs & des fiennes propres, ne fe feroit point élevé enfin jufqu'à la fublime *Morale* dont il s'agit? On conviendra du moins que l'impoffibilité de la Chofe n'eft point du tout *démontrée*.

Ici l'Efprit découvre toujours une *certaine proportion* entre les Vérités *acquifes* & celles qu'on *peut* acquérir par de nouvelles Méditations : il eft, en effet, très manifefte, que les Vérités *morales* font *enveloppées* les unes dans les autres, & que la Méditation parvient tôt ou tard à les *extraire* les unes des autres.

Il n'en va pas de même des Faits *miraculeux*. Le fimple Bon-fens fuffit pour s'affurer qu'un *Aveugle-né* ne peut recouvrer la Vue, prefque fubitement, par un attouchement extérieur & momentané ; qu'un Homme réellement *mort* ne *reffufcite point* à la fimple parole d'un autre Homme ; qu'une Troupe d'*Ignorans* ne vient pas tout d'un coup à parler des *Langues étrangères* ; *&c.*

Ici l'Efprit ne découvre *aucune proportion* entre les *Effets* & les *Caufes apparentes*, aucune *analogie* entre ce qui *précède* & ce qui *fuit*. Il voit d'abord que ces *Effets* ne réfultent point du *Cours ordinaire* de la Nature &c.

Ce feroit donc choquer les *Règles* d'une faine Logique, que de réduire à la *feule Doctrine* toutes les *Preuves* de la *Miffion* de l'ENVOYE'.

CHA-

CHAPITRE SEPT.

Le Témoignage :

Raisons d'y recourir en matière de Faits :

Ses fondemens ; sa nature.

UNE grande Question s'offre ici à mon Examen : comment puis-je m'assurer *raisonnablement* que le LÉGISLATEUR de la Nature a *parlé ?*

Je ne demanderai pas, pourquoi le LÉGISLATEUR *ne m'a pas parlé à moi-même ?* j'apperçois trop clairement, que tous les Individus de l'Humanité ayant un Droit égal à cette faveur, il auroit fallu pour satisfaire aux désirs de tous, *multiplier & varier* les *Signes extraordinaires* dans une proportion ré-

H 4　　　　lative

lative à ces désirs. Mais ; par cette multiplication *excessive* des Signes *extraordinaires* , ils auroient perdu leur Qualité de *Signes* , & ce qui dans l'Ordre de la Sagesse devoit demeurer *extraordinaire* seroit devenu *ordinaire.*

Je suis obligé de reconnoître encore, que je suis fait pour être conduit par les *Sens* & par la *Réflexion :* une *Révélation intérieure* qui me donneroit sans cesse la plus forte persuasion de la *Certitude* d'un *Etat Futur* , ne seroit donc pas dans l'*Analogie* de mon Etre.

Je ne pouvois exister à la fois dans tous les *Tems* & dans tous les *Lieux.* Je ne pouvois palper, voir, entendre, examiner tout par mes propres *Sens.* Il est néanmoins une foule de Choses dont je suis intéressé à connoître la *Certitude* ou au moins la *Probabilité* , &

qui

qui fe font paffées longtems avant moi Ch. VII. ou dans des Lieux fort éloignés.

L'Intention de l'AUTEUR de mon Etre, eft donc que je m'en rapporte fur ces Chofes à la *Dépofition* de ceux qui en ont été les *Témoins*, & qui m'ont tranfmis leur *Témoignage* de *vive-voix* ou *par écrit*.

Ma Conduite à l'égard de ces Chofes, repofe fur une confidération qui me femble très raifonnable : c'eft que je dois fuppofer dans mes *Semblables* les mêmes *Facultés effentielles* que je découvre chez moi. Cette Suppofition eft, à la vérité, purement *Analogique*; mais, il m'eft facile de m'affurer, que l'*Analogie* a ici la même force que dans tous les Cas qui font du reffort de l'Expérience la plus commune & la plus conftante. Eft-il befoin que j'examine à
nd

fond mes *Semblables* pour être *certain* qu'ils ont tous les *mêmes Sens* & les *mêmes Facultés* que je posséde ?

Je tire donc de ceci une *Conséquence* que je juge très légitime : c'eſt que ces Choſes que j'aurois vues, ouïes, palpées, examinées ſi j'avois été placé dans un certain *Tems* & dans un certain *Lieu*, ont pu l'être par ceux qui exiſtoient dans ce *Tems* & dans ce *Lieu*.

Il faut bien que j'admette encore, qu'elles l'ont été en effet, ſi ces Choſes étoient de nature à *intéreſſer* beaucoup ceux qui en étoient les *Spectateurs* : car je dois raiſonnablement ſuppoſer, que des Etres, qui me ſont *ſemblables*, ſe ſont conduits dans certaines *Circonſtances* importantes, comme j'aurois fait moi-même, ſi j'avois été placé dans les *mêmes* Circonſtances, & qu'ils ſe

font

font *déterminés* par les mêmes *Motifs*, Сн. VII.
qui m'auroient déterminé en cas *pareil*.

Je choquerois, ce me femble, les *Règles* les plus fûres de l'*Analogie* (a) fi je jugeois autrement. Remarquez, que je ne parle ici que de *Chofes* qui n'exigent pour être bien connues, que des Yeux, des Oreilles & un Jugement fain.

Parce que le *Témoignage* eft fondé fur l'*Analogie*, il ne peut me donner comme elle qu'une *Certitude morale*. Il ne peut y avoir d'*enchaînement nécef-faire* entre la manière dont j'aurois été affecté ou dont j'aurois agi en telles ou telles Circonftances & celle dont des Etres que je crois m'être *femblables*, ont été affectés ou ont agi dans les mêmes

(a) Voyez la *Note* de la page 52.

mes Circonstances. Les *Circonstances* elles - mêmes ne peuvent jamais être parfaitement *semblables* ; les Sujets font trop compliqués. Il y a plus ; le *Juge-ment* que je porte fur le Rapport de *reſſemblance* de ces Etres avec moi, n'eſt encore qu'*analogique*. Mais ; ſi je me réſolvois à ne *croire* que les ſeules Choſes dont j'aurois été le *Témoin*, il faudroit en même tems me réſoudre à mener la Vie la plus triſte & me con-damner moi-même à l'ignorance la plus profonde fur une infinité de Choſes qui intéreſſent mon *Bonheur*. D'ailleurs, l'*Expérience* & la *Réflexion* me four-niſſant des *Règles* pour juger ſainement de la *validité* du Témoignage, j'ap-prends de l'une & de l'autre qu'il eſt une foule de cas où je puis adhérer au *Témoignage* ſans courir le riſque d'être *trompé*.

Ainſi;

Ainſi, les mêmes raiſons qui me portent à admettre un *certain Ordre* dans
le Monde *phyſique*, (b) doivent me porter à admettre auſſi un *certain Ordre*
dans le Monde *moral*. Cet Ordre *moral*
réſulte eſſentiellement de la *Nature* des
Facultés *humaines* & des *Rapports*
qu'elles ſoutiennent avec les *Choſes* qui
en *déterminent* l'exercice.

Les *Jugemens* que je fonde ſur l'Ordre *moral*, ne ſçauroient être d'une *parfaite Certitude*; parce que dans chaque
Détermination *particulière* de la *Volonté* le contraire eſt toujours *poſſible*;
puiſque l'*Activité* de la Volonté peut
s'étendre à un nombre indéfini de Cas.

Mais; quand je ſuppoſe un Homme
de *Bon-ſens*, je ſuis obligé de ſuppoſer

en

(b) Voyez le Chapitre III.

en même tems, qu'il ne se conduira pas
comme un *Fol* dans tel ou tel Cas *particulier* ; quoiqu'il aît toujours le *Pouvoir physique* de le faire. Il n'est donc
que *probable* qu'il ne le fera pas ; & je
dois convenir que cette *Probabilité* est
assez grande pour fonder un Jugement
solide , & assorti aux *Besoins* de ma
Condition *présente.*

Ces *Choses* que je n'ai pu palper,
voir, entendre & examiner *par moi-
même* , parce que l'éloignement des
Tems ou des *Lieux* m'en séparoit, seront donc , pour moi, d'autant plus
probables , qu'elles me seront attestées
par un *plus grand* nombre de *Témoins*
& par des Témoins *plus dignes de foi*,
& que leurs *Dépositions* seront plus *circonstanciées*, plus *harmoniques* entr'elles, sans être précisément *semblables.*

CHA-

CHAPITRE HUIT.

De la Crédibilité du Témoignage.

Ses Conditions essentielles.

Application aux Témoins de l'EVANGILE.

SI j'envisage la *Certitude* comme un *Tout*, & si je divise par la Pensée ce Tout en *Parties* ou *Degrés*, ces Parties ou Degrés seront des Parties ou des Degrés de la *Certitude*.

Je nomme *Probabilités* ces divisions *idéales* de la Certitude. Je connoîtrai donc le *Degré* de la Certitude, quand je pourrai assigner le Rapport de la *Partie* au *Tout*.

Je

Je ne dirai pas, que la *Probabilité* d'une chose *croît* précisément comme le *nombre* des *Témoins* qui me l'atteftent : mais, je dirai, que la *Probabilité* d'une chose augmente par le nombre des *Témoins*, fuivant une certaine proportion que le Mathématicien tente de ramener au Calcul.

Je jugerai du *Mérite* des Témoins par deux *Conditions* générales & effentielles ; par leur *Capacité*, & par leur *Intégrité*.

L'*état* des Facultés *corporelles* & des Facultés *intellectuelles* déterminera la première de ces *Conditions* : le Degré de *Probité* & de *Défintéreffement* déterminera la feconde.

L'*expérience* ou cette *réitération* d'*Actes* & de *certains* Actes, par lefquels

quels je parviens à connoître le *Ca-* *ractère moral* ; l'Expérience , dis-je , décidera en dernier reſſort de tout cela.

J'appliquerai les mêmes *Principes* fondamentaux à la *Tradition orale* & à la Tradition *écrite*. Je verrai d'abord, que celle-ci a beaucoup plus de force que celle-là. Je verrai encore, que cette force doit *accroître* par le *concours* de différentes *Copies* de la même *Dépoſi-tion*. Je conſidérerai ces *différentes* Co-pies comme autant de *Chaînons* d'une même Chaîne. Et ſi j'apprens , qu'il exiſte pluſieurs *Suites* différentes de Co-pies, je regarderai ces *différentes* Suites comme autant de *Chaînes collatérales* , qui accroîtront tellement la *Probabilité* de cette *Tradition écrite* qu'elle appro-chera *indéfiniment* de la *Certitude* , & ſurpaſſera celle que peut donner le Té-moignage de pluſieurs Témoins *oculai-res*.

I

DIEU est l'AUTEUR de l'*Ordre moral* comme IL est l'AUTEUR de l'*Ordre physique*. J'ai reconnu deux sortes de *Dispensations* dans l'Ordre physique. (a) La première est celle qui *détermine* ce que j'ai nommé le *Cours ordinaire* de la Nature. La seconde est; celle qui *détermine* ces Evénemens, *extraordinaires*, que j'ai nommés des *Miracles*.

La première *Dispensation* a pour *Fin* le *Bonheur* de tous les Etres *sentans* de notre Globe.

La seconde a pour *Fin* le *Bonheur* de l'*Homme* seul ; parce que l'*Homme* est le *seul* Etre sur la Terre, qui puisse *juger* de cette *Dispensation*, en reconnoître la *Fin*, se l'approprier, & *diriger* ses Actions relativement à cette Fin.

(a) Consultez les Chapitres V & VI.

Cette Difpenfation *particulière* a donc dû être calculée fur la *Nature* des *Facultés* de l'Homme, & fur les *diffé-rentes* manières dont il peut les *exercer* ici-bas & *juger* des Chofes.

C'eft à l'*Homme* que le MAITRE du Monde a voulu *parler :* IL a donc approprié SON *Langage* à la Nature de cet Etre que SA BONTÉ vouloit inf-truire. Le Plan de SA SAGESSE ne comportoit pas qu'IL changeât la Na-ture de cet Etre, & qu'IL lui donnât fur la Terre les Facultés de l'ANGE. Mais ; la SAGESSE avoit *préordonné* des *Moyens*, qui fans faire de l'*Homme* un ANGE, devoient lui donner une Cer-titude *raifonnable* de ce qu'il lui impor-toit le plus de fçavoir.

L'Homme eft enrichi de diverfes Fa-cultés *intellectuelles :* l'Enfemble de ces

Fa-

Facultés conftitue ce qu'on nomme la *Raifon.* Si DIEU ne vouloit pas *forcer* l'Homme *à croire :* s'IL ne vouloit que *parler* à fa *Raifon ;* IL en aura ufé à l'égard de l'Homme, comme à l'égard d'un Etre *intelligent.* IL lui aura fait entendre un *Langage* approprié à fa Raifon, & IL aura voulu qu'il appliquât fa Raifon à la *Recherche* de ce Langage, comme à la plus belle Recherche dont il put jamais s'occuper.

La *nature* de ce *Langage* étant telle, qu'il ne pouvoit s'adreffer *directement* à chaqu'Individu de l'Humanité, (b) il falloit bien que le LÉGISLATEUR l'adaptât aux *Moyens naturels* par lefquels la Raifon humaine parvient à fe convaincre de la *Certitude morale* des Evénemens *paffés,* & à s'affurer de l'*Ordre* ou de l'*Efpèce* de ces Evénemens.

(b) Voyez le commencement du Chapitre VII.

Ces *Moyens naturels* font ceux que renferme le *Témoignage :* mais ; le Témoignage fuppofe toujours des *Faits :* le *Langage* du LÉGISLATEUR a donc été un Langage de *Faits* & de *certains* Faits. Mais ; le Témoignage eft foumis à des *Régles* que la Raifon établit , & fur lefquelles elle *juge :* le *Langage* du LÉGISLATEUR a donc été fubordonné à ces *Régles.*

Le *Fondement* de la *Croyance* de l'Homme fur fa *Deftination Future* a donc été réduit ainfi par le SAGE AUTEUR de l'Homme à des Preuves *de Fait* , à des Preuves *palpables* & à la portée de l'Intelligence la plus bornée.

Parce que le *Témoignage* fuppofe des *Faits* , il fuppofe des *Sens* qui appercoivent ces Faits, & les tranfmettent à l'Ame fans *altération.*

I 3

Les

Les *Sens* fuppofent eux - mêmes un *Entendement* qui *juge* des Faits ; car les *Sens* purement *matériels* ne *jugent* point.

Je nomme Faits *palpables* ceux dont le fimple *Bon-fens* peut *juger* ou à l'é-gard defquels il peut s'affurer facile-ment qu'il n'y a point de *méprife*.

Le *Bon-fens* ou le *Sens-commun* fera donc ce *Degré* d'Intelligence qui fuffit pour *juger* de *femblables* Faits.

Mais ; parce que les Faits les plus *palpables* peuvent être *altérés* ou *dé-guifés* par l'*Impofture* ou par l'*Intérêt*, le Témoignage fuppofe encore dans ceux qui *rapportent* ces Faits une *Pro-bité* & un *Défintéreffement* reconnus.

Et puifque la *Probabilité* de quelque *Fait*

Fait que ce soit, *accroît* par le *nombre* des *Déposans*, le Témoignage exige encore un *nombre* de *Déposans* tel, que la Raison l'estime *suffisant*.

Enfin ; parce qu'un Fait n'est jamais *mieux connu*, que lorsqu'il est plus *circonstancié* ; & qu'un *concert* secret entre les *Déposans* n'est jamais moins *présumable*, que lorsque les *Dépositions* embrassent les Circonstances *essentielles* du Fait sans *se ressembler* dans la *manière* ni dans les *termes*, le Témoignage veut des Dépositions *circonstanciées*, *convergentes* (c) entr'elles, & *variées* néanmoins dans la *Forme* & dans les *Expressions*.

S'il se trouvoit encore, que *certains*
Faits

_____

(c) Qui concourent ensemble à constater les mêmes Faits.

Faits qui me feroient atteſtés par divers *Témoins oculaires*, choquaſſent leurs *Préjugés* les plus anciens, les plus enracinés, les plus chéris; je ſerois d'autant plus aſſuré de la *fidélité* de leurs *Dépoſitions*, que je ſerois plus certain qu'ils étoient *fortement* imbus de ces *Préjugés*. C'eſt qu'il arrive facilement aux Hommes de croire *légérement* ce qui favoriſe leurs *Préjugés*, & qu'ils ne croyent que difficilement ce qui détruit ces *Préjugés*.

S'il ſe rencontroit après cela, que ces mêmes *Témoins* réüniſſent aux *Conditions* les plus *eſſentielles* du *Témoignage*, des *Qualités tranſcendantes*, qu'on ne trouve point dans les *Témoins ordinaires*; ſi à un Sens droit & à des Mœurs irréprochables, ils joignoient des Vertus éminentes, une Bienveuillance la plus univerſelle, la plus ſoutenue;

nue, la plus active; si leurs Adversai- res mêmes n'avoient jamais contredit tout cela; si la Nature obéïssoit à la Voix de ces *Témoins* comme à celle de leur MAITRE; si enfin, ils avoient persévéré avec une constance héroïque dans leur *Témoignage*, & l'avoient même scellé de leur Sang; il me paroîtroit que ce *Témoignage* auroit toute la *force* dont un Témoignage *humain* peut être susceptible.

Si donc les *Témoins* que l'Envoyé auroit choisi, réünissoient dans leur Personne tant de Conditions *ordinaires* & *extraordinaires*, il me sembleroit, que je ne pourrois rejetter leurs *Dépo-sitions*, sans choquer la *Raison*.

CHA-

CHAPITRE NEUF.

Objections
contre le Témoignage,

tirées de l'opposition des Miracles,
avec le Cours de la Nature,
ou du conflict entre l'Expérience
& les Témoignages
rendus aux Faits miraculeux.

Réponses.

ICI je me demande à moi-même, si un Témoignage *humain*, quelque *certain* & quelque *parfait* que je veuille le supposer, suffit pour établir la *Certitude* ou au moins la *Probabilité* de *Faits* qui choquent eux-mêmes les *Loix ordinaires* de la Nature?

J'ap-

J'apperçois au premier coup d'Oeil, qu'un *Fait*, que je nomme *miraculeux*, n'en eft pas moins un Fait *fenfible*, *palpable*. Je reconnois même qu'il étoit dans l'Ordre de la SAGESSE, qu'il fût *très fenfible*, *très palpable*. Un pareil *Fait* étoit donc du reffort des *Sens* : il pouvoit donc être l'Objet du *Témoignage*.

Je vois évidemment, qu'il ne faut que des *Sens* pour s'affurer fi un certain Homme eft *vivant*; s'il eft *tombé malade*; fi fa Maladie *augmente*; s'il *fe meurt*; s'il *eft mort*; s'il rend une *odeur cadavéreufe*. Je vois encore, qu'il ne faut non plus que des *Sens*, pour s'affurer fi cet Homme, qui *étoit mort*, eft *reffufcité*; s'il *marche, parle, mange, boit*, &c.

Tous ces Faits fi *fenfibles*, fi *palpables*;

bles, peuvent donc être auffi bien l'Objet du *Témoignage*, que tout autre Fait de *Phyfique* ou d'*Hiftoire*.

Si donc les *Témoins* dont je parle, fe bornent à m'attefter ces *Faits*, je ne pourrai rejetter leurs *Dépofitions*, fans choquer les *Règles* du Témoignage, que j'ai moi-même pofées, & que la plus faine *Logique* prefcrit.

Mais ; fi ces *Témoins* ne fe bornoient point à m'attefter fimplement ces *Faits* ; s'ils prétendoient m'attefter encore la *Manière fecrete* dont le *Miracle* a été *opéré* ; s'ils m'affuroient qu'il a dépendu d'une *Prédétermination phyfique* ; leur *Témoignage* fur ce Point de *Cofmologie* (*a*) me paroîtroit perdre beaucoup de fa force. Pour-

_____

(*a*) Partie de la Philofophie qui traite des Loix générales & de l'Harmonie de l'Univers.

Pourquoi cela? c'eſt que cette *Pré-détermination* que ces Témoins m'at-teſteroient, n'étant pas du *reſſort des Sens*, ne pourroit être l'Objet *direct* de leur *Témoignage*. Je crois l'avoir prou-vé dans le Chapitre II.

Ces Témoins pourroient, à la véri-té, m'atteſter qu'elle leur a été *révélée* par le LÉGISLATEUR lui - même : mais ; afin que je puſſe être *moralement certain* qu'ils auroient eu une telle *Ré-vélation*, il me faudroit toujours des *Miracles* ; c'eſt - à - dire, des Faits qui ne reſſortiroient point du *Cours ordi-naire* de la Nature & qui tomberoient ſous les *Sens*. (*b*)

Je découvre donc, qu'il y a dans un *Miracle* deux Choſes eſſentiellement *diffé-*

(*b*) Conſultez le Chapitre VI.

différentes, & que je dois soigneusement distinguer ; le *Fait* & la *Manière* du Fait.

La première de ces Choses a un *Rapport direct* aux *Facultés* de l'Homme : la seconde n'est en *Rapport direct* qu'avec les *Facultés* de ces INTELLIGENCES qui connoissent le *Secret* de l'Oeconomie de notre Monde. (*c*)

Si toutefois les Témoins rapportoient à l'action de DIEU , les Faits *extraordinaires* qu'ils m'attesteroient ; ce jugement particulier des Témoins, n'infirmeroit point , à mes Yeux, leur *Témoignage* ; parce qu'il seroit fort naturel qu'ils rapportassent à l'intervention *immédiate* de la TOUTE-PUISSANCE,·

des

(*c*) On peut consulter ici les Parties XII & XIII de la *Palingénésie*.

des *Faits* dont la Caufe *prochaine* & *efficiente* leur feroit voilée ou ne leur auroit pas été révélée.

Mais ; la première *Condition* du *Témoignage*, eft, fans doute, que les *Faits* atteftés ne foient pas *phyſiquement impoſſibles* ; je veux dire, qu'ils ne foient pas *contraires* aux *Loix de la Nature*.

C'eft l'*Expérience* qui nous découvre ces *Loix*, & le *Raiſonnement* en déduit des Conféquences *théorétiques* & *pratiques*, dont la Collection *ſyſtématique* (d) conftitue la *Science humaine*.

Or, l'*Expérience* la plus conftante de tous les Tems & de tous les Lieux dépoſe contre la *Poſſibilité phyſique* de la *Réſurrection* d'un *Mort*.

Ce-

_____

(d) L'Affemblage *méthodique.*

Cependant des *Témoins*, que je ſuppoſe les plus dignes de foi, m'atteſtent
qu'un *Mort* eſt *reſſuſcité*; ils ſont *unani-
mes* dans leur *Dépoſition*, & cette Dépoſition eſt très claire & très *circonſtanciée*.

Me voilà donc placé entre deux *Témoignages* directement *oppoſés*, & ſi je
les ſuppoſois d'*égale* force, je demeu-
rerois en équilibre, & je ſuſpendrois
mon jugement.

Je ne le ſuſpendrois pas apparemment, ſi l'*Athéiſme*, étoit *démontré*
vrai : la Nature n'auroit point alors de
LÉGISLATEUR : elle ſeroit à elle-
même ſon propre *Légiſlateur*, & l'*Expérience* la plus conſtante de tous les
Tems & de tous les Lieux, ſeroit ſon
meilleur *Interprête*.

Mais; ſ'il eſt *prouvé* que la Nature

à un LÉGISLATEUR , il eſt *prouvé*
par cela même , que ce LÉGISLA-
TEUR *peut* en *modifier* les *Loix*. (e)

Si ces *Modifications* ſont des *Faits
palpables* , elles pourront être l'objet
direct du *Témoignage*.

Si ce *Témoignage* réünit au plus haut
degré toutes les *Conditions* que la Raiſon exige pour la *validité* de quelque
Témoignage que ce ſoit ; ſi même il en
réünit que la Raiſon n'exige pas dans
les Témoignages *ordinaires* ; il ſera,
ce me ſemble, *moralement certain* que
le LÉGISLATEUR aura *parlé*.

Cette *Certitude morale* me paroîtra
accroître ſi je puis découvrir avec évidence le *But* que le LÉGISLATEUR
s'eſt propoſé en *modifiant* ainſi les *Loix
de la Nature*. (f)

(e) Conſultez les Chapitres III , IV & VI.
(f) Conſultez le Chapitre VI.

K   CHA-

CHAPITRE DIX.

*Suite des Objections
contre la Preuve testimoniale
rélativement aux Faits miraculeux.*

Réponses.

*Considérations générales sur l'Ordre
physique & sur l'Ordre moral.*

MON Scepticisme (a) ne doit pas en demeurer là : les Faits que je nomme *miraculeux* sont une *Violation* de l'*Ordre physique* : l'*Imposture* est une *Violation* de l'*Ordre moral*, quand elle a lieu dans des *Témoins* qui paroissent réünir au plus haut point toutes les *Conditions* essentielles au *Témoignage.*

_____

(a) Mot qui exprime ici le *doute* vraiment *philo-phique* & point du tout ce *doute universel*, qui sera le Tombeau de toutes les Vérités.

Seroit-il donc *moins probable*, que de pareils Témoins atteſtaſſent des Faits faux, qu'il ne l'eſt qu'un *Mort* ſoit reſ-ſuſcité ?

Je rappelle ici à mon Eſprit, ce que j'ai expoſé ſur l'*Ordre phyſique* dans les Chapitres v & vi. Si j'ai reconnu aſſez clairement, que les *Miracles* ont pu reſſortir d'une *Prédétermination phyſi-que*; ils ne feront pas des *Violations* de l'Ordre *phyſique* ; mais, ils feront des Diſpenſations *particulières* de cet *Ordre*, renfermées dans cette grande *Chaîne*, qui lie le Paſſé au Préſent; le Préſent, à l'Avenir; l'Avenir à l'Eter-nité.

Il n'en eſt donc pas de l'*Ordre phy-ſique*, préciſément comme de l'*Ordre moral*. Le premier tient aux *Modifica-*

K 2   *tions*

tions (b) *poſſibles* des *Corps* : le ſecond tient aux *Modifications poſſibles* de l'A-me.

L'*Enſemble* de *certaines* Modifica-tions de l'*Ame* , conſtitue ce que je nomme un *Caractère moral*.

L'eſpèce , la multiplicité & la variété des *Actes* par leſquels un *Caractère mo-ral* ſe fait connoître à moi , fondent le *Jugement* que je porte de ce *Caractè-re.* (c)

Mon *Jugement* approchera donc d'au-tant plus de la *Certitude* , que je con-noîtrai un *plus grand* nombre de ces *Actes* & qu'ils ſeront *plus divers*.

Si

(b) Voyez ſur ce *Mot* la Note de la page 2.
(c) Voyez ce que j'ai dit là-deſſus Chap. VIII.

Si ces *Actes* étoient marqués au coin
de la plus folide Vertu ; s'ils tendoient
vers un *But* commun ; fi ce But étoit
le plus grand Bonheur des Hommes ;
ce *Caractère moral* me paroîtroit émi‑
nemment *vertueux*.

Il me paroît donc , qu'il eft *moins
probable*, qu'un Témoin *éminemment
vertueux* attefte *pour vrai* un Fait *ex‑
traordinaire* qu'il fçauroit être *faux*,
qu'il ne l'eft qu'un Corps fubiffe une
Modification contraire au *Cours ordinai‑
re* de la Nature.

C'eft que je découvre clairement une
PREMIERE CAUSE & un *But* de
cette *Modification :* c'eft que je ne dé‑
couvre aucune *contradiction* entre cette
Modification & ce que je nomme l'*Ef‑
fence* (d) du Corps : c'eft que loin de

(d) Voyez fur ce *Mot* la *Note* de la page 2.

K 3

découvrir aucune *raison suffisante* pourquoi un tel *Témoin* me *tromperoit*, je découvre, au contraire, divers Motifs très puissans qui pourroient l'engager à taire le *Fait*, si l'*Amour de la Vérité* n'étoit chez lui *prédominant*.

Et si plusieurs *Témoins* de cet *Ordre*, concourent à attester le même Fait miraculeux; s'ils persévèrent *constamment* dans leurs *Dépositions*; si en y persévérant, ils s'exposent *évidemment* aux plus grandes calamités & à la Mort même; je dirois, que l'*Imposture* de pareils *Témoins* seroit une *violation* de l'Ordre *moral*, que je ne pourrois présumer sans choquer les Notions du *Sens-commun*.

Il me semble que je choquerois encore ces *Notions*, si je présumois, que ces *Témoins* se sont eux-mêmes *trompés*:

car

car j'ai fuppofé qu'ils atteftoient un Fait très-*palpable* , dont les *Sens* pouvoient auffi bien juger que de tout autre Fait; un *Fait* enfin, dont les Témoins étoient fortement intéreffés à s'affurer.

Une chofe au moins que je ne puis contefter , c'eft que ce *Fait* m'auroit paru indubitable, fi j'en avois été le *Témoin*. Cependant il ne m'en auroit pas paru moins *oppofé* à l'*Expérience* ou au *Cours ordinaire* de la Nature. Or, ce que j'aurois pu *voir* & *palper* fi j'avois été dans le Tems & dans le Lieu où le Fait s'eft paffé ; nierai-je qu'il aît pu être *vu* & *palpé*, par des Hommes qui poffédoient les *mêmes Facultés* que moi ? (e)

Il

_____

(e) Confultez ce que j'ai dit fur ce point en pofant les Fondemens *analogiques* du Témoignage, dans le Chapitre VII.

K 4

Il me paroît donc, que je fuis *rai-sonnablement* obligé de reconnoître, que la *Preuve* que je tirois de l'*Ordre physique*, ne fçauroit être *oppofée* à celle que me fournit l'*Ordre moral :* 1°. parce que ces *Preuves* font d'un Genre *très-différent*, & que la Certitude *morale* n'eft pas la Certitude *physique :* 2°. parce que je n'ai pas même ici une Certitude *physique* que je puiffe légitimement *oppofer* à la *Certitude morale* ; puifque j'ai admis que l'*Ordre physique* étoit foumis à une INTELLIGENCE qui a pu le *modifier* dans un Rapport direct à un *certain But*, & que j'apperçois diftinc-tément ce *But*. (*f*)

Ainfi, je ne fçaurois tirer en bonne Logique, une Conclufion *générale* de l'Expérience ou de l'*Ordre physique* contre

(*f*) Confultez le Chapitre VI.

contre le *Témoignage* : cette *Conclusion* CHAP. X. s'étendroit au-delà des *Prémisses*. (g) Je puis bien tirer cette Conclusion *particuliére* ; *que suivant le Cours ordinaire de la Nature les Morts ne ressuscitent point* : mais ; je ne sçaurois affirmer *logiquement*, qu'il n'y a aucune *Dispensation* secrete de l'*Ordre physique*, dont la *Résurrection* des Morts puisse *résulter*. Je choquerois bien plus encore la saine Logique, si j'affirmois en *général*, l'*impossibilité* de la Résurrection des Morts.

Au reste ; quand il seroit *démontré*, que les *Miracles* ne peuvent ressortir que d'une Action *immédiate* de la TOUTE PUISSANCE, ils n'en seroient pas plus une *Violation* de l'Ordre physique. C'est que le LÉGISLATEUR de la Na-

_____

(g) Voyez sur ce Mot la *Note* de la page 34.

CHAP. X. Nature ne *viole* point SES *Loix* lorsqu'IL les *suspend* ou les *modifie*. IL ne le fait pas méme par une *nouvelle Volonté :* SON INTELLIGENCE découvroit d'un coup d'Oeil, toute la *Suite* des Choses, & les *Miracles* entroient de toute Eternité dans cette *Suite ,* comme *Condition* du plus grand *Bien.*

L'Auteur-Anonyme de l'*Essai de Psychologie* (h) a rendu ceci avec sa concision ordinaire, & l'on auroit, sans doute, donné plus d'attention à ses Principes, s'ils avoient été publiés par un Ecrivain plus connu & plus facile à entendre. On n'aime pas les Livres qu'il faut trop étudier.

» Lors

_____

(h) *Essai de Psychologie* ; *ou Considérations sur les Opérations de l'Ame , sur l'Habitude & sur l'Education &c. Principes philosophiques :* Part. III , Chap. III.

» Lorſque le *Cours* de la Nature,
» dit-il, paroît tout à coup changé, ou
» interrompu, on nomme cela un *Mi-*
» *racle*, & on croit qu'il eſt l'Effet de
» l'Action *immédiate* de DIEU, Ce ju-
» gement peut être faux & le Miracle
» reſſortir encore des Cauſes ſecondes
» ou d'un *Arrangement préétabli.* La
» grandeur du *Bien* qui devoit en ré-
» ſulter, exigeoit cet Arrangement, ou
» cette *exception* aux Loix *ordinaires.*
» Mais, s'il eſt des Miracles qui dépen-
» dent de l'Action immédiate de DIEU,
» cette Action entroit dans le *Plan* com-
» me moyen *néceſſaire* du Bonheur,
» Dans l'un & l'autre cas, l'effet eſt le
» même pour la *Foi.* «

CHA.

CHÀPITRE ONZE.

*S'il est probable
que les Témoins de l'EVANGILE
ont été trompeurs ou trompés.*

J'AI fuppofé, que les *Témoins* dont il
s'agit, ne pouvoient ni *tromper* ni
être trompés. La première fuppofition
m'a paru fondée principalement fur leur
Intégrité; la feconde, fur la *palpabilité*
des Faits.

La *Probabilité* de la premiére fuppofition, me fembleroit accroître beaucoup, fi les *Faits* atteftés étoient de nature à ne pouvoir être crus par des
Hommes de Bon-fens, fi ces *Faits* n'a-
voient été *vrais*.

Je

Je conçois à merveille, qu'une *fauſſe*
Doctrine peut facilement s'accréditer.

C'eſt à l'*Entendement* à juger d'une Doctrine, & l'Entendement n'eſt pas toujours pourvu des *Notions* qui peuvent
aider à diſcerner le *Faux* en certains
Genres.

Mais ; s'il eſt queſtion de *Choſes* qui
tombent ſous tous les Sens, de Choſes
de *notoriété publique*, de Choſes qui ſe
paſſent dans un *Tems* & dans un *Lieu*
féconds en Contradicteurs ; ſi enfin ces
Choſes combattent des *Préjugés natio-
naux*, des Préjugés *politiques* & *religieux* ; comment des *Impoſteurs* qui
n'auront pas tout à fait perdu le Sens,
pourront-ils ſe flatter un inſtant d'accréditer de *pareilles Choſes ?*

Au moins ne s'aviſeront-ils pas de
vouloir perſuader à leurs Compatriotes
&

& à leurs Contemporains, qu'un Homme, connu de tout le Monde, & qui est mort *en public*, est *ressuscité*; qu'à la Mort de cet Homme, il y a eu, pendant plusieurs heures, des *Ténèbres* sur tout le Pays, que la Terre *a tremblé*, &c. Si ces *Imposteurs* sont des Gens *sans Lettres* & du plus bas Ordre, ils s'aviseront bien moins encore de prétendre *parler* des Langues *étrangères*, & n'iront pas faire à une *Société* entière & nombreuse le reproche absurde qu'elle abuse de ce même Don *extraordinaire*, qu'elle n'auroit pourtant point reçu.

Je ne sçais si je me trompe; mais, il me semble, que de *pareils Faits* n'auroient jamais pu être admis, s'ils avoient été *faux*. Ceci me paroîtroit plus *improbable* encore, si ceux qui faisoient profession *publique* de croire ces Faits & qui les répandoient, s'exposoient volontailontairement à tout ce que les Hommes redoutent le plus , & fi néanmoins je n'appercevois dans leurs *Dépofitions* aucune trace de *Fanatifme*.

Enfin ; l'*improbabilité* de la Chofe , me fembleroit augmenter bien davantage , fi le Témoignage *public* rendu à de *pareils Faits* , avoit produit dans le Monde , une *Révolution* beaucoup plus étonnante que celles que les plus fameux Conquérans y ont jamais produit.

Que les *Témoins* dont je parle , n'ayent pu *être trompés* ; c'eft ce qui m'a paru fe déduire légitimement de la *palpabilité* des Faits. Comment pourrois-je mettre en doute , fi les *Sens* fuffifent pour s'affurer qu'un Paralytique *marche* , qu'un Aveugle *voit* , qu'un Mort *reffufcite* , &c. ?

S'il

S'il s'agiſſoit , en particulier , de la *Réſurrection* d'un Homme avec lequel les *Témoins* euſſent vécu familiérement pendant pluſieurs années : ſi cet Homme avoit été condamné à mort par un Jugement ſouverain : s'il avoit expiré en public par un Supplice très doulou-reux : ſi ce Supplice avoit laiſſé ſur ſon Corps des *Cicatrices* : ſi après ſa *Ré-ſurrection* cet Homme s'étoit montré pluſieurs fois à ces mêmes *Témoins* : s'ils avoient converſé & mangé plus d'une fois avec lui : s'ils avoient reconnu ou viſité ſes *Cicatrices* : ſi enfin ils avoient fortement *douté* de cette *Réſur-rection* : s'ils ne s'étoient rendus qu'aux témoignages réïtérés & réünis de leurs *Yeux*, de leurs *Oreilles*, de leur *Tou-cher* : ſi, dis-je, tous ces *Faits* étoient ſuppoſés vrais , je n'imaginerois point comment les *Témoins* auroient pu *être* trompés.

Mais

Mais ; si encore les *Miracles* attestés formoient ; comme je le disois, (a) une *Chaîne* continue, dont tous les Anneaux fussent étroitement liés les uns aux autres ; si ces *Miracles* composoient, pour ainsi dire, un *Discours* suivi, dont toutes les Parties fussent *dépendantes* les unes des autres, & s'étayassent les unes les autres ; si le *Don* de parler des Langues *étrangères* supposoit nécessairement la *Résurrection* d'un certain HOMME & son *Ascension* dans le Ciel ; si les *Miracles* que cet HOMME auroit prétendu faire avant sa Mort, & qui me seroient attestés par les Témoins *oculaires*, tenoient indissolublement à ceux-là ; si ces Miracles étoient très *nombreux* & très *diversifiés* ; s'ils avoient été opérés pendant *plusieurs années* ; si, dis-je, tout cela étoit vrai, comme je
le

(a) Consultez le Chapitre VI.

L

CHAP. XI. le fuppofe, il me feroit impoffible de comprendre que les *Témoins* dont il s'agit, euffent pu *être trompés* fur tant de Faits fi *palpables*, fi fimples, fi divers.

Il me femble au moins, que s'il avoit été *poffible* qu'ils fe fuffent *trompés* fur quelques-uns de ces Faits *extraordinaires*, il auroit été *phyfiquement* impoffible, qu'ils fe fuffent trompés fur *tous*.

Comment concevrois-je fur-tout, que ces *Témoins* puffent s'être trompés fur les *Miracles* ni moins nombreux ni moins divers, que je fuppofe qu'ils croyoient opérer *eux-mêmes* ?

CHA-

CHAPITRE DOUZE.

Autres Objections
contre le Témoignage tirées
de l'Idéalisme,
& des illusions des Sens.

Réponses.

JE ne me jetterai pas ici dans des Discussions de la plus subtile *Métaphysique* sur la *Réalité* des Objets de nos Sensations, sur les *Illusions* des Sens, sur *l'existence* des Corps. Ces Subtilités métaphysiques n'entreroient pas essentiellement dans l'Examen de mon Sujet. Je n'ai point refusé de les discuter dans plusieurs de mes Ecrits précédens, & j'ai dit là-dessus tout ce que la meilleure Philosophie m'avoit enseigné.

Je

CLXII. Je ſçais auſſi bien que perſonne, que les *Objets* de nos Senſations ne ſçauroient être *en eux-mêmes* ce qu'ils nous *paroiſſent* être. Je vois des *Objets* que je nomme *matériels* : je déduis des Propriétés *eſſentielles* de ces Objets, la Notion *générale* de la *Matiére*. » Je n'af-
» firmerai pas, diſois-je dans la Préface
» de mon *Eſſai Analytique*, (a) que les
» Attributs, par leſquels la Matière
» m'eſt connue, ſoient en effet ce qu'ils
» me paroiſſent être. C'eſt mon Ame
» qui les apperçoit : ils ont donc du
» rapport avec la manière dont mon
» Ame apperçoit : ils peuvent donc n'ê-
» tre pas préciſément ce qu'ils me pa-
» roiſſent être. Mais ; aſſurément, ce
» qu'ils me paroiſſent être, réſulte né-
» ceſſairement de ce qu'ils ſont en eux-
» mêmes, & de ce que je ſuis par rap-
» port

(a). Page xv de l'Edition *in-4°.*

» port à eux. Comme donc je puis affir-
» mer du Cercle l'égalité de ses Rayons,
» je puis affirmer de la Matière qu'elle
» est étendue & solide ; ou pour parler
» plus exactement, qu'il est hors de moi
» quelque chose qui me donne l'Idée de
» l'Etendue solide. Les Attributs à moi
» connus de la Matière font donc des
» Effets ; j'observe ces Effets , & j'en
» ignore les Causes. Il peut y avoir
» bien d'autres Effets dont je ne soup-
» çonne pas le moins du monde l'exif-
» tence ; un Aveugle soupçonne-t-il l'u-
» sage d'un *Prisme* ? (b) Mais, je suis
» au moins très assuré que ces Effets
» qui me sont inconnus , ne sont point
» opposés à ceux que je connois. «

J'ai assez fait entrevoir dans la Partie

_____

(b) *Verre* dont les Physiciens se servent dans leurs
Expériences sur la Lumière & les Couleurs.

L 3

tie XIII de la *Palingénéfie*, (c) que les
Objets *matériels* ne font aux Yeux d'u-
ne Philofophie *tranfcendante*, que de
purs *Phénomènes*, de fimples *Appareu-
ces*, fondées, en partie, fur notre manière de *voir* & de *concevoir* : (d) mais;
ces *Phénomènes* n'en font pas moins
réels, moins *permanens*, moins *invaria-
bles*. Ils n'en réfultent pas moins des
Loix immuables de notre Etre. Ils n'en
fournilfent donc pas un *Fondement* moins
folide à nos Raifonnemens.

Ainfi, parce que les *Objets* de nos
Senfations ne font point *en eux-mêmes*
ce qu'ils nous *paroiffent* être, il ne s'en-
fuit point du tout, que nous ne puif-
fions pas raifonner fur ces Objets comme s'ils étoient *réellement* ce qu'ils nous
fem-

(c) Pages 32, 33, 34, 35.
(d) Confultez la *Note* de la page 29.

femblent être. Il doit nous fuffire que les *Apparences* ne changent jamais.

Je pourrois dire beaucoup plus : quand le pur *Idéalifme* (e) feroit rigoureufement démontré ; rien ne changeroit encore dans l'*Ordre* de nos Idées *fenfibles* & dans les *Jugemens* que nous portons fur ces Idées. L'*Univers*, devenu purement *idéal*, n'en *exifteroit* pas moins pour chaqu'Ame *individuelle* : il n'offriroit pas moins à chaqu'Ame, les mêmes chofes, les mêmes Combinaifons & les mêmes Succeffions de Chofes, que nous contemplons à préfent. On n'ignore pas, que le pieux & fçavant Prélat, (f) qui

(e) Opinion philofophique qui n'admet point de *Corps* dans la Nature, & qui réduit tout aux feules *Idées*. On trouvera une Expofition affez claire de cette finguliere Doctrine, dans le Chapitre XXXIII de cet *Effai de Pfychologie*, auquel j'ai déja eu occafion de renvoyer mon Lecteur.

(f) Berkley, Evêque de Cloyne en Irlande.

qui s'étoit déclaré fi ouvertement & fi vivement le Défenfeur de ce Syftême fingulier, foutenoit, qu'il étoit de tous les Syftêmes le plus favorable à cette Religion, à laquelle il avoit confacré fes Travaux & fes Biens.

Si donc je prétendois, que notre ignorance fur la Nature *particulière* des Objets de nos Senfations, pût infirmer le *Témoignage* rendu aux Faits *miraculeux*; il faudroit néceffairement me réfoudre à *douter* de *tous* les *Faits* de la *Phyfique*, de l'*Hiftoire Naturelle*, & en général, de tous les Faits *hiftoriques*. Un *Pirrhonifme* (g) fi univerfel feroit-il bien

(g) Mot qui exprime un *doute univerfel*. Les *Pyrrhoniens* foutenoient qu'il n'y avoit rien de *certain*. Pyrrhon fut dans la Grèce le principal Inftituteur de cette monftrueufe Philofophie, & donna fon nom à cette Secte de Philofophes qui en faifoient profeffion. Il vivoit environ trois Siécles avant notre Ere.

bien conforme à la *Raison* ? je devrois dire feulement, au *Sens commun*.

Je ne dirai rien des *Illufions* des *Sens*; parce que j'ai fuppofé, que les Faits *miraculeux* étoient *palpables*, nombreux, divers; tels, en un mot, que leur *Certitude* ne pouvoit être douteufe. Il feroit d'ailleurs fort peu raifonnable, que j'argumentaffe des *Illufions* des *Sens*, lorfqu'il s'agit de *Faits*, qui ont pu être examinés par *plufieurs* Sens, & que je fuppofe l'avoir été en effet.

CHA

CHAPITRE TREIZE.

*Oppofition de l'Expérience
avec elle-même,*

nouvelle Objection
contre la Preuve teſtimoniale.

Réponſe.

N'AI-JE pas trop donné au *Témoignage*? ne s'eft-il point gliffé d'erreur dans mes raiſonnemens? ai-je affez
douté?

Je ne fuis affuré de la *Véracité* (a) des
Hommes, que par la *Connoiſſance* que
j'ai

_____

(a) La *Véracité* eft, en général, la conformité de
la *Parole* avec la *Penſée*, ou fi l'on veut, l'attachement le plus conftant à la *Vérité*.

j'ai des Hommes : cette Connoiſſance repoſe elle-même ſur l'*Expérience*, & c'eſt l'*Expérience* elle-même qui dépoſe contre la Poſſibilité *phyſique* des *Miracles*.

Voilà donc l'Expérience en conflit avec l'Expérience : comment décider entre deux Expériences ſi oppoſées?

J'apperçois ici des diſtinctions qui naiſſent du fond du Sujet, & que je veux eſſayer de me développer un peu à moi-même.

Préciſément parce que je ne pouvois exiſter dans tous les Tems & dans tous les Lieux, mon Expérience *perſonnelle* eſt néceſſairement très reſſerrée, & il en eſt de même de celle de mes *Semblables*.

Toute

Toute *Expérience* que je n'ai pu faire moi-même, ne sçauroit donc m'être connue que par le *Témoignage*.

Quand je dis, que l'*Expérience* de tous les Tems & de tous les Lieux dépose, *que les Morts ne reſſuſcitent point*; je ne dis autre choſe ſinon, que le *Témoignage* de tous les Tems & de tous les Lieux atteſte, *que les Morts ne reſſuſcitent point*.

Si donc il ſe trouve des *Témoignages*, que je ſuppoſe *très valides*, qui atteſtent, *que des Morts ſont reſſuſcités*, il y aura *conflict* entre les *Témoignages*.

Je dis, que ces *Témoignages* ne ſeront point proprement *contradictoires*: c'eſt que les *Témoignages* qui atteſtent que les Morts ne *reſſuſcitent point*; n'atteſtent eftent pas, qu'il eft *impoſſible* que les Ch. XIII. Morts *reſſuſcitent.*

Les *Témoignages* qui paroiſſent ici en oppoſition, ſont donc ſimplement *lifférens.*

Or, ſi les *Témoins* qui atteſtent, que les Morts ſont *reſſuſcités*, ont toutes es Qualités requiſes pour mériter mon *iſſentiment*, je ne pourrai raiſonnablenent le leur refuſer :

1°. parce que les *Témoignages différens* ne peuvent prouver l'impoſſibilité de cette *Réſurrection :*

2°. parce que je n'ai aucune *Preuve* que l'*Ordre phyſique* ne renferme point des *Diſpenſations ſecrettes*, dont cette *Réſurrection* ait pu *réſulter :*

3°. parce

3°. parce qu'en même tems que les Témoins m'atteſtent cette *Réſurrection*, je découvre évidemment le *But moral* du *Miracle*.

Ainſi, il n'y a point proprement de *contradiction* entre les *Expériences* ; mais, il y a *diverſité* entre les *Témoignages*.

C'eſt bien l'*Expérience* qui me fait connoître l'*Ordre phyſique* : c'eſt bien encore l'*Expérience*, qui me fait connoître l'*Ordre moral* : mais ces deux *Expériences* ne ſont pas préciſément du même *Genre*, & ne ſçauroient être balancées l'une par l'autre.

Je puis déduire légitimement de l'*Expérience* du *premier Genre*, que ſuivant le *Cours ordinaire* de la *Nature*, les *Morts* ne reſſuſcitent point : mais ; je ne

puis

puis en déduire légitimement, qu'il eſt *phyſiquement impoſſible* que les Morts *reſſuſcitent.*

Je puis déduire légitimement de l'Expérience du *ſecond Genre*, que des Hommes, qui poſſédent les *mêmes Fa-cultés* que moi, ont pu *voir* & *ſalter* des *Choſes*, que j'aurois *vues* & *palpées* moi-même, ſi j'avois été placé dans le *même Tems* & dans le *même Lieu.*

Je puis déduire encore de cette ſorte d'*Expérience*, que ces Hommes ont *vu* & *palpé* ces *Choſes* ſi j'ai des Preuves morales *ſuffiſantes* de la *validité* de leur *Témoignage.*

L'Indien qui *décide* qu'il eſt phyſi-quement *impoſſible* que l'*Eau* devienne un *Corps dur*, n'eſt pas *Logicien* : ſa Concluſion va plus loin que les Propo-ſitions

ſitions ſur leſquelles il l'a fonde. Il devroit ſe borner à dire, qu'il n'a jamais vu, & qu'on n'a jamais vu l'*Eau* devenir dans ſon Pays un *Corps dur.* Et parce que cet Indien n'auroit jamais vu cela, & qu'il ſeroit très ſûr que ſes Compatriotes ne l'auroient jamais vu; il ſeroit très juſte, qu'il ſe rendit fort difficile ſur les *Témoignages* qui lui ſeroient rendus de ce *Fait.*

Si je ne devois partir en Phyſique que des *ſeuls* Faits *connus*, il auroit fallu que j'euſſe rejetté, *ſans examen*, les Merveilles de l'*Electricité*, les Prodiges des *Polypes*, & une multitude d'autres Faits de même Genre : car quelle *Analogie* pouvois-je découvrir entre ces *Prodiges* & ce qui m'étoit *connu.*

Je les ai cru néanmoins, ces *Prodiges :*

ges : 1°. parce que les *Témoignages* m'ont paru *fuffifans* : 2°. parce qu'en bonne *Logique* , mon ignorance des Secrets de la Nature ne pouvoit être un Titre *fuffifant* à oppofer à des Témoignages *valides*.

Mais ; comme il faut un plus grand nombre de *Preuves morales* pour rendre *probable* un Fait *miraculeux* , que pour rendre *probable* un *Prodige* de *Phyfique* ; je crois découvrir auffi dans les *Témoignages* qui dépofent en faveur des Faits *miraculeux* , des *Caractères* proportionnés à la *nature* de ces *Faits*.

J'ai indiqué dans le Chapitre VI, ce qui m'a paru *différencier* le *Miracle* du *Prodige*. Je n'ai pas nommé les *Miracles* des Faits *furnaturels* ; j'avois affez entrevu qu'ils *pouvoient reffortir* d'un

M   Ar-

Arrangement *préétabli :* je les ai donc
nommés fimplement des Faits *extraor-*
dinaires, par oppofition aux *Faits* renfermés dans le Cours *ordinaire* de la
Nature.

Afin donc qu'il y eût ici une contradiction *réelle* entre les *Témoignages*, il
faudroit que ces *Témoins* qui m'atteftent la *Réfurrection* d'un Mort, m'at-
teftaffent en même tems, qu'elle s'eft
opérée fuivant le Cours *ordinaire* de la
Nature. Or, je fçais très bien, que
loin d'attefter cela, ils ont toujours rapporté le *Miracle* à l'*intervention* de la
TOUTE - PUISSANCE.

Ainfi, je ne puis argumenter *logi-*
quement de l'*Uniformité* du Cours de la
Nature, contre le *Témoignage* qui attefte que cette *Uniformité* n'eft pas *conf-*
tante.

tante. Car , encore une fois , l'*Expé-* CH. XIII.
rience qui attefte l'*Uniformité* du Cours
de la Nature , ne prouve point du tout
que ce *Cours* ne puiffe être changé ou
modifié. (*b*)

(*b*) Confultez la Trad. Françoife de l'*Ecrit* de Mr.
CAMPBELL , fur les *Miracles* , & fur-tout les *Notes* du
Traducteur.

M 2   CHA;

CHAPITRE QUATORZE.

Réflexions fur la Certitude morale.

JE reconnois donc de plus en plus, que je ne dois pas confondre la *Certitude morale* avec la *Certitude phyſi-que*. Celle-ci peut être ramenée à un *Calcul* exact, lorſque tous les Cas *poſ-ſibles* ſont *connus*, comme dans les *Jeux de Hazard*, &c. ou à des *Approxima-tions*, (a) lorſque tous les Cas *poſſibles* ne ſont pas *connus* ou que les *Expérien-ces* n'ont pas été aſſez *multipliées*, com-me dans les Choſes qui concernent la *Durée* & les *Accidens* de la Vie *humai-ne*, &c.   Mais;

(a) Mot emprunté des *Mathématiques*, & qui ex-prime une *Opération* par laquelle on approche de plus en plus de la valeur d'une Quantité qu'on cherche, ſans cependant parvenir jamais à une préciſion par-faite.

Mais ; les Chofes qu'on nomme *mo-* *rales* ne fçauroient être ramenées au *Calcul.* Ici le nombre des *inconnues* eft trop grand proportionnellement au nombre des *connues.* Le *Moral* eft fondu avec le *Phyfique* dans la *Compofition* de l'Homme : de là naît une beaucoup plus grande complication. L'*Homme* eft de tous les Etres terreftres le plus compliqué. Comment donc donner l'*Expreffion algébrique* d'un *Caractère moral !* Connoit-on affez l'*Ame ?* connoit-on affez le *Corps ?* connoit-on le Myftère de leur *Union ?* peut-on *évaluer* avec quelque précifion les *Effets* divers de tant de *Circonftances* qui agiffent fans ceffe fur cet Etre fi *compofé ?* peut-on . . . . . mais , il vaut mieux que je prie mon Lecteur de lire ce que j'ai dit de l'*Imperfection* de notre *Morale* , dans la Partie xiii de la *Palingénéfie.*

M 3. Con

Conclurai-je néanmoins de tout cela, qu'il n'y a point de *Certitude morale*? parce que j'ignore le *Secret* de la Compofition de l'Homme, en déduirai-je, que je ne connois rien du tout de l'*Homme*? parce que je ne fçais point *comment* l'ébranlement de quelques *Fibres* du Cerveau eft accompagné de *certaines Idées*, nierai-je l'*exiftence* de ces Idées? ce feroit nier l'exiftence de mes *propres* Idées : parce que je ne *vois* point ces Fibres infiniment déliées, dont les jeux divers influent fur l'*exercice* de l'Entendement & de la Volonté, mettrai-je en doute, s'il eft un *Entendement* & une *Volonté*? ce feroit douter fi j'ai un *Entendement* & une *Volonté*, &c. &c.

Je connois très bien certains *Réfultats* généraux de la *Conftitution* de l'Homme, & je vois clairement que c'eft fur ces Réfultats que la *Certitude morale* eft est fondée. Je sçais assez ce que les Sens peuvent ou ne peuvent pas en matière de *Faits*, pour être très sûr que *certains* Faits ont pu être *vus* & *palpés*. Je connois assez les *Facultés* & les *Affections* de l'Homme, pour être *moralement* certain que dans telles ou telles *Circonstances* données, des *Témoins* auront attesté la *Vérité*.

Je suis même forcé d'avouer, que si je refusois d'adhérer à ces Principes, je renoncerois aux *Maximes* les plus communes de la Raison, & je m'éléverois contre l'Ordre *civil* de tous les Siécles & de toutes les Nations.

Si donc je cherche la Vérité de bonne foi, je ne subtiliserai point une Question assez simple & de la plus haute importance : je tâcherai de la ramener à

M 4 ses

Cu XIV. ſes véritables termes : je conviendrai
que le *Témoignage* peut prouver les
Miracles ; mais, j'examinerai, avec
ſoin, ſi ce *Témoignage* réünit des *Conditions* telles qu'elles ſuffiſent pour établir de *pareils Faits* ou du moins pour
les rendre très probables.

CHA?

CHAPITRE QUINZE.

Confidérations particulières
fur les Miracles
& fur les Circonflances
qui devoient les accompagner
& les caractérifer.

J'AI fait entrer dans les Caractères des *Miracles* une Condition qui m'a paru *effentielle*; c'eft qu'ils foient toujours accompagnés de *Circonflances* propres par elles-mêmes à en déterminer évidemment le *But.* (a)

Ces *Circonflances* peuvent être fort *étrangéres* à la Caufe fecrette & *efficiente* du Miracle. Quelques *mots* qu'un Homme

---

(a) Confultez le Chapitre VI.

me profère à haute Voix, ne font pas la Caufe *efficiente* de la *Réfurrection* d'un Mort : mais ; fi la Nature obéit à l'inftant à cette Voix, il fera vrai que le MAITRE de la Nature aura *parlé*.

Il fuit donc des Principes que j'ai cherché à me faire fur les *Miracles*, qu'ils fe feroient opérés, lors-même qu'il n'y auroit eu ni Envoyé ni *Témoins* qui paruffent *commander* à la *Nature*. Les *Miracles* tenoient, dans mes Principes, à cet *Enchaînement univerfel*, qui *prédétermine* le *Tems* & la *Manière* de l'Apparition des Chofes.

Mais ; s'il n'y avoit eu ni Envoyé ni *Témoins* qui *interprêtaffent* aux Hommes cette Difpenfation *extraordinaire* & en développaffent le *But*, elle feroit demeurée ftérile & n'auroit été qu'un Objet de pure curiofité & de vaines Spéculations.

Les *Miracles* auroient pu paroître alors rentrer dans le Cours *ordinaire* de la Nature ou dépendre de quelques Circonftances très rares &c. Ils n'auroient plus été que de fimples *Prodiges*, fur lefquels les Sçavans auroient enfanté bien des Syftêmes, & que les Ignorans auroient attribués à quelque Puiffance invifible, &c.

Plufieurs de ces *Miracles* n'auroient pu même s'opérer, parce que leur exécution tenoit à des Circonftances *extérieures* qui devoient être préparées par l'ENVOYÉ ou par fes Miniftres.

Mais; dans le Plan de la SAGESSE tout étoit enchaîné & *harmonique.* Les *Miracles* étoient en rapport avec un certain Point de la Durée & de l'Efpace : leur Apparition étoit liée à celle de ces Perfonnages, qui devoient figni-fier

CH. XV. fier à la Nature les Ordres du LÉGIS-
LATEUR , & aux Hommes les Def-
feins de SA BONTÉ.

Ce feroit donc principalement ici ,

que

(*b*) Cet accord ou cette correfpondance.

(*c*) Confultez en particulier , ce que j'ai dit fur cette *Préordination* dans les Chapitres I , V , VI. On entendroit fort mal mes Principes fur cette *Préordi-nation* , fi l'on prétendoit qu'ils détruifent la *Liberté humaine.* Les Actions *libres* ont été *prévues* , parce qu'elles fuppofoient effentiellement des *Motifs* , & que les *Motifs* ont été *prévus* par CELUI QUI *fonde les Cœurs & les Reins. Prévoir* une Action *libre* , n'eft pas l'*opérer* ; la *permettre* n'eft pas la *produire.* La *Pré-vifion* eft toujours *rélative* à la nature de l'Action & à celle de l'Agent. *Prévoir* eft donc ici *connoître* avec certitude l'*influence* des Caufes & la nature *particulière* de l'*Etre-mixte* fur lequel ces *Caufes* agiffent ou à l'oc-cafion defquelles cet Etre *fe détermine.* L'AUTEUR de l'Homme *ne fçauroit-IL point comment l'Homme eft fait ?* L'AUTEUR du Monde ignoreroit-IL le fecret de la Compofition du Monde ? L'OUVRIER ne connoîtroit-IL point fon Ouvrage ? Et parce que l'Auteur de l'Homme fçauroit *comment l'Homme eft fait* ; s'enfuivroit-il que l'Homme n'auroit ni *Volonté* ni *Liberté ?* DIEU ne pouvoit-IL *connoître* la nature

intime

que je chercherois ce *Parallélifme* (b) ~~CH. XV.~~
de la *Nature* & de la *Grace*, fi propre
à annoncer aux Etres Penfans cette SU-
PRÊME INTELLIGENCE QUI a
tout préordonné par un *feul* Acte. (c)

Si

intime des Etres *libres*, fans que cette *Connoiffance* dé-
truifît la *Liberté* de ces Etres ? Si la *Connoiffance* fuppofe toujours un *Objet* elle fera *certaine* ou infaillible
lorfqne l'Objet fera *parfaitement* connu. Et fi cet
Objet a des *Rapports* naturels avec d'autres Objets ;
ceux-ci, avec d'autres encore &c. & qu'il doive réfulter de ces *Rapports* certains *Effets* ; ces Effets feront
exactement *prévifibles*, fi ces divers Rapports font
exactement connus. Les Effets devoient être *fubordon-
nés* aux Caufes ; celles-ci devoient l'être les unes aux
autres ; autrement il n'y auroit eu ni *Ordre* ni *Harmonie*. De cette *fubordination* naiffoit la *Prévifion:*
L'INTELLIGENCE ADORABLE pour QUI tout
eft à nud dans l'Univers ; QUI découvre les Effets
dans leurs Caufes ; ces Caufes dans ELLE-même ; QUI
a vu de toute Eternité les plus petites manœuvres
de la Fourmi, comme les Prodiges du CHERUBIN ;
cette INTELLIGENCE, dis-je, ne *prévoit* pas proprement les Actions *libres* ; ELLE les *voit* ; car l'*A-
venir* eft pour ELLE comme le *Préfent*, & tous les Siècles ne font devant ELLE que comme un inftant in-
divifible.

Je

Si l'Envoyé & ſes Miniſtres ont *prié* pour obtenir des Guériſons *extraordinaires* ou d'autres Evénemens *miraculeux*, leurs *Priéres* entroient, comme tout le reſte, dans la *grande Chaîne* : elles avoient été *prévues* de toute éternité par CELUI QUI tient la *Chaîne* dans SA MAIN, & IL avoit *coordonné* les Cauſes de tel ou tel *Miracle* à telles ou telles *Priéres*.

Je ne m'étendrai pas davantage ici ſur un Sujet ſi haut & ſi contentieux. Je prie qu'on veuille bien lire avec attention ce que j'ai expoſé ſur la *Liberté* dans les Articles XII & XIII de mon *Analyſe Abrégée* Tom. I. de la *Palingénéſie*, & j'eſpère qu'on reconnoîtra que mes Principes ſur cette Matière ne conduiſent point du tout au *Fataliſme*.

CHA.

CHAPITRE SEIZE.

Doute singulier.

Examen de ce Doute.

IL me reste un doute sur le *Témoignage*, qui mérite de m'occuper quelques momens.

J'ai admis, au moins comme très probable, que ces *Témoins* qui m'attestent des Faits *miraculeux*, n'avoient été ni *trompeurs* ni *trompés* : mais ; seroit-il *moralement impossible* qu'ils eussent été des *Imposteurs* d'une Espèce très-nouvelle & d'un Ordre fort relevé ? je m'explique.

Je suppose des Hommes pleins de l'Amour le plus ardent pour le Genre-humain,

CH. XVI. humain, & qui connoiſſant la *Beauté* & l'*Utilité* d'une Doctrine, qu'ils auroient déſiré paſſionnément d'accréditer, auroient très bien compris que des *Miracles* étoient abſolument néceſſaires à leur But. Je ſuppoſe, que ces Hommes auroient, en conſéquence, feint des *Miracles* & ſe feroient produits ainſi comme des Envoyés du TRÈS-HAUT. Je ſuppoſe enfin, qu'inſpirés & ſoutenus par un genre d'*Héroïſme* ſi nouveau, ils ſe feroient dévoués volontairement aux ſouffrances & à la mort pour ſoutenir une *Impoſture*, qu'ils auroient jugée ſi utile au *Bonheur* du Genre-humain.

Voilà déjà un grand entaſſement de *Suppoſitions*, toutes très ſingulières. Là-deſſus, je me demande d'abord à moi-même ; ſi un pareil *Héroïſme* eſt bien dans l'*Analogie* de l'*Ordre moral* ? je dois éviter ſur-tout de choquer le *Sens-commun*. De$

Des Hommes simples & illettrés, in-
venteront-ils une semblable *Doctrine*?
formeront-ils un tel *Projet*? le mettront-
ils en exécution? le consommeront-ils?

Des Hommes qui font profession de
Cœur & d'Esprit de croire une Vie à
venir, & un DIEU vengeur de l'*Imposture*, espéreront-ils d'aller à la Félicité par la route de l'*Imposture*?

Des Hommes qui, loin d'être assurés
que DIEU approuvera leur Imposture,
ont au contraire, des raisons très fortes
de craindre qu'IL ne la condamne, s'exposeront-ils aux plus grandes calamités,
aux plus grands périls, à la mort, pour
défendre & propager cette *Imposture*?

Des Hommes qui aspirent au glorieux Titre de Bienfaicteurs du Genre-
humain, exposeront-ils leurs Semblables

N   aux

aux plus cruelles épreuves, fans avoir aucune Certitude des dédommagemens qu'ils leur promettent ?

Des Hommes qui fe réüniffent pour exécuter un *Projet* fi étrange, fi compofé, fi dangereux, feront-ils bien sûrs les uns des autres ? fe flatteront-ils de n'être jamais trahis ? ne le feront-ils jamais en effet ?

Des Hommes qui n'entreprennent pas feulement de perfuader à leurs Contemporains la Vérité & l'Utilité d'une *certaine* Doctrine ; mais qui entreprennent encore de leur perfuader la réalité de *Faits* incroyables de leur nature, de Faits publics, nombreux, divers, circonftanciés, récens, efpéreront-ils d'obtenir la moindre créance, fi tous ces Faits font de pures inventions ? pourront-ils fe flatter raisonnablement de n'être jamais

mais confondus ? ne le feront-ils en effet jamais ?

Des Hommes . . . . . je fuis accablé fous le poids des Objections , & je fuis forcé d'abandonner des *Suppofitions* qui choquent fi fortement toutes les Notions du *Sens-commun.* A peine pourrois-je concevoir qu'un *Héroïfme* fi fingulier eût pu fe gliffer dans une feule Tête : comment concevrois-je qu'il fe fût emparé de plufieurs Têtes & qu'il eût agi dans toutes avec la même force , la même conftance , la même unité ?

Et ce qui me paroît fi improbable à l'égard de ce Genre d'*Héroïfme* , ne me le paroîtroit pas moins , quand il ne s'agiroit que de l'Amour de la *Gloire* ou de la *Renommée.*

Si des confidérations folides m'ont

N 2

con-

convaincu qu'il eſt un *Ordre moral* ; (a) ſi les *jugemens* que je porte des *Hommes* , repoſent eſſentiellement ſur cet *Ordre moral* ; je ne ſçaurois raiſonnablement admettre des *Suppoſitions* , qui n'ont aucune *analogie* avec cet *Ordre*, & qui me paroiſſent méme lui être directement *oppoſées.*

(*a*) Voyez le Chapitre VII.

CHA;

CHAPITRE DIX-SEPT.

Autres Doutes.

L'Amour du merveilleux :
les faux Miracles :
les Martyrs de l'Erreur ou de l'Opinion.

Réflexions fur tout cela.

ICI un doute en engendre promptement un autre. Le Sujet que je manie, eft auffi compofé qu'important. Il préfente une multitude de faces : je ne pouvois entreprendre de les confidérer toutes : j'aurai au moins fixé les principales.

Les Annales religieufes de prefque tous les Peuples font pleines d'Apparitions, de Miracles, de Prodiges, &c.

N 3 II

Il n'eſt preſqu'aucune Opinion religieu-
ſe, qui ne produiſe en ſa faveur des
Miracles, & même des *Martyrs*.

L'Eſprit-humain ſe plait au *Merveil-*
leux : il a une ſorte de Goût inné pour
tout ce qui eſt extraordinaire ou nouveau : on le frappe toujours en lui ra-
contant des Prodiges : il leur prête au
moins une Oreille attentive, & il les
croit ſouvent ſans examen. Il ſemble
même n'être pas trop fait pour *douter :*
il aime plus à *croire :* le doute *philoſo-*
phique ſuppoſe des efforts qui, pour
l'ordinaire, lui coûtent trop.

Ces Diſpoſitions naturelles de l'Eſprit
humain ſont très propres à accroître la
défiance d'un Philoſophe ſur tout ce qui
a l'air de *Miracle*, & doivent l'engager
à ſe rendre très difficile ſur les *Preuves*
qu'on lui produit en ce Genre.

Mais;

Mais ; les Viſions de l'*Alchymie* por-
teront-elles un Philoſophe à rejetter les
Vérités de la *Chymie ?* Parce que quantité de Livres de Phyſique & d'Hiſtoire
fourmillent d'Obſervations trompeuſes
& de Faits controuvés ou hazardés, un
Philoſophe, qui ſçaura douter, en tire-
ra-t-il une Concluſion *générale* contre
tous les Livres de *Phyſique* & d'*Hiſtoi-*
re ? étendra-t-il ſa *Concluſion* indiſtinc-
tement à *toutes* les Obſervations., à *tous*
les Faits ?

Si beaucoup d'Opinions religieuſes
ont emprunté l'appui des *Miracles*, cela
même me paroîtroit prouver, que dans
tous les Tems & dans tous les Lieux,
les *Miracles* ont été regardés comme
le *Langage* le plus expreſſif que la DI-
VINITÉ pût adreſſer aux Hommes,
& comme le Sçeau le plus *caractériſti-*

N 4 *que*

que qu'elle pût appoſer à la *Miſſion*
de ses Envoyés. (a)

Je deſcends enſuite dans le détail :
je compare les *Faits* aux *Faits* , les
Mi-

(a) Auſſi l'Envoye' en appelle-t-il fréquemment à
cette *Preuve* , comme à la plus convaincante. *Les*
Oeuvres que mon PERE m'a donné le pouvoir de faire ,
rendent ce témoignage de moi que j'ai été envoyé par mon
PERE . . . . Si je n'avois fait devant eux des Oeuvres
que nul autre n'a faites . . . . Si vous ne croyez pas à
mes Paroles , croyez au moins aux Oeuvres que je fais.
. . . . Tyr & Sidon s'éléveront au jour du Jugement contre
cette Nation ; car ſi les Miracles qui ont été faits devant
elle avoient été faits devant Tyr & Sidon , elles ſe ſeroient
converties.

Les *Miracles* étoient , en effet , un des principaux
Caractères auxquels cette Nation penſoit qu'on re-
connoîtroit le Messie ou le Christ : *Quand le Messie*
viendra fera-t-il de plus grands Miracles que cet Homme ?

Et ſi l'on prétendoit , que le Christ lui-même a
voulu infirmer cette grande *Preuve* , lorſqu'il a dit
en termes formels ; *il s'élévera de faux Chriſts & de*
faux Prophétes , qui feront des choſes ſi merveilleuſes & ſi
prodigieuſes , que , ſ'il étoit poſſible , les Elus mêmes en
ſeroient ſéduits ; ſi , dis-je , l'on prétendoit que le
Christ a voulu montrer par ces Paroles le peu de
fond

Miracles aux *Miracles* : j'oppofe les
Témoignages aux *Témoignages* ; & je
fuis frappé d'étonnement à la vuë de
l'énorme différence que je découvre entre les *Miracles* que m'atteftent les *Té-*
moins

Ch. XVII.

fond qu'il y a à faire fur les *Miracles* ; on choque-
roit manifeftement les Règles de la plus faine Critique. Car s'il étoit bien prouvé par l'Hift ire , que
la Nation dont il s'agit dans ce Paffage , étoit alors
fort adonnée à la Magie & aux Enchantemens ; s'il
étoit bien prouvé encore par l'Hiftoire de cette Nation , qu'il s'éleva peu de tems après la venue du
CHRIST , de *faux-Prophétes* qui recouroient aux Arts
magiques pour féduire le Peuple ; fi cette féduction
étoit d'autant plus facile , que la Nation entière
faifoit proffeffion d'attendre alors la venue du MESSIE,
il feroit de la plus grande évidence que le CHRIST
n'auroit voulu par ces Paroles , que prémunir fes
Difciples contre les preftiges de ces *faux-Chrifts* , qui
abuferoient de la crédulité du Peuple , en lui per-
fuadant qu'ils étoient eux-mêmes ce CHRIST , dont
les anciens Oracles annonçoient la venue. Un fage
Médecin pafferoit-il pour avoir voulu décréditer la
Médecine , parce qu'il auroit pris foin de prémunir le
Public contre les féductions des *Charlatans ?* Mais ,
les vrais Médecins ne fe laiffeut pas féduire par les
Charlatans ; auffi le CHRIST , ajoute-t-il , *que s'il*
ÉTOIT POSSIBLE les Elus mêmes en feroient féduits.

Ch.XVII. *moins* dont j'ai parlé, & les *Faits* qu'on me produit en faveur de certaines Opinions religieuses. Les premiers me paroissent si supérieurs soit à l'égard de l'espèce, du nombre, de la diversité, de l'enchaînement, de la durée, de la pu-

---

(b) Ces *Miracles* ne sont point fastueux : ils ne sont point une vaine ostentation de Puissance : ils sont la plupart des Oeuvres de Miséricorde, des Actes de Bienfaisance.

(c) Je prie instamment le Lecteur qui sçait *douter*; de peser un à un à la Balance de la Raison, les divers *Caractères* que je viens d'indiquer & qui me paroissent réünis dans les *Miracles* de l'EVANGILE. Je le prie encore d'appliquer un à un tous ces *Caractères* aux Faits soit *anciens*, soit *modernes* qu'on produit comme *miraculeux*, & de se demander à lui-même dans le silence du Cabinet, si ces Faits soutiennent bien le parallèle. Il remarquera le dénombrement que je fais ici des *Caractères* que j'aurois pu facilement pousser plus loin & développer beaucoup, si le genre de mon Travail me l'avoit permis : 1°. l'*espèce*, 2°. le *nombre*, 3°. la *diversité*, 4°. l'*enchaînement*, 5°. la *durée*, 6°. la *publicité*, 7°. l'*utilité directe ou particulière*, 8°. l'*importance du But général*, 9°. la *grandeur des Suites*, 10°. la *force des Témoignages*.

Il est facile de trouver dans l'Histoire ancienne & mo-

publicité , de l'utilité directe ou particulière ; (*b*) ſoit ſur-tout à l'égard de
l'*importance* du But général , de la *grandeur* des Suites , de la *Force* des *Témoignages* ; (*c*) que je ne puis raiſonnablement ne les pas admettre au moins com-

me

---

moderne , des Faits atteſtés , même *juridiquement*
comme *miraculeux* , & qui pourtant n'étoient que de
pures inventions , des ſupercheries ou des effets naturels , mais frappans de diverſes circonſtances phyſiques ou morales. Notre Siécle en a offert & en
offre encore pluſieurs exemples. Le Lecteur vraiment Logicien & bon Critique , appliquera donc à
ces *Faits* les divers *Caractères* que préſentent les *Miracles* de l'ÉVANGILE. Il ne ſe bornera point à des comparaiſons *générales* ; il deſcendra dans le détail & dans
le plus grand détail. Il ne s'arrêtera point aux grands
Traits , aux Traits les plus ſaillans ; il voudra analyſer encore les plus petits Traits , & pouſſer l'analyſe juſques dans ſes derniers Élémens. Préſumera-
t-on qu'après un pareil examen , le Lecteur que je
ſuppoſe ſoit fort porté à ranger dans la même caté-
gorie & les Miracles de l'ÉVANGILE & tous les Faits
donnés pour *miraculeux* par différens partis.

Je n'ai jamais dit , parce que je ne l'ai jamais penſé ,
qu'il ſuffiſe qu'un *Fait* ſoit *atteſté* comme *miraculeux* ,
pour qu'il faille le croire *miraculeux* : mais ; j'ai fort

inſiſté

me très probables ; tandis que je ne puis pas raisonnablement ne point rejetter les autres comme des *Inventions* aussi ridicules en elles-mêmes, qu'indignes de la SAGESSE & de la MAJESTÉ du MAI-TRE du Monde.

Hésiterai-je donc à prononcer entre les prestiges, les tours d'adresse d'un ALEXANDRE (*d*) du Pont ou d'un APOLLO-
NIUS

---

insisté sur les différens *Caractères* que doivent avoir les *Miracles* & les *Témoignages* qui les attestent, pour obtenir l'acquiescement de la Raison. Je ne demande qu'une grace ; c'est de me lire avec l'attention & le recueillement qu'exige la nature de mon Travail ; de ne juger point par quelques paragraphes de la Cause que je traite ; mais d'en juger par la chaîne entière des paragraphes ; je veux dire par la collection de toutes les *Preuves* que je rassemble ou que j'indique.

(*d*) Imposteur fameux.

(*e*) Autre Imposteur fameux du tems de NERON. HIEROCLES, Philosophe Payen, qui vivoit au commencement du quatriéme Siécle, avoit composé un Ouvrage intitulé *Philalèthes*, dans lequel il compa-
roit

NIUS (e) de Thyane & les Miracles qui
me font atteſtés par les *Témoins* dont il
s'agit ? Demeurerai-je en ſuſpens entre
l'Autorité d'un PHILOSTRATE (f) & celle
de ces Témoins? Péſerai-je dans la même Balance la Fable & l'Hiſtoire ? (g)

Si un Hiſtorien (h) d'un grand poids
me rapporte qu'un Empereur Romain
a rendu la vue à un Aveugle & guéri
un Boiteux ; j'examinerai ſi cet Hiſtorien,

---

roit les prétendus Miracles d'APOLLONIUS à ceux de
l'ENVOYE' de DIEU.

(f) Auteur du Roman d'APOLLONIUS , & qui le
compoſa pour faire ſa cour à CARACALLA , Prince
ſuperſtitieux & fort adonné à la Magie.

(g) On ſent aſſez que la nature de cet Ecrit ne
me permet point d'entrer dans des détails *hiſtoriques*
& *critiques* , qui contraſteroient trop avec une ſimple *Eſquiſſe*. On les trouvera , ces détails , dans preſ-
que tous les Livres qui ont été publiés en faveur de
la *Vérité* qui m'occupe. On peut ſe borner à conſul-
ter les ſçavantes *Notes* de l'eſtimable Mr. SEIGNEUX
DE CORREVON ſur l'Ouvrage du célébre ADDISSON.

(h) TACITE ſur VESPASIEN.

rien, que je fçais très bien n'être point crédule, fe donne pour le *Témoin oculaire* de ces Faits. Si je lis dans fes *Annales*, qu'il ne les rapporte que comme un *Bruit populaire : (i)* s'il infinue lui-même affez clairement que c'étoit là une petite Invention deftinée à favorifer la caufe de l'Empereur : *(k)* s'il parle de cette Invention comme d'une flatterie ; *(l)* je ne pourrai inférer du récit de cet Hiftorien, que la *réalité* d'un *Bruit populaire.*

Si dans le Siécle le plus éclairé qui fut jamais & dans la Capitale d'un grand Royaume, on a prétendu que des *Miracles* s'opéroient par des *Convulfions* ; fi un Homme en Place a configné ces pré-

---

(i) *Utrumque pro Concione tentavit , nec eventus defuit.*

(k) *Queis cœleftis favor , & quædam in Vefpafianum inclinatio numinum oftenderetur.*

(l) *Vocibus adulantium in fpem induci.*

prétendus Miracles dans un gros Livre;
s'il a tâché de les étayer de divers Témoignages; si une Société nombreuse a
donné ces *Faits* comme des Preuves de
la vérité de son Opinion sur un Passage
d'un Traité de Théologie; je ne verrai
dans tout cela qu'une Invention burles-
que, & j'y contemplerai à regret les
monstrueux écarts de la Raison humaine. (*m*)

Parce

(*m*) Le Lecteur judicieux me dispense sans doute
de m'étendre davantage sur un Evénement qui fait
si peu d'honneur à notre Siécle. Je serois même tenté
de reprocher à quelques Ecrivains célébres, le tems
qu'ils ont consumé à discuter de pareils Faits, si je
ne connoissois les motifs très louables qui les ont
portés à y insister avec tant de force. Combien la
Vérité qu'ils défendoient étoit-elle à l'abri de ces
foibles traits qu'ils s'efforçoient de repousser ! Le
MAITRE de la Nature en suspendra-t-IL les *Loix*
pour décider la ridicule Question si quelques Mots
sont ou ne sont pas dans un certain Livre ou pour
fixer le sens de quelques paroles d'un vieux Docteur?

Et il ne faudroit pas objecter ; que dans un cas
pareil, le MAITRE de la Nature pourroit en sus-

pendre

Parce que l'Erreur a eu ses *Martyrs* comme la Vérité, je ne puis point regarder les *Martyrs* comme des Preuves *de Fait* de la *Vérité* d'une Opinion. Mais; si des Hommes vertueux & d'un Sens droit souffrent le *Martyre* en faveur d'une Opinion, j'en conclurai légitimement qu'ils étoient au moins très persuadés de la *Vérité* de cette Opinion. Je

---

pendre les Loix, pour confirmer la Religion ou la Doctrine qu'admettroit le Docteur ou la Société dont il seroit membre : car s'il étoit évident aux yeux de la Raison, que les *paroles de ce Docteur* ne pouvoient influer sensiblement sur le Bonheur du Genre-humain, seroit-il le moins du monde présumable, que la SAGESSE eût choisi une semblable occasion pour authoriser par des *Miracles* une certaine *Croyance* ? Après cela, il resteroit toujours à faire l'examen critique des *Miracles* qu'on allégueroit en preuve de la vérité de cette *Croyance*, & à faire encore l'examen de la *Croyance*. Voyez sur ce sujet la *Note (c)* de la page 202.

Ceci s'applique de soi-même à tous les événemens du genre de celui qui donne lieu à cette Note. Ce seroit donc une Objection bien frivole contre les

Mi-

Je rechercherai donc les *Fondemens* de
leur Opinion, & fi je vois que ce font
des *Faits* fi *palpables*, fi nombreux, fi
divers, fi enchaînés les uns aux autres,
fi liés à la plus importante Fin, qu'il
aît été *moralement* impoffible que ces
Hommes fe foient trompés fur ces Faits;
je regarderai·leur *Martyr* comme le dernier *Sceau* de leur *Témoignage*.

Ch. XVII.

Miracles de l'EVANGILE, que celle qu'on s'obftineroit
à tirer de certains *Faits*, qui ont été pris bonnement
pour *miraculeux* par des Particuliers ou même par des
Sociétés, & publiés comme tels : car il faudroit
que celui qui entreprendroit de faire valoir cette
Objection, montrât clairement & folidement que la
Crédibilité eft de part & d'autre égale ou à peu près.
Il faudroit donc qu'il fît en *Logicien* & en *Critique* le
Parallèle dont je parlois dans la *Note* (c) de la p. 202.
C'eft qu'il ne s'enfuivra jamais en bonne Logique,
que les *Miracles* de l'EVANGILE ne foient pas *vrais*,
précifément parce qu'un affez grand nombre de Gens
de tout Ordre & de tout Sexe ont pris & publié
comme *vrais* des Miracles *faux*.

O   CHA-

CHAPITRE. DIX-HUIT.

'Aveux des Adverſaires.

SI après avoir ouï ces *Témoins*, qui
ont ſcellé de leur Sang le *Témoignage* qu'ils ont rendu à des Faits *miraculeux* ; j'apprends que leurs Ennemis les plus déclarés , leurs propres
Compatriotes & leurs Contemporains ,
ont attribué la plupart de ces *Faits* à la
Magie ; cette accuſation de *Magie* me
paroîtra un aveu indirect de la *réalité*
de ces Faits.

Cet Aveu me ſemblera acquérir une
grande force , ſi ces Ennemis des *Témoins* ſont en même tems leurs *Supérieurs* naturels & légitimes , & ſi ayant
en main tous les *Moyens* que la Puiſſance & l'Autorité peuvent donner pour

conſta-

constater une Imposture présumée, ils ne l'ont jamais constatée.

Que penserai-je donc, si j'apprends encore, que ces Témoins que leurs propres Magistrats n'ont pu confondre, ont persévéré constamment à charger leurs Magistrats du plus grand des Crimes, & qu'ils ont même osé déférer une pareille accusation à ces Magistrats eux-mêmes?

Si je viens ensuite à découvrir, que d'autres Ennemis des *Témoins*, ont aussi attribué aux Arts *magiques*, les Faits *miraculeux* que ces derniers attestoient; si je puis m'assurer que ces Ennemis étoient aussi éclairés que le Siécle le permettoit; aussi adroits, aussi subtils, aussi vigilans qu'acharnés; si je sçais que la plupart vivoient dans des Tems peu éloignés de ceux des *Témoins*; si

O 2   je

je fçais enfin, qu'un de ces Ennemis le
plus fubtil, le plus adroit, le plus ob-
ftiné de tous, & affis fur un des premiers Trônes du Monde, a avoué plufieurs de ces Faits *miraculeux* ; pourrai-je en bonne Critique, ne point regarder ces *Aveux* comme de fortes préfomptions de la *réalité* des Faits dont
il s'agit ? (*a*)

Si pourtant je cherchois à infirmer
ces Aveux, par la confidération de la
croyance à la Magie, qui étoit alors
généralement répandue ; il n'en demeureroit

_____

(*a*) Je le répète : mon Plan m'interdit les détails
hiftoriques & *critiques* : je ne puis qu'indiquer les plus
effentiels. Il faut voir dans les excellens *Traités* d'un
GROTIUS, d'un DITTON, d'un VERNET, d'un BERGIER,
d'un BULLET &c. ces Aveux des CELSE, des POR-
PHYRE, des JULIEN, & des autres Adverfaires des
Témoins. Peut-être néanmoins pourroit-on reprocher
avec fondement à quelques-uns des meilleurs *Apologiftes* des Témoins, de s'être plus attachés à *nombrer*
les Argumens qu'à les *pefer*.

ŗ reroit pas moins probable , que ces
ſ *Faits* que les Adverſaires attribuoient à
ſ la Magie, étoient *vrais* ou qu'au moins
ces Adverſaires les reconnoiſſoient pour
vrais : car on n'attribue pas une *Cauſe*
à des *Faits* qu'on croit *faux :* mais ; on
nie des Faits qu'on croit *faux* , & on
en prouve la fauſſeté ſi on a les *Moyens*
de le faire.

CHA-

CHAPITRE DIX-NEUF.

Caractère de la Déposition écrite

& celui des Témoins.

SANS doute que les *Témoins* des Faits *miraculeux* ont confifgné dans quelqu'Écrit le *Témoignage* qu'ils ont rendu fi publiquement, fi conftamment, fi unanimément à ces *Faits* ? on me produit, en effet, un *Livre* qu'on me donne pour la *Défpofition* fidèle des Témoins.

J'examine ce Livre avec toute l'attention dont je fuis capable ; & j'avoue, que plus je l'examine, & plus je fuis frappé des *Caractères* de vraifemblance, d'originalité & de grandeur que j'y découvre,

couvre , & qui me paroiſſent en faire Cʜ. XIX. un Livre unique & abſolument inimitable.

L'élévation des Penſées , & la majeſtueuſe ſimplicité de l'Expreſſion ; la beauté , la pureté , je dirois volontiers l'*homogénéïté* (a) de la Doctrine ; l'importance , l'univerſalité & le petit nombre des Préceptes ; leur admirable appropriation à la Nature & aux Beſoins de l'Homme ; l'ardente charité qui en preſſe ſi généreuſement l'obſervation ; l'onction , la force & la gravité du Diſcours ; le Sens caché & vraiment philoſophique que j'y apperçois : voilà ce qui fixe le plus mon attention dans le

. Livre

(a) Une maſſe d'*Or* eſt dite *homogène* , quand toutes les Particules qui la compoſent ſont de même nature ou d'*Or pur.* On voit donc ce que je veux exprimer ici par le mot d'*homogénéïté ,* pris au figuré. L'*Hétérogénéïté* eſt le contraire de l'*Homogénéïté.*

Livre que j'examine, & ce que je ne trouve point au même degré dans aucune Production de l'Esprit humain.

Je suis très frappé encore de la candeur, de l'ingénuité, de la modestie, je devrois dire de l'humilité des Ecrivains, & de cet oubli singulier & perpétuel d'eux-mêmes, qui ne leur permet jamais de mêler leurs propres réflexions ni même le moindre éloge au Récit des Actions de leur MAITRE.

Quand je vois ces Ecrivains raconter avec tant de simplicité & de sens froid les plus grandes Choses; ne chercher jamais à étonner les Esprits; chercher toujours à les éclairer & à les convaincre; je ne puis m'empêcher de reconnoître, que le But de ces Ecrivains est uniquement d'attester au Genre-humain une Vérité, qu'ils jugent la plus importante pour son Bonheur.

Comme ils me paroiſſent n'être pleins que de cette V.érité, & ne l'être point du tout de leur propre Individu ; je ne ſuis point ſurpris qu'ils ne voyent qu'elle ; qu'ils ne veuillent montrer qu'elle, & qu'ils ne ſongent point à l'embellir. Ils diſent donc tout ſimplement ; *le Lépreux étendit ſa Main, & elle devint ſaine : le Malade prit ſon Lit & ſe mit à marcher.*

J'apperçois bien là du vrai *Sublime :* car lorſqu'il s'agit de DIEU, c'eſt être Sublime, que de dire *qu'IL veut, & que la Choſe eſt :* mais ; il m'eſt aiſé de juger, que ce *Sublime* ne ſe trouve là, que parce que la Choſe elle-même eſt d'un Genre *extraordinaire*, & que l'Ecrivain l'a rendue comme il la voyoit ; c'eſt-à-dire, comme elle étoit, & n'a rendu qu'elle.

Non

Non seulement ces Ecrivains me paroissent de la plus parfaite ingénuité, & ne dissimuler pas même leurs propres foiblesses ; mais, ce qui me surprend bien davantage, c'est qu'ils ne dissimulent point non plus certaines Circonstances de la Vie & des Souffrances de leur Maitre, qui ne tendent point à relever sa Gloire aux Yeux du Monde. S'ils les avoient tuës, on ne les auroit assurément pas devinées, & les Adversaires n'auroient pu en tirer aucun avantage. Ils les ont dites, & même assez en détail : je suis donc obligé de convenir, qu'ils ne se proposoient dans leurs Ecrits, que de rendre témoignage à la Vérité.

Seroit-il possible, me dis-je toujours à moi-même, que ces Pêcheurs qui passent pour faire d'aussi grandes Choses que leur Maitre ; qui disent au Boiteux

teux *lève-toi & marche & il marche*,
n'ayent pas le plus petit germe de vanité, & qu'ils dédaignent les applau-
diſſemens du Peuple ſpectateur de leurs
Prodiges?

C'eſt donc avec autant d'admiration
que de ſurpriſe, que je lis ces Paroles:
Iſraëlites! pourquoi vous étonnez - vous
de ceci? & pourquoi avez-vous les Yeux
attachés ſur nous, comme ſi c'étoit par
notre propre puiſſance, ou par notre
piété, que nous euſſions fait marcher cet
Homme? (b) A ce trait ſi caractériſti-
que, méconnoîtrois-je l'expreſſion de
l'humilité, du déſintéreſſement, de la
Vérité? J'ai un Cœur fait pour ſentir,
& je confeſſe que je ſuis ému toutes les
fois que je lis ces Paroles.

Quels

(b) Act. III. 12.

CH. XIX. Quels font donc ces Hommes, qui lorfque la Nature obéït à leur Voix, craignent qu'on n'attribue cette obéiffance *à leur puiffance ou à leur piété?* Comment recuferois-je de pareils *Témoins?* Comment concevrois-je qu'on puiffe inventer de femblables Chofes? & combien d'autres Chofes que je découvre, qui font liées indiffolublement à celle-ci, & qui ne viennent pas plus naturellement à l'Efprit!

CHA-

CHAPITRE VINGT.

Réflexions

fur la Dépofition des Témoins :
manière dont elle eft circonftanciée.

Si elle a été formellement contredite
par des Dépofitions de même force
& du même Tems.

JE fçais que plufieurs *Pièces* de la
Dépofition ont paru affez peu de
tems après les Evénemens atteftés par
les *Témoins*. Si ces Piéces font l'Ouvrage de quelqu'Impofteur, il fe fera
bien gardé, fans doute, de circonftan-
cier trop fon Récit, & de fournir ainfi
des Moyens faciles de le confondre:
Cependant rien de plus *circonftancié*
que cette *Dépofition* que j'ai en main :
j'y

j'y trouve les Noms des Perfonnes, leur Qualité, leur Office, leur Demeure, leurs Maladies : j'y vois une défignation des Lieux, du Tems, des Circonftances, & cent menus détails, qui concourent tous à déterminer l'*Evénement* de la manière la plus précife. En un mot, je ne puis m'empêcher de fentir, que fi j'avois été dans le Lieu & dans le Tems où la *Dépofition* a été publiée, il m'auroit été très facile de vérifier les *Faits*. Ce que fûrement je n'aurois pas manqué de faire fi j'avois exifté dans ce Lieu & dans ce Tems, auroit-il été négligé par les plus obftinés & les plus puiffans Ennemis des *Témoins* ?

Je cherche donc dans l'Hiftoire du Tems quelques *Dépofitions* qui contredifent formellement celle des *Témoins*, & je ne rencontre que des accufations très

très vagues d'Imposture , de Magie ou de Superstition. Là-dessus je me demande, si c'est ainsi qu'on détruit une Déposition *circonstanciée* ?

Mais, peut-être, me dis-je à moi-même, que les Dépositions qui contredisoient formellement celle des *Témoins*, se sont perdues. Pourquoi néanmoins la *Déposition* des *Témoins* ne s'est-elle point perdue aussi ? c'est qu'elle a été précieusement conservée par une *Société* nombreuse, qui existe encore, & qui me l'a transmise. Mais; je découvre une autre *Société* (a) aussi nombreuse & beaucoup plus ancienne, qui descendant par une Succession non interrompue des premiers Adversaires des *Témoins*, & héritiére de la haine de ces Adversaires comme de leurs Préjugés, auroit pu facilement

con-

_____

(a) Les Juifs.

conferver les Dépofitions contraires aux Témoins, comme elle a confervé tant d'autres Monumens qu'elle produit encore avec complaifance & dont plufieurs la trahiffent.

J'apperçois même des raifons très fortes qui devoient engager cette Société à conferver foigneufement toutes les Pièces contraires à celles des Témoins; j'ai fur-tout dans l'Efprit cette accufation fi grave, fi odieufe, fi ténorifée, fi répétée que les Témoins avoient ofé intenter aux Magiftrats de cette Société, & les Succès étonnans du Témoignage que les Témoins rendoient aux Faits fur lefquels ils fondoient leur accufation. Combien étoit-il facile à des Magiftrats qui avoient en main la Police, de contredire juridiquement ce Témoignage! combien étoient-ils intéreffés à le faire! Quel n'eut point été l'effet d'une Dépofition position juridique & circonstanciée, qui Ch. XX. auroit contredit à chaque page celle des *Témoins !*

Puis donc que la *Société* dont je parle, ne peut produire en sa faveur une semblable *Déposition* , je suis fondé à penser en bonne Critique , qu'elle n'a jamais eu de Titre valide à opposer aux *Témoins.*

Il me vient bien dans l'Esprit , que les Amis (*b*) des *Témoins*, devenus puissans, ont pu anéantir les Titres qui leur étoient contraires : mais ; ils n'ont pu anéantir cette grande *Société* leur ennemie déclarée , & ils ne sont devenus puissans que plusieurs Siécles après l'*Evénement* , qui étoit l'Objet principal du *Témoignage.* Je suis donc obligé d'a-

_____

(*b*) Les Chrétiens sous Constantin.

P.

d'abandonner un soupçon qui me paroît
destitué de fondement.

Tandis que la *Société* dont il s'agit,
se renferme dans des accusations très
vagues d'Imposture , je vois les *Témoins*
consigner dans leurs Ecrits , des *Informations* , des *Interrogatoires* faits par
les Magistrats même de cette *Société* ou
par ses principaux Docteurs , & qui
prouvent au moins qu'ils n'étoient point
indifférens à ce qui se passoit dans leur
Capitale.

Je ne présumois pas cette indifférence ; elle étoit trop improbable : je présumois , au contraire , que ces Magistrats ou ces Docteurs n'avoient pas négligé de s'assurer des *Faits*. J'examine
donc ces *Informations* & ces *Interrogatoires* contenus dans les *Ecrits* des *Témoins* ou de leurs premiers Sectateurs.
Com-

CH. XX.

Comme ces *Ecrits* n'ont point été formellement contredits par ceux qui
avoient le plus d'intérêt à les contredire, je ne puis, ce me semble, dis-
convenir qu'ils n'ayent une grande force.

Je goûte un plaisir toujours nouveau,
à lire & à relire ces intéressans *Inter-*
rogatoires, & plus je les relis, plus j'admire le sens exquis, la précision singu-
liére, la noble hardiesse & la candeur
qui brillent dans les *Réponses*. Il me
semble que la Vérité sorte ici de tous
côtés, & qu'il suffise de lire, pour sentir que de tels *Faits* n'ont pu être controuvés. Au moins si l'on invente, in-
vente-t-on ainsi?

CHA

CHAPITRE VINGT-UN.

Le Boiteux de naiſſance.

A peine les *Témoins* ont-ils commencé à atteſter au milieu de la Capitale, ce qu'ils nomment la *Vérité*, que jé les vois traduits devant les Tribunaux. Ils y ſont examinés, interrogés, & ils atteſtent hautement devant ces Tribunaux, ce qu'ils ont atteſté devant le Peuple.

Un Boiteux de naiſſance vient d'être guéri. (a) Deux des *Témoins* paſſent pour les Auteurs de cette guériſon. Ils ſont mandés par les Sénateurs. Ceux-ci leur ſont cette Demande : *par quel pouvoir, & au nom de qui avez-vous fait cela?*

(a) Act. III.

cela ? La Demande eſt préciſe & en forme. *Chefs du Peuple*, répondent les Témoins, *puiſqu'aujourd'hui nous fommes recherchés, pour avoir fait du bien à un Homme Impotent, & que vous nous demandez par quel moyen il a été guéri ; ſçachez, vous tous, & tout le Peuple, que cet Homme que vous voyez guéri, l'a été au N O M de C E L U I que vous avez crucifié, & que DIEU a reſſuſcité.*

Quoi ! les deux Pêcheurs ne cherchent point à captiver la bienveillance de leurs Juges ! ils débutent par leur reprocher ouvertement un Crime atroce, & finiſſent par affirmer le *Fait* le plus révoltant aux Yeux de ces Juges !

Ici, je raiſonne avec moi-même, & mon raiſonnement eſt tout ſimple : fi Celui que les Magiſtrats ont crucifié,

l'a

l'a été juftement ; s'il n'eft point reffufcité ; fi le Miracle opéré fur le Boiteux
eft une autre fupercherie ; ces Magiftrats qui, fans doute, ont des Preuves
de tout cela, vont reprocher hautement
& publiquement aux deux *Témoins* leur
effronterie, leur impofture, leur mé-
chanceté, & les punir du dernier Supplice.

*Je pourfuis ma Lecture. Lorfque les
Chefs du Peuple voyent la hardieffe des
deux Difciples, connoiffant d'ailleurs
que c'étoient des Hommes fans Lettres,
& du commun Peuple, ils font dans
l'étonnement, & ils reconnoiffent que
ces Gens ont été avec Celui qui a été
crucifié. Et comme ils voyent là debout
avec eux l'Homme qui a été guéri, ils
n'ont rien à repliquer. Ils leur comman-
dent donc de fortir du Confeil, & ils
confultent entr'eux. . . . . Ils les rappellent*

ז *pellent enfuite, & leur défendent avec*
ת *menaces de parler, ni d'enfeigner au*
ַ *Nom du Crucifié.*

Que vois-je ! ces Sénateurs , fi pré-
venus contre les *Témoins* & leurs Ennemis déclarés , ne peuvent les confondre ! ces Sénateurs, auxquels deux de
ces *Témoins* viennent de parler avec
tant de hardieffe & fi peu de ménagement, fe bornent à leur *faire des mena-*
ces, & à leur *défendre d'enfeigner !* le
Boiteux a donc été guéri ? mais il l'a
été au Nom du *Crucifié :* ce Crucifié eft
donc *reffufcité ?* les Sénateurs avouent
donc tacitement cette *Réfurrection ?*
leur conduite me paroît démontrer au
moins qu'ils ne fçauroient prouver le
contraire.

Je ne puis raifonnablement objecter,
que l'*Hiftorien* des Pêcheurs a fabriqué

toute

toute cette Procédure ; parce que ce n'eſt pas à moi qui ſuis placé à plus de dix-ſept Siécles de cet *Hiſtorien*, à former contre lui une accuſation, qui devoit lui être intentée par ſes Contemporains, & ſur-tout par les Compatriotes des *Témoins*, & qu'ils ne lui ont point intentée, ou que du moins ils n'ont jamais prouvée.

J'apprends de cet Ecrivain, que *cinq mille Perſonnes* ſe ſont converties à la vue du *Miracle :* je ne dirai pas, que ce ſont cinq mille Témoins ; je n'ai pas leur Dépoſition : mais, je dirai que ce nombre ſi conſidérable de Convertis eſt au moins une preuve de la *publicité* du *Fait.* Je ne prétendrai pas, que ce nombre eſt exagéré ; parce que je n'ai point en main de Titre valide à oppoſer à l'Ecrivain, & que ma ſimple *négative* ne ſeroit point un Titre contre l'*affirmative* expreſſe de cet Ecrivain.

Je ne fçaurois obtenir de moi de ne
point m'arrêter un inftant fur quelques
expreffions de cet intéreffant Récit.

Ce que j'ai ; je te le donne ; au NOM
du SEIGNEUR, *léve-toi & marche!*
Ce que j'ai, je te le donne : il n'a que
le Pouvoir de faire marcher un Boiteux, & c'eft chez un pauvre Pêcheur
que ce Pouvoir réfide. *Au* NOM *du*
SEIGNEUR, *léve-toi & marche !*
quelle précifion, quelle fublimité dans
ces Paroles ! qu'elles font dignes de la
MAJESTÉ de CELUI qui commande à
la Nature !

*Puifque nous fommes recherchés pour
avoir fait du bien à un Impotent :* c'eft
une Oeuvre de miféricorde & non d'of-
tentation, qu'ils ont faite. Ils n'ont point
fait paroître des Signes dans le Ciel :
*ils ont fait du bien à un Impotent : du
bien !*

bien ! Et dans la fimplicité d'un Cœur honnête & vertueux.

Que vous avez crucifié, & que DIEU a reffufcité : nul correctif ; nul ménagement ; nulle confidération & nulles craintes perfonnelles : ils font donc bien fûrs de leur Fait, & ne redoutent point d'être confondus ? ils avoient dit en parlant au Peuple : *nous fçavons bien que vous l'avez fait par ignorance :* ils ne le difent point devant le Tribunal. Ils craindroient apparemment d'avoir l'air de flatter leurs Juges, & de vouloir fe les rendre favorables ? *que vous avez crucifié, & que DIEU a reffufcité.*

CHA.

)CHAPITRE VINGT-DEUX.

Sᵗ. PAUL.

JE continue à parcourir l'Hiſtorien des *Témoins*, & je rencontre bientôt l'Hiſtoire (a) d'un jeune Homme, qui excite beaucoup ma curioſité.

Quoiqu'élevé aux pieds d'un Sage, il ne ſe pique point d'en imiter la modération. Son Caractère vif, ardent, courageux ; ſon Eſprit perſécuteur, ſon attachement aveugle aux maximes ſanguinaires d'une Secte dominante, lui font déſirer paſſionnément de ſe diſtinguer dans la guerre ouverte que cette Secte déclare aux *Témoins*. Déjà il vient de conſentir & d'aſſiſter à la mort violente

_____

(a) Act. VIII, IX.

lente d'un des Témoins ; mais , son zèle impétueux & fanatique ne pouvant être contenu dans l'enceinte de la Capitale , il va demander à ses Supérieurs des Lettres qui l'authorisent à poursuivre au dehors les Partisans de la nouvelle Opinion.

Il part , accompagné de plusieurs Satellites ; *il ne respire que menaces & que carnage* , & il n'est pas encore arrivé au lieu de sa destination , qu'il est lui-même un Ministre de l'ENVOYÉ. Cette Ville où il alloit déployer sa rage contre la *Société* naissante , est celle-là même où se fait l'ouverture de son Ministère , & où il commence à attester les *Faits* que les *Témoins* attestent.

L'Ordre moral a ses *Loix* comme *l'Ordre Physique :* les Hommes ne dépouillent pas sans Cause & tout d'un coup

coup leur Caractère : ils ne renoncent pas fans Caufe & tout d'un coup à leurs Préjugés les plus enracinés , les plus chéris , & à leurs Yeux, les plus légitimes ; bien moins encore à des Préjugés de naiffance , d'éducation , & furtout de Religion.

Qu'eft-il donc furvenu fur la route à ce furieux Perfécuteur , qui l'a rendu tout d'un coup le Difciple zélé de CELUI qu'il perfécutoit ? car il faut bien que je fuppofe une Caufe & quelque grande Caufe à un Changement fi fubit & fi extraordinaire. Son Hiftorien , & luimême , m'apprennent quelle eft cette Caufe : une Lumière célefte l'a environné , fon éclat lui a fait perdre la Vuë; il eft tombé par terre , & la Voix de l'ENVOYÉ s'eft fait entendre à lui.

Bientôt il devient l'objet des fureurs
de

de cette Secte qu'il a abandonnée : il est traîné dans les Prisons, traduit devant les Tribunaux de sa Nation & devant des Tribunaux étrangers, & partout il atteste avec autant de fermeté que de constance les *Faits* déposés par les premiers *Témoins.*

Je me plais sur-tout à le suivre devant un Tribunal étranger, où assiste, par hazard, un Roi de sa Nation. Là, je l'entends raconter très en détail l'Histoire de sa Conversion : il ne dissimule point ses premières fureurs ; il les peint même des couleurs les plus fortes : (b) *lorsqu'on les faisoit mourir,* dit-il, *j'y consentois par mon suffrage : souvent même je les contraignois de blasphémer à force de tourmens, & transporté de rage contr'eux, je les persécutois jusques dans*

les

_____

(b) Act. XXVI. 10, 11.

les Villes étrangères. Il passe ensuite aux Circonstances *extraordinaires* de sa Conversion ; rapporte ce qui les a suivi ; atteste la Résurrection du *Crucifié*, & finit par dire en s'adressant au Juge : *le Roi est bien informé de tout ceci, & je parle devant lui avec d'autant plus de confiance, que je sçais qu'il n'ignore rien de ce que je dis, parce que ce ne sont pas des Choses qui se soient passées dans un Lieu caché.* (c)

Le nouveau *Témoin* ne craint donc pas plus que les premiers, d'être contredit ? c'est qu'il parle de *Choses qui ne se sont point passées dans un Lieu caché ;* & je vois sans beaucoup de surprise, que son Discours ébranle le Prince : *tu me persuades à peu près.*

Ce

(c) Act. XXVI. 26.

Ce *Témoin* avoit dit les mêmes Chofes, au fein de la Capitale, en parlant
devant une Affemblée nombreufe du
Peuple, & n'avoit été interrompu, que
lorfqu'il étoit venu à choquer un Préjugé ancien & favori de fon orgueilleufe Nation. (*d*)

Je trouve dans l'Hiftorien que j'ai
fous les Yeux, d'autres *Procédures* très
circonftanciées, dont le nouveau Difciple eft l'objet, & qui font pourfuivies
à l'inftance de Compatriotes qui ont juré
fa perte. J'analyfe avec foin ces Procédures, & à mefure que je pouffe l'analyfe plus loin, je fens la *probabilité* s'accroître en faveur des *Faits* que le *Témoin* attefte.

Je

(*d*) Aĉt. XXII, 21. Le Préjugé fur la Vocatiou des
Gentils.

Je trouve encore dans le même Hiftorien d'autres Difcours de ce *Témoin*,
qui me paroiffent des Chef-d'Oeuvre
de Raifon & d'Éloquence, fi néanmoins
le mot trop prodigué d'*Eloquence* peut
convenir à des Difcours de cet Ordre.
Je n'oferois donc ajouter, qu'il en eft
qui font pleins d'Efprit ; ce mot contraf-
teroit bien davantage encore avec un
fi grand Homme & de fi grandes Chofes. *Athéniens ! je remarque qu'en tou-*
tes Chofes, vous êtes, pour ainfi dire,
dévots jufqu'à l'excès : car ayant regar-
dé, en paffant, les Objets de votre Cul-
te, j'ai trouvé même un Autel, fur le-
quel il y a cette Infcription, au DIEU
INCONNU. *C'eft donc ce DIEU, que*
vous adorez fans le connoître, que je
vous annonce. (e) Parmi ces Difcours,
il en eft de fi touchans, que je ne puis
me

(e) Act. xvii, 22, 23.

Cɴ.XXII. me défendre de l'impreſſion qu'ils me font éprouver. *Des Chaînes & des Afflictions m'attendent : mais rien ne me fait de la peine , pourvu que j'achéve avec joye ma courſe & le Miniſtère que j'ai reçu du* Seigneur. . . . *Je ſçais au reſte , qu'aucun de vous . . . ne verra plus mon viſage. . . . . Je n'ai déſiré ni l'Argent ni l'Or ni les Vêtemens de perſonne :　& vous ſçavez vous-mêmes , que ces Mains que vous voyez , ont fourni à tout ce qui m'étoit néceſſaire , & à ceux qui étoient avec moi. Je vous ai montré qu'il faut ſoulager ainſi les Infirmes en travaillant , & ſe ſouvenir de ces paroles du* Seigneur; *qu'il y a plus de bonheur à donner qu'à recevoir.*(f)

Je ſuis étonné du nombre , du genre , de la grandeur , de la durée , des travaux & des épreuves de ce Perſonnage

(f) Act. xx ; 23 , 24, 25 , 33 , 34, 35.

extraordinaire : & fi la Gloire doit fe mefurer par l'importance des Vues, par la nobleffe des Motifs, & par les Obftacles à furmonter ; je ne puis pas ne le regarder point comme un véritable Héros.

Mais ; ce Héros a lui-même écrit : j'étudie donc fes Productions, & je fuis frappé de l'extrême défintéreffement, de la douceur, de la fingulière onction, & fur-tout de la fublime Bienveuillance qui éclatent dans tous fes Ecrits. Le Genre-humain entier *n'eft point à l'étroit dans fon Cœur.* Il n'eft aucune Branche de la Morale qui ne végète & ne fructifie chez lui. Il eft lui-même une Morale qui vit, refpire, & agit fans ceffe. Il donne à la fois l'Exemple & le Précepte : & quels Préceptes !

Que votre Charité foit fincère. Ayez

en

en horreur le Mal, & attachez-vous fortement au Bien. Aimez-vous réciproquement d'une affection fraternelle. Prévenez-vous les uns les autres par honnêteté. Ne soyez point paresseux à rendre service. Réjouïssez-vous dans l'Espérance. Soyez patiens dans l'Affliction. Empressez-vous à exercer la Bienfaisance & l'Hospitalité. Bénissez ceux qui vous persécutent; bénissez-les, & ne les maudissez point. Réjouïssez-vous avec ceux qui sont dans la joye & pleurez avec ceux qui pleurent. N'ayez tous ensemble qu'un même Esprit. Conduisez-vous par des pensées modestes, & ne présumez pas de vous-mêmes. (g)

Comment une Morale si élevée, si pure, si assortie aux Besoins de la Société universelle a-t-elle pu être dictée par ce même Homme qui ne respiroit

_____

(g) Rom. XII.

que menaces & que carnage , & qui
mettoit son plaisir & sa gloire dans les
tortures de ses Semblables ? Comment
sur-tout un tel Homme est-il parvenu
tout d'un coup à pratiquer lui-même
une Morale si parfaite ? CELUI qui étoit
venu rappeller les Hommes à ces grandes Maximes, lui avoit donc *parlé* ?

Que dirai-je encore de cet admirable
Tableau de la *Charité*, si plein de chaleur & de vie, que je ne me lasse point
de contempler dans un autre Ecrit (h)
de cet excellent Moraliste ? Ce n'est
pourtant pas ce Tableau lui-même, qui
fixe le plus mon Attention; c'est l'occasion qui le fait naître. De tous les Dons
que les Hommes peuvent obtenir &
exercer, il n'en est point, sans contredit, de plus propres à flatter la Vanité,
que les Dons miraculeux. Des Hommes

_____

(h) I. Cor. XIII.

fans Lettres & du commun Peuple, qui viennent tout d'un coup à parler des Langues étrangères, font bien tentés de -faire parade d'un Don fi extraordinaire, & d'en oublier la *Fin*.

Une Société nombreufe de nouveaux Néophytes fondée par cet Homme illuftre, abufe donc bientôt de ce Don: il fe hâte de lui écrire, & de la rappeller fortement au véritable emploi des *Miracles :* il n'héfite point à préférer hautement à tous les Dons *miraculeux*, cette Bienveuillance fublime, qu'il nomme la *Charité*, & qui eft, felon lui, l'*Enfemble* le plus parfait de toutes les Vertus *fociales*. *Quand je parlerois les Langues des Hommes, & celles des Anges même, fi je n'ai point la Charité je ne fuis que comme l'Airain qui réfonne, ou comme une Cymbale qui retentit. Et quand j'aurois le don de Prophétie;*

phêtie ; que j'aurois la connoissance de tous les *Mystères*, & la *Science* de toutes *choses* ; quand j'aurois aussi toute la *Foi*, jusqu'à transporter les *Montagnes*, si je n'ai point la *Charité*, je ne suis rien.

Comment ce Sage a-t-il appris à faire un si juste discernement des Choses ? Comment n'est-il point ébloüi lui-même des Dons éminens qu'il posséde ou que du moins il croit posséder ? Un Imposteur en useroit-il ainsi ? Qui lui a découvert que les *Miracles* ne sont que de simples *Signes pour ceux qui ne croyent point encore* ? Qui avoit enseigné au Persécuteur fanatique à préférer l'Amour du Genre - humain aux Dons les plus éclatans ? Pourrois-je méconnoître aux Enseignemens & aux Vertus du Disciple la Voix toujours efficace de ce Maître qui s'est sacrifié lui-même pour le Genre-humain ?

Q 4   CHA.

CHAPITRE VINGT-TROIS.

L'Aveugle-né.

CE font toujours les *Interrogatoires* contenus dans la *Dépofition* des *Témoins*, qui excitent le plus mon attention. C'eft là principalement que je dois chercher les Sources de la *Probabilité* des *Faits* atteftés. Si, comme je le remarquois, ces *Interrogatoires* n'ont jamais été formellement contredits par ceux qui avoient le plus grand intérêt à le faire ; je ne pourrois raifonnablement me refufer aux Conféquences qui en découlent naturellement.

Entre ces *Interrogatoires*, il en eft un fur-tout que je ne lis point fans un fecret plaifir : c'eft celui qui a pour objet un *Aveugle-né* guéri par l'EN-VOYÉ,

ɔᴠᴠoʏÉ. (*a*) Ce Miracle étonne beaucoup Cʜ.XXIII
ɔᴊtous ceux qui avoient connu cet Aveu-
ɜgle : ils ne fçavent qu'en penfer & fe
ꝗpartagent là - deffus. Ils le conduifent
ꞩaux Doᴄteurs : ceux-ci l'interrogent,
ꝺ& lui demandent *comment-il a reçu la*
ꞧ*Vuë ?* **Il m'a mis de la bouë fur les**
Yeux, leur répond-il ; *je me fuis lavé*
·*& je vois.*

Les Doᴄteurs ne fe preffent point de
croire le *Fait*. Ils doutent & fe divifent.
Ils veulent fixer leurs doutes , & foup-
çonnans que cet Homme *n'avoit pas été*
aveugle , *ils font venir fon Père & fa*
Mère. *Eft-ce là votre Fils*, *que vous*
dites être né aveugle, leur demandent-
ils ? *comment donc voit-il maintenant ?*

Le Père & la Mère répondent ; nous
      fça-

(*a*) Jᴇᴀɴ ; IX.

*ſçavons que c'eſt là notre Fils, & qu'il
eſt né aveugle ; mais nous ne ſçavons
comment il voit maintenant. Nous ne
ſçavons pas non plus qui lui a ouvert
les Yeux. Il a aſſez d'âge, interrogez-
le ; il parlera lui-même ſur ce qui le regarde.*

Les Docteurs interrogent donc de
nouveau cet Homme, *qui avoit été
aveugle de naiſſance :* ils le font venir
pour la ſeconde fois par devant eux, &
lui diſent : *donne gloire à DIEU : nous
ſçavons* que Celui que tu dis qui t'a
ouvert les Yeux, *eſt un Méchant Homme. Si c'eſt un méchant Homme,* re-
plique-t-il, *je n'en ſçais rien : je ſçais
ſeulement que j'étois aveugle, & que
je vois.*

A cette réponſe ſi ingénue, les Docteurs reviennent à leur premiére Queſtion ;

...tion : *que t'a-t-il fait ?* lui demandent-ils encore : *comment t'a-t-il ouvert les Yeux ? Je vous l'ai déja dit,* répond cet Homme auſſi ferme qu'ingénu, *pourquoi voulez-vous l'entendre de nouveau? avez-vous auſſi envie d'être de ſes Diſciples ?*

Cette replique irrite les Docteurs : *ils le chargent d'injures. . . . Nous ne ſçavons,* diſent-ils, *de la part de qui vient Celui dont tu parles. C'eſt quelque choſe de ſurprenant, que vous ignoriez de quelle part il vient ;* oſe repliquer encore cet Homme plein de candeur & de bon ſens ; *& pourtant il m'a ouvert les Yeux,* &c.

Quelle naïveté ! quel naturel ! quelle préciſion, ! quel intérêt ! quelle ſuite ! Si la Vérité n'eſt point faite ainſi, me dis-je à moi-même ; à quels Caractères pourrai-je donc la reconnoître ?

CHA.

CHAPITRE VINGT-QUATRE.

La Réfurrection
du FONDATEUR.

DE toutes les *Procédures*, que renferme la *Dépofition* qui m'occupe,
il n'en eft point , fans doute , de plus
importante, que celle qui concerne la
Perfonne même de l'ENVOYÉ. Elle eft
auffi la plus circonftanciée, la plus répétée , & celle à laquelle tous les *Témoins* font des allufions plus directes &
plus fréquentes. Elle eft toujours le
Centre de leur *Témoignage*. Je la retrouve dans les principales Piéces de la
Dépofition , & en comparant ces Piéces
entr'elles fur ce Point fi effentiel, elles
me paroiffent très *harmoniques*.

L'ENVOYÉ eft faifi, examiné, interrogé

rogé par les Magiftrats de fa Nation :
ils le fomment de déclarer qui il eft ;
il le déclare : fa réponfe eft prife pour
un *blafphême :* on lui fufcite de faux
Témoins qui jouent fur une équivoque ;
il eft condamné : on le traduit devant
un Tribunal fupérieur & étranger : il
y eft de nouveau interrogé ; il fait à
peu près les mêmes réponfes : le Juge
convaincu de fon innocence veut le re-
lâcher ; les Magiftrats qui l'ont condamné, perfiftent à demander fa mort : ils
intimident le Juge fupérieur ; il le leur
abandonne : il eft crucifié , enfeveli :
les Magiftrats fcellent le Sépulchre ; ils
y placent leurs propres Gardes, & peu
de tems après les *Témoins* atteftent dans
la Capitale & devant les Magiftrats eux-
mêmes, *que Celui qui a été crucifié eft
reffufcité.*

Je viens de rapprocher les Faits les
plus

CH. XXIV plus effentiels : je les compare ; je les analyfe , & je ne découvre que deux *Hypothéfes* (a) qui puiffent fatisfaire au dénouement.

Ou les *Témoins* ont enlevé le Corps : ou l'ENVOYÉ eft réellement reffufcité. Il faut que je me décide entre ces deux Hypothéfes ; car je ne parviens point à en découvrir une troifiéme.

Je confidère d'abord les Opinions particulières, les Préjugés, le Caractère des *Témoins* ; j'obferve leur Conduite , leurs Circonftances, la fituation de leur Efprit & de leur Cœur avant & après la Mort de leur MAITRE.

J'examine enfuite les Préjugés , le Caractère , la Conduite & les allégués de leurs Adverfaires.

_____

(a) Mot qui exprime une *Suppofition.*

Il me fuffiroit de connoître la Patrie ~~Ch. XXIV.~~ des Témoins, pour fçavoir, en général, leurs Opinions, leurs Préjugés. Je n'ignore pas que leur Nation fait profeffion d'attendre un Libérateur temporel, & qu'il eft le plus cher Objet des vœux & des efpérances de cette Nation. Les *Témoins* attendent donc auffi ce Libérateur ; & je trouve dans leurs *Ecrits* une multitude de Traits qui me le confirment, & qui me prouvent qu'ils font perfuadés, que Celui, qu'ils nomment leur MAITRE, doit être ce Libérateur *temporel*. En vain ce MAITRE tâche-t-il de fpiritualifer leurs Idées ; ils ne parviennent point à dépouiller le Préjugé *national*, dont ils font fi fortement imbus. *Nous efpérions que ce feroit Lui qui délivreroit notre Nation.* (b)

{Ces

(b) LUC XXIV; 21,

Ch. XXIV   Ces Hommes dont les Idées ne s'élé-
vent pas au deſſus des Choſes ſenſibles,
ſont d'une ſimplicité & d'une timidité
qu'ils ne diſſimulent point eux-mêmes.
A tout moment ils ſe méprennent ſur le
ſens des Diſcours de leur MAITRE, &
lorſqu'il eſt ſaiſi, ils s'enfuyent. Le plus
zélé d'entr'eux nie par trois fois & même avec imprécation, de l'avoir connu,
& je vois cette honteuſe lâcheté décrite
en détail dans quatre des principales
Piéces de la *Dépoſition*.

Je ne puis douter un inſtant, qu'ils
ne fuſſent très perſuadés de la *réalité*
des *Miracles* opérés par leur MAITRE:
j'en ai peſé les raiſons, & elles m'ont
paru de la plus grande force. (c) Je ne
puis douter non plus qu'ils ne ſe fuſſent
attachés à ce MAITRE par une ſuite des

                    Idées

(c) Conſultez les Chapitres VIII, IX, XI,

Idées qu'ils s'étoient formées du *But* de
sa Miffion. L'attachement des Hommes
a toujours un fondement, & il falloit
bien que les Hommes dont je parle,
efpéraffent quelque chofe de Celui au
fort duquel ils avoient lié le leur.

Ils efpéroient donc au moins *qu'il dé-*
livreroit leur Nation d'un joug étranger : mais ; ce MAITRE dont ils attendoient cette grande délivrance, eft tra-
hi, livré, abandonné, condamné, crucifié, enfeveli, & avec lui toutes leurs
efpérances temporelles. *Celui qui fau-*
voit les autres, *n'a pu fe fauver lui-*
même : fes Ennemis triomphent, & fes
Amis font humiliés, confternés, confondus.

Sera-ce dans des Circonftances fi dé-
fefpérantes, que les *Témoins* enfanteront
l'extravagant Projet d'enlever le Corps

R   de

de leur Maitre ? Me perſuaderaí-je facilement , qu'un pareil Projet puiſſe monter à la Tête de Gens auſſi ſimples, auſſi groſſiers , auſſi dépourvus d'intrigue , auſſi timides ? Quoi ! ces mêmes Hommes qui viennent d'abandonner ſi lâchement leur Maitre , formeront tout à coup l'étrange réſolution d'enlever ſon Corps au Bras ſéculier ! ils s'expoſeront évidemment aux plus grands périls ! ils affronteront une Mort certaine & cruelle ! & dans quelles vues ?

Ou ils ſont perſuadés que leur Maitre *reſſuſcitera* ; ou ils ne le ſont pas : ſi c'eſt le premier , il eſt évident qu'ils abandonneront ſon Corps à la PUISSANCE DIVINE : ſi c'eſt le dernier, toutes leurs eſpérances *temporelles* doivent être anéanties. Que ſe propoſeroient-ils donc en enlevant ce Corps ? de publier qu'il eſt reſſuſcité ? mais ;

des

des Hommes faits comme ceux-ci; des Ch. XXIV.
Hommes ſans Crédit, ſans Fortune,
ſans Autorité, eſpéreront-ils d'accréditer jamais une auſſi monſtrueuſe Impoſture?

Encore ſi l'enlévement étoit facile:
mais, le Sépulchre eſt ſcellé : des Gardes l'environnent, & ces Gardes ont été
choiſis & placés par ceux mêmes qui
avoient le plus grand intérêt à prévenir
l'Impoſture. Combien de telles précautions ſont-elles propres à écarter de
l'Eſprit des timides Pêcheurs toute Idée
d'enlévement ! Des Gens qui *n'ont ni
Argent ni Or* entreprendront-ils de
corrompre ces Gardes ? des Gens qui
s'enfuyent au premier danger, entreprendront-ils de les combattre ? des
Gens haïs ou mépriſés du Gouvernement, trouveront-ils des Hommes har-
dis qui veuillent leur prêter la main ?

R 2 ſe

se flatteront-ils que ces Hommes ne les trahiront point? &c.

Mais; suis-je bien affuré que le Sépulchre a été scellé, & qu'on y a placé des Gardes? J'obferve que cette *Circonftance* fi importante, fi décifive, ne fe trouve que dans une feule Piéce (d) de la *Dépofition*, & je m'en étonne un peu. Je recherche donc avec foin, fi cette *Circonftance* fi effentielle de la Narration, n'a point été contredite par ceux qu'elle intéreffoit le plus directement, & je parviens à m'affurer qu'elle ne l'a jamais été. Il faut donc que je convienne, que le Récit du *Témoin* demeure dans toute fa force, & que le fimple filence des autres Auteurs de la *Dépofition écrite*, ne fçauroit le moins du monde infirmer fon Témoignage fur ce Point. In-

(d) MATTHIEU, XXVII. 66.

Indépendamment d'un *Témoignage* si
çexprès, combien est-il probable en soi,
que des Magistrats qui ont à redouter
beaucoup une Imposture, & qui ont en
main tous les Moyens de la prévenir,
n'auront pas négligé de faire usage de
ces Moyens ! & s'ils n'en avoient point
fait usage, quelles raisons en assigne-
rois - je ?

Il me paroîtra plus probable encore,
que ces Magistrats ont pris toutes les
précautions nécessaires, si j'ai des preuves, qu'ils ont songé à tems aux Moyens
de s'opposer à l'Imposture. *Seigneur !
nous nous sommes souvenus que ce Sé-
ducteur a dit, lorsqu'il vivoit ; je res-
susciterai dans trois jours. Commandez
donc que le Sépulchre soit gardé sûrement, jusqu'au troisiéme jour ; de peur
que ses Disciples ne viennent la nuit enlever son Corps, & ne disent au Peuple*

R 3 *qu'il*

qu'il est reſſuſcité. Cette dernière Imposture seroit pire que la première. (e)

Si donc les Chefs du Peuple ont pris les précautions que la Choſe exigeoit, ne ſe font-ils pas ôtés à eux-mêmes tout moyen de ſuppoſer un enlévement? Cependant ils oſent le ſuppoſer : *ils donnent une ſomme d'Argent aux Gardes*, qui à leur inſtigation, répandent dans le Public, *que les Diſciples ſont venus de nuit, & qu'ils ont enlevé le Corps, pendant que les Gardes dormoient. (f)*

Je n'inſiſte point ſur la ſingulière abſurdité de ce rapport ſuggéré aux Gardes. Elle ſaute aux Yeux : comment ces Gardes pouvoient-ils dépoſer ſur ce qui s'étoit paſſé *pendant qu'ils dormoient?*

(e) MATTHIEU, XXVII, 63, 64.
(f) *Ibid.* XXVIII, 12, 13.

Eſt-il d'ailleurs bien probable que des
Gardes affidés , & choiſis tout exprès
pour s'oppoſer à l'Impoſture la plus
dangereuſe, ſe ſoient livrés au ſommeil?

Je fais un Raiſonnement qui me frappe beaucoup plus : il me paroît de la
plus grande évidence, que les Magiſtrats ne peuvent ignorer la Vérité. S'ils
ſont convaincus de la réalité de l'enlévement , pourquoi ne font-ils point le
Procès aux Gardes ? pourquoi ne pu-
blient-ils point ce Procès ? quoi de plus
démonſtratif, & de plus propre à arrêter les progrès de l'Impoſture, & à
confondre les Impoſteurs !

Ces Magiſtrats, ſi fortement intéreſſés à confondre l'Impoſture , ne prennent pourtant point une route ſi directe , ſi lumineuſe, ſi juridique. Ils né
s'aſſurent pas même de la Perſonne des

R 4   Im-

Impofteurs. Ils ne les confrontent point avec les Gardes. Ils ne puniffent ni les Impofteurs ni les Gardes. Ils ne publient aucune Procédure. Ils n'éclairent point le Public. Leurs Defcendans ne l'éclairent pas davantage, & fe bornent, comme leurs Pères, à affirmer l'Impofture.

Il y a plus : lorfque ces mêmes Magiftrats mandent bientôt après par devant eux, deux des principaux Difciples, à l'occafion d'une Guérifon qui fait bruit, (g) & que ces Difciples ofent leur reprocher en face un grand Crime, & attefter en leur préfence la *Réfurrection* de Celui *qu'ils ont crucifié* ; que font ces Magiftrats ? ils fe contentent *de menacer les deux Difciples & de leur défendre d'enfeigner.* (h) Ces menaces n'in-

---

(g) Voyez le Chapitre XXI de ces *Recherches.*
(h) Act. IV, 18, 21.

n'intimident point les *Témoins* : ils continuent à publier hautement dans le Lieu même , & sous les Yeux de la Police , la Résurrection du Crucifié. Ils sont mandés de nouveau par devant les Magistrats : ils comparoissent & persistent avec la même hardiesse dans leur Déposition : *le DIEU de nos Pères a ressuscité Celui que vous avez fait mourir : . . . . . nous en sommes les Témoins.* (i) Que sont encore ces Magistrats ? *ils font fouetter les Témoins , leur renouvellent la première défense , & les laissent aller.* (k)

(i) Act. v , 30 , 32.
(k) Ibid. 40,

CHA-

CHAPITRE VINGT-CINQ.

Conféquences du Fait.

Remarques : Objections : Réponfes.

VOilà des Faits circonftanciés ; des Faits qui n'ont jamais été contredits ; des Faits atteftés conftamment & unanimément par des *Témoins*, que j'ai reconnus poffeder toutes les Qualités qui fondent, en bonne Logique, la *Crédibilité* d'un *Témoignage*. (a) Dirai-je, pour infirmer de tels *Faits*, que la *crainte du Peuple* empêchoit les Magiftrats de

---

(a) Voyez le Chapitre VIII. Je dois éviter ici de tomber dans ces répétitions trop fréquentes, . même chez les meilleurs Auteurs. Je ne reviens donc plus à ce que je penfe avoir affez bien établi. C'est au Lec-

de faire des *Informations*, de pourſui-
vre juridiquement & de punir les *Té-*
moins comme *Impoſteurs*, de publier
des *Procédures* authentiques, &c. ?
Mais; ſi le *Crucifié* n'avoit rien fait
pendant ſa Vie qui eût excité l'admiration & la vénération du Peuple; s'il n'a-
voit fait aucun *Miracle*; ſi le Peuple
n'avoit point béni DIEU à ſon occaſion
d'avoir donné aux Hommes un tel Pou-
voir; ſi la Doctrine & la Manière d'enſeigner du *Crucifié* n'avoient point paru
au Peuple l'emporter de beaucoup ſur
tout ce qu'il entendoit dire à ſes Docteurs; s'il n'avoit point tenu pour vrai,
que *jamais Homme n'avoit parlé comme*
celui-là; pourquoi les Magiſtrats auroient-ils eu à craindre ce Peuple, en
pour-

Ch. XXV

Lecteur à retenir la liaiſon des Faits & de leurs Conſéquences les plus immédiates. C'eſt à lui encore à
s'approprier mes Principes & à en faire l'application
au beſoin.

pourfuivant *juridiquement* les Difciples abjeéts d'un Impofteur, auffi Impofteurs eux-mêmes que leur Maître ? Comment les Magiftrats auroient-ils eu à redouter un Peuple prévenu fi fortement & depuis fi longtems en leur faveur, s'ils avoient pu lui prouver par des *Procédures* légales & publiques, que la Guérifon de l'Aveugle-né, la Réfurreétion de LAZARE, la Guérifon du Boiteux, le Don des Langues, &c. n'étoient que de pures fupercheries ? Combien leur avoit-il été facile de prendre des *Informations* fur de pareils Faits ! combien leur étoit-il aifé en particulier, de prouver rigoureufement que les *Témoins* ne parloient que leur Langue Maternelle ! Comment encore les Magiftrats auroient-ils eu à *craindre le Peuple*, s'ils avoient pu lui démontrer *juridiquement*, que les Difciples avoient enlevé le Corps de leur Maître ? & ceci étoit-

ſſ il plus difficile à conſtater que le reſte ?
? &c.

Puis-je douter à préſent de l'extrême *improbabilité* de la première *Hypothèſe* ou de celle qui ſuppoſe un *enlèvement* ? puis-je *raiſonnablement* refuſer de convenir, que la ſeconde *Hypothèſe* a, au moins, un degré de probabilité égal à celui de quelque Fait hiſtorique que ce ſoit, pris dans l'Hiſtoire du même Siécle ou des Siécles qui l'ont ſuivi immédiatement ?

Tracerai-je ici l'affreuſe Peinture du Caractère des principaux Adverſaires ? puiſerai-je cette Peinture dans leur propre Hiſtorien ? (b) oppoſerai-je ce Caractère à celui des *Témoins* ; le Vice à la Vertu ; la fureur à la modération ;
l'Hy-

_____

(b) JOSEPH.

l'Hypocrifie à la Sincérité ; le Menfon-
ge à la Vérité ? j'oublierois que je ne
fais qu'une *Efquiffe* & point du tout un
Traité.

Dirai-je encore , que la *Réfurrection*
de l'ENVOYÉ n'eft point un Fait *ifolé ;*
(*c*) mais , qu'il eft le maître Chaînon
d'une Chaîne de Faits de même Genre ,
& d'une multitude d'autres Faits de tout
Genre , qui deviendroient tous abfolument inexplicables , fi le premier Fait
étoit fuppofé *faux ?* Si en quelque Matière que ce foit , une *Hypothèfe* eft d'autant plus *probable* , qu'elle explique plus
heureufement un plus grand nombre de
Faits ou un plus grand nombre de *Particularités* effentielles d'un même Fait ;
ne ferai-je pas dans l'obligation *logique*
de convenir , que la première *Hypothèfe*
n'ex-

___

(*c*) Voyez les Chapitres VI & XI.

n'explique rien, & que la feconde explique tout, & de la manière la plus
heureufe ou la plus naturelle ? Si une
certaine *Hypothèfe* me conduit néceffairement à des Conféquences qui choquent
manifeftement ce que je nomme l'*Ordre*
moral, (d) pourrois-je recevoir cette
Hypothèfe, & la préférer à celle qui
auroit fon fondement dans l'*Ordre mo-*
ral même ?

Ajouterai-je que fi l'Envoyé n'eft
point *reffufcité*, il a été lui-même un
infigne Impofteur ? car du propre aveu
des *Témoins*, il avoit prédit fa *Mort*
& fa *Réfurrection*, & établi un *Mé-*
morial de l'une & de l'autre. Si donc il
n'eft point reffufcité, fes Difciples ont
dû penfer qu'il les avoit trompés fur ce
Point

(d) Confultez ce que j'ai dit de l'*Ordre moral*, dans
le Chapitre VII.

Point le plus important : & s'ils l'ont pensé, comment ont-ils pu fonder sur une Résurrection qui ne s'étoit point opérée, les espérances si relevées d'un *Bonheur à venir* ? Comment ont-ils pu annoncer en son Nom au Genre-humain ce Bonheur à venir ? Comment ont-ils pu s'exposer pendant si longtems à tant de contradictions, à de si cruelles épreuves, à la Mort même, pour soutenir une *Doctrine* qui reposoit toute entière sur un Fait *faux*, & dont la fausseté leur étoit si évidemment connue ? Comment des Hommes qui faisoient une profession si publique, si constante, & en apparence si sincère de l'Amour le plus délicat & le plus noble du Genre-humain, ont-ils été assez dénaturés pour tromper tant de milliers de leurs Semblables, & les précipiter avec eux dans un abîme de malheurs ? Comment d'insignes Imposteurs ont-ils pu espérer d'être dédommagés

magés dans une autre Vie des Souffrances qu'ils enduroient dans celle-ci? Comment de femblables Impofteurs ont-ils
pu enfeigner aux Hommes la Doctrine
la plus épurée, la plus fublime, la mieux
appropriée aux Befoins de la grande Société? Comment encore . . . . . mais,
j'ai déjà affez infifté (e) fur ces monftrueufes oppofitions à l'*Ordre moral* :
elles s'offrent ici en fi grand nombre;
elles font fi frappantes, qu'il me fuffit
d'y réfléchir quelques momens pour
fentir de quel côté eft la plus grande
Probabilité.

Objecterai-je, que la *Réfurrection* de
l'Envoyé n'a pas été affez *publique*, &
qu'il auroit dû fe montrer à la Capitale,
& fur-tout à fes Juges après fa Réfurrection ? Je verrai d'abord, que la
Quef-

(e) Voyez le Chapitre XVI.

S

Question n'eſt point du tout de ſçavoir ce que DIEU auroit pu faire ; mais, qu'elle git uniquement à ſçavoir ce qu'IL a fait. C'étoit à l'Homme *intelligent*, à l'Homme *moral*, que DIEU vouloit parler : IL ne vouloit pas le *forcer* à croire, & laiſſer ainſi l'Intelligence ſans exercice. Il s'agit donc uniquement de m'aſſurer, ſi la Réſurrection de l'ENVOYÉ a été accompagnée de Circonſtances aſſez déciſives, précédée & ſuivie de *Faits* aſſez frappans pour convaincre l'Homme *raiſonnable* de la Miſſion *extraordinaire* de l'ENVOYÉ. Or, quand je rapproche toutes les *Circonſtances* & tous les *Faits* ; quand je les pèſe à la Balance de ma Raiſon, je ne puis

---

(ƒ) Voyez le ſecond Paragraphe du Chapitre VII. Il y avoit eu ſous l'ancienne Oeconomie, des Miracles ou des Signes d'une très grande *publicité*. Je crois entrevoir des raiſons de cette publicité : je ne ferai que les indiquer. La Nation qui vivoit ſous cette

puis me diffimuler à moi-même, que DIEU n'aît fait tout ce qui étoit *fuffi-fant* pour donner à l'Homme *raifonna-ble* cette *Certitude morale* qui lui man-quoit, qu'il défiroit avec ardeur, & qui étoit fi bien affortie à fa Condition *préfente.*

Je reconnoîtrois encore, que mon Objection fur le défaut de *publicité* de *La Réfurrection* de l'Envoyé, envelop-peroit une grande abfurdité ; puifqu'en développant cette Objection j'apperce-vrois auffi-tôt que chaqu'Individu de l'Humanité pourroit requérir auffi que l'Envoyé lui apparût, (*f*) &c.

Il

---

cette Oeconomie, n'étoit proprement qu'une feule grande Famille, qui ne devoit jamais fe mêler aux Peuples voifins, pour n'altérer point le grand Dépôt qui lui étoit confié. Le Gouvernement de cette Fa-mille étoit une *Théocratie.* Il étoit fort dans l'efprit le cette Théocratie, que le Miniftre du MONAR-QUE, fût accrédité par le MONARQUE lui-même, auprès

Il ne faut point que je dife ; cela eft
fage, donc DIEU l'a fait ou dû le faire :
mais, je dois dire ; DIEU l'a fait, donc
cela eft fage. Eft-ce à un Etre auffi profondément ignorant que je le fuis à prononcer

auprès de la Famille affemblée en Corps de Nation.
Il l'étoit encore, que la Loi publiée par ce Miniftre
au Nom du MONARQUE, fût authorifée par les
Signes les plus éclatans & les plus impofans, par
des Signes qui peigniffent la MAJESTE' redoutable du
MONARQUE, & dont la Famille entière fut fpec-
tatrice. Une autre raifon encore paroiffoit exiger
cette Difpenfation : le Miniftre de l'ancienne Oeconomie n'avoit point été annoncé de loin à la Nation
par des *Oracles*, qui le caractérifaffent affez clairement, pour qu'il ne pût en être raifonnablement
méconnu. Il falloit donc que la grande *publicité* des
Miracles ou des Signes deftinés à authorifer la Miffion du Miniftre, fuppléât au défaut d'*Oracles*. Le
Caractère de la Nation, & fes Circonftances particulières, entroient, fans doute, auffi dans les vues
de cette Difpenfation : on démêle affez quelles Idées
ces mots de *Caractères* & de *Circonftances* réveillent
dans mon Efprit, & il n'eft pas befoin que je les
énonce.

Le Plan de la nouvelle Oeconomie étoit bien différent. Elle ne devoit point être appropriée à une

noncer fur les *Voyes* de la SAGESSE
elle-même ? La feule chofe qui foit
ici proportionnée à mes petites Facultés, eft d'étudier les Voyes de cette
SAGESSE ADORABLE, & de fentir
le prix de son Bienfait.

feule Famille. Toutes les Nations de la Terre devoient y participer dans la longue durée des Siécles.
Comment eut-il été poffible de raffembler dans un
même lieu toutes les Nations, pour accréditer auprès d'elles par des Signes *extraordinaires*, le Ministre
de cette nouvelle Oeconomie, deftinée à fuccéder à
l'ancienne, à l'univerfalifer & à la perfectionner ?
Mais ; fi la Miffion de ce Ministre avoit été annoncée *en divers tems & en diverfes manières* par des Oracles affez nombreux, affez circonftanciés, affez clairs,
pour que le Tems de fa venue, les Caractères de fa
Perfonne, fes Fonctions &c., ne puffent être raifonnablement méconnus par le Peuple auquel il devoit
d'abord s'adreffer ; fi les autres Peuples pouvoient
acquérir la connoiffance de ces Oracles ; fi le Ministre de la nouvelle Oeconomie devoit être revêtu
d'une Puiffance & d'une Sageffe furnaturelles ; *s'Il
devoit faire des Oeuvres que nul autre n'avoit faites ; fi
jamais Homme n'avoit parlé comme Celui-ci devoit parler ;*
s'Il devoit donner à d'autres Hommes le Pouvoir
de faire de *femblables Oeuvres & même de plus grandes
encore* ; s'Il devoit les envoyer à toutes les Nations

pour les éclairer & leur fignifier la *bonne Volonté* de leur PERE commun ; fi en conféquence il devoit revêtir ces Envoyés d'un Don *extraordinaire* , au moyen duquel ils communiqueroient leurs Penfées à ces Nations & en feroient entendus ; fi . . . . . mais , le Lecteur intelligent & ami du Vrai m'a déja faifi : j'abandonne ces Confidérations à fon jugement.

Il eft une autre Chofe fur laquelle il voudra bien réfléchir encore. Ces *Miracles* de l'ancienne Oeconomie , qui avoient été opérés aux Yeux d'une Nation entière , ne fe font pas perpétués d'âge en âge chez cette Nation. Toutes les Générations qui fe font fuccédées de fiécle en fiécle jufqu'à nos jours , n'ont pas vu de leurs propres yeux la *grande Apparition* du MONARQUE : toutes ont été pourtant très attachées à leur LOI : toutes ont été très perfuadées de la certitude de cette *Apparition* , & de la Divinité de la Miffion du premier Légiflateur. Quel a donc été le Fondement *logique* de cette forte & conftante perfuafion ? comment la Génération qui exifte aujourd'hui perfévère-t-elle dans la Croyance des Générations qui l'ont précédée ? Ce Fondement *logique* repofe , fans doute , dans la Tradition *écrite* & dans la Tradition *orale* : les *Preuves* des Miracles de l'ancienne Oeconomie , tiennent donc effentiellement comme celles des Miracles de la nouvelle Oeconomie , aux *Règles* du *Témoignage*.

Ainfi , la Queftion fe réduit à examiner , fi les *Témoignages* fur lefquels repofe la Miffion du fecond LEGISLATEUR , font inférieurs en force à ceux qui fondent

dent

dent la Miſſion du premier Légiſlateur. Cet Examen important regarde, en particulier, les Sages de cette Nation, diſperſée aujourd'hui parmi tous les Peuples, & qui continue à rejetter la Miſſion de ce ſecond LEGISLATEUR, que le premier avoit annoncé lui-même aſſez clairement, & qui l'avoit été d'une manière plus claire & plus préciſe par les Oracles poſtérieurs.

CHA-

CHAPITRE VINGT-SIX.

Oppofitions entre les Piéces de la Dépofition.

Réflexions fur ce Sujet.

J'AI dit que toutes les Pièces de la *Dépofition* m'avoient paru très *harmoniques* ou très *convergentes*. J'y découvre néanmoins bien des Variétés foit dans la *Forme*, foit dans la *Matiére*. J'y apperçois même çà & là des *Oppofitions* au moins apparentes. J'y vois des *Difficultés* qui tombent fur certains Points de Généalogie, fur certains Lieux, fur certaines Perfonnes, fur certains Faits, &c. & je ne trouve pas d'abord la folution de ces Difficultés.

Comme je n'ai aucun intérêt *fecret* à croire ces Difficultés *infolubles*, je ne com-

Сн.XXVI.

commence point par imaginer qu'elles le font. J'ai étudié la *Logique* (a) du Cœur & celle de l'Efprit : je me mets un peu au fait de cette autre Science qu'on nomme la *Critique*, (b) & qu'il ne m'eft point permis d'ignorer entiérement. Je rapproche les Paffages *parallèles*; (c) je les confronte; je les anatomife, & j'emprunte le fecours des meilleurs Interprêtes. Bientôt je vois les Difficultés s'applanir; la Lumière s'accroître d'inftant en inftant; fe répandre de proche en proche; fe réfléchir de tous côtés, & éclairer les Parties les plus obfcures de l'Objet.

Si cependant il eft des recoins que cette

(a) La *Logique* eft l'Art de *penfer* ou de *raifonner.*

(b) La *Science* ou l'*Art* qui enfeigne les Règles par lefquelles on doit *juger* des *Livres* & de leurs *Auteurs.*

(c) Paffages qui ont à peu près le même fens ou qui tendent à établir la même Vérité.

Ch.XXVI cette Lumiére n'éclaire pas aſſez à mon gré ; s'il reſte encore des Ombres que je ne puis achever de diſſiper ; il ne me vient pas dans l'Eſprit, & bien moins dans le Cœur, d'en tirer des Conſéquences contre l'*Enſemble* de la *Dépoſition* : c'eſt que ces Ombres légéres n'éteignent point, à mes yeux, la Lumiére que réfléchiſſent ſi fortement les grandes Parties du Tableau.

Il m'eſt bien permis de *douter* : le Doute *philoſophique* eſt lui-même le Sentier de la Vérité ; mais, il ne m'eſt point permis de manquer de bonne foi, parce que la *vraye* Philoſophie eſt abſolument incompatible avec la mauvaiſe foi, & qu'on eſt Philoſophe par le Cœur beaucoup plus encore que par la Tête. Si dans l'examen critique de quelqu'Auteur que ce ſoit, je me conduis toujours par les *Règles* les plus ſûres

&

& les plus communes de l'*Interprétation* ; fi une de ces *Règles* me prefcrit de juger fur l'*Enfemble* des Chofes ; fi une autre *Règle* m'enfeigne, que de légères Difficultés ne peuvent jamais infirmer cet *Enfemble*, quand d'ailleurs il porte avec lui les *Caractères* les plus effentiels de la *Vérité* ou du moins de la *Probabilité* ; pourquoi refuferois-je d'appliquer ces *Règles* à l'examen de la *Dépofition* qui m'occupe, & pourquoi ne jugerois-je pas aufli de cette *Dépofition* par fon *Enfemble* ?

Ces *Oppofitions* apparentes elles-mêmes, ces efpèces d'*Antinomies*, (d) ces *Difficultés* de divers Genres, ne m'indiquent-elles pas d'une manière affez claire, que les Auteurs des différentes *Pièces*

ces

(d) Mot qui dans fon fens *propre*, exprime des *contradictions* ou des *oppofitions* entre deux ou plufieurs *Loix*.

CH.XXVI ces de la *Dépofition* ne fe font pas copiés les uns les autres , & que chacun d'eux a rapporté ce qu'il tenoit du *Témoigna-ge* de fes *propres Sens* ou ce qu'il avoit appris des *Témoins oculaires?*

Si ces différentes *Pièces* de la *Dépo-fition* avoient été plus femblables en-tr'elles ; je ne dis pas feulement dans la *Forme*, je dis encore dans la *Matière*, n'aurois-je point eu lieu de foupçonner qu'elles partoient toutes de la même Main ou qu'elles avoient été copiées les unes fur les autres ? & ce *foupçon*, auffi légitime que naturel, n'auroit-il pas infirmé, à mes Yeux, la *validité* de la *Dépofition?*

Ne fuis-je pas plus fatisfait, quand je vois un de ces Auteurs commencer ainfi fon Recit ? (e) *Comme plufieurs ont entrepris d'écrire l'Hiftoire des chofes, dont la vérité a été connue parmi nous*

_____

(e) Luc I, 1, 2, 3, 4.

avec une entière certitude, par le rap- Ch. XXVI
port que nous en ont fait ceux qui les
ont vues eux-mêmes dès le commencement, & qui ont été les Ministres de
la Parole ; j'ai cru aussi, que je devois
vous les écrire avec ordre, après m'en
être exactement informé dès leur origine ; afin que vous reconnoissiez la certitude des récits que l'on vous a faits.
Ne sens-je pas ma satisfaction s'accroître, lorsque je lis dans le principal Ecrit
d'un des premiers *Témoins* ; (f) CELUI
qui l'a vu, en a rendu témoignage, &
son témoignage est véritable, & il sçait
qu'il dit la Vérité, afin que vous la
croyiez ? ou que je lis dans un autre Ecrit
de ce même *Témoin* ; (g) ce que nous
avons ouï, ce que nous avons vu de nos
yeux, ce que nous avons contemplé, &
que nos mains ont touché, concernant la
Parole de Vie, nous vous l'annonçons ?

_____

(f) JEAN ; XIX, 35.   (g) 1. Ep. I. 1, 3.

CHA.

CHAPITRE VINGT-SEPT.

L'Authenticité
de la Dépofition écrite.

JE pourfuis mon Examen : je n'ai pas envifagé toutes les Faces de mon Sujet : il en préfente un grand nombre : je dois me borner aux principales.

Comment puis-je m'affurer de l'*Authenticité* des *Piéces* les plus importantes de la *Dépofition* ?

J'apperçois d'abord que je ne dois point confondre l'*Authenticité* de la *Dépofition* avec fa *Vérité*. Je fixe donc le fens des Termes, & j'évite toute équivoque.

J'entens par l'*Authenticité* d'une *Piéce*

~ *ce* de la *Dépofition*, ce degré de *Certi-*
de qui m'affure que cette *Pièce* eft bien
de l'*Auteur* dont elle porte le *Nom*.

La *Vérité* d'une *Piéce* de la *Dépo-*
fition, fera fa *Conformité* avec les *Faits*.

J'apprends donc de cette diftinction
logique, que la *Vérité hiftorique* ne
dépend pas de l'*Authenticité* de l'Hiftoire : car je conçois facilement, qu'un
Ecrit peut être très *conforme* aux Faits,
& porter un *Nom fuppofé* ou n'en point
porter du tout.

Mais ; fi je fuis certain de l'*Authen-*
ticité de l'Hiftoire ; & fi l'Hiftorien
m'eft connu pour très *véridique* ; l'*Au-*
thenticité de l'Hiftoire m'en perfuadera
la *Vérité* ou du moins me la rendra très
probable.

Le

CHAPITRE
XXVII.

Le *Livre* que j'examine, n'eſt pas tombé du Ciel : il a été écrit par des Hommes, comme tous les Livres, que je connois. Je puis donc *juger* de l'*Authenticité* de ce Livre, comme de celle de tous les Livres que je connois.

Comment ſçais-je que l'Hiſtoire de THUCYDIDE, (*a*) celle de POLYBE, (*b*) celle de TACITE, &c. (*c*) ſont bien des *Auteurs* dont elles portent les *Noms* ? c'eſt de la *Tradition* que je l'apprends. Je

(*a*) Hiſtorien Grec, qui vivoit environ 4 Siécles avant notre Ere. Il écrivit une *Hiſtoire de la Guerre du Péloponéſe.*

(*b*) Autre Hiſtorien Grec, qui naquit environ deux Siécles avant notre Ère. Il compoſa une *Hiſtoire* militaire de *Rome.*

(*c*) Hiſtorien Latin, qui fleuriſſoit dans le premier Siécle de notre Ere, & qui écrivit des *Annales de Rome.*

Ce n'eſt point ici le lieu de faire l'éloge de ces grands Modéles dans l'Art ſi difficile d'écrire l'Hiſtoire : je ne puis que les nommer.

Je remonte de Siécle en Siécle ; je consulte les *Monumens* des différens Ages ;
je les compare avec ces Histoires elles-
mêmes ; & le Résultat général de mes
Recherches est qu'on a attribué constamment ces *Histoires* aux *Auteurs* dont
elles portent aujourd'hui les *Noms*.

Je ne puis raisonnablement suspecter
la fidélité de cette *Tradition* : elle est
trop ancienne, trop constante, trop uniforme , & jamais elle n'a été démentie.

Je suis donc la même Méthode dans
mes Recherches sur l'*Authenticité* de
la *Déposition* dont il s'agit , & j'ai le
même *Résultat* général & essentiel.

Mais ; parce qu'il s'en faut beaucoup,
que l'Histoire du *Péloponèse* (d) inté-

***

(d) Presqu'Isle , qui tient à la Grèce par une Isth-
me. On la nomme aujourd'hui la *Morée*.

T

resât autant les Grecs, que l'Histoire
de l'Envoyé intéressoit ses premiers Sectateurs ; je ne puis douter que ceux-ci
n'ayent apporté bien plus de soin à
s'assurer de l'*Authenticité* de cette *Histoire*, que les Grecs n'en prirent pour
s'assurer de l'Authenticité de celle de
THUCYDIDE.

Une *Société* qui étoit fortement persuadée, que le *Livre* dont je parle,
contenoit les assurances d'une Félicité
éternelle ; une *Société* affligée, mépri-
sée, persécutée, qui puisoit sans cesse
dans ce Livre les consolations & les se-
cours que ses épreuves lui rendoient si
nécessaires ; cette *Société*, dis-je, s'en
seroit-elle laissé imposer sur l'*Authenticité* d'une *Déposition* qui lui devenoit
de jour en jour plus précieuse ?

Une *Société*, au milieu de laquelle
les

les Auteurs même de la *Dépofition* avoient vécu ; qu'ils avoient eux-mê-mes gouvernée pendant bien des an-nées , auroit-elle manqué de *Moyens* pour s'affurer de l'*Authenticité* des É-crits de ces Auteurs ? auroit-elle été d'une indifférence parfaite fur l'Emploi de ces *Moyens* ? Etoit-il plus difficile à cette *Société* de fe convaincre de l'*Au-thenticité* de ces Écrits, qu'il ne l'eft à quelque Société que ce foit de s'affurer de l'*Authenticité* d'un Ecrit attribué à un Perfonnage très connu ou qui en por-te le Nom ?

Des Sociétés *particulières* (e) & nom-breufes auxquelles les *premiers Témoins* avoient adreffé divers *Ecrits* , pou-voient-elles fe méprendre fur l'*Authen-ticité* de pareils *Ecrits* ? pouvoient-el-les

—————————————————
(e) Les *Eglifes* fondées par les Apôtres,

les douter le moins du monde si ces *Témoins* leur avoient écrit ; s'ils avoient
répondu à diverses Questions qu'elles
leur avoient proposées ; si ces *Témoins*
avoient séjourné au milieu d'elles, &c ?!

Je me rapproche le plus qu'il m'est
possible du premier Age de cette grande *Société* fondée par les *Témoins* : je
consulte les *Monumens* les plus anciens,
& je découvre, que presqu'à la naissance de cette *Société*, ses Membres se
divisérent sur divers Points de Doctrine. Je recherche ce qui se passoit alors
dans les différens Partis, & je vois, que

ceux

(*f*) Les *Hérétiques*, partagés en différentes *Sectes.*

(*g*) Les Auteurs Payens des premiers Siécles ; CEL-
SE, PORPHYRE, JULIEN, &c.

(*h*) Les Péres Apostoliques & les Péres qui leur ont
succédé immédiatement. Je pourrois citer ici des
Passages formels de JUSTIN, d'IRENE'E, de TERTUL-
LIEN, de CLEMENT d'*Alexandrie*, d'ORIGENE, de CY-
PRIEN, &c. qui prouveroient que tous ces Péres
n'ont

ceux qu'on nommoit *Novateurs* , (*f*) en appelloient , comme les autres , à la *Dépofition* des premiers *Témoins* , & qu'ils en reconnoiffoient l'*Authenticité*.

Je découvre, encore , que des Adverfaires (*g*) de tous ces Partis, des Adverfaires éclairés , & affez peu éloignés de ce premier Age , ne conteftoient point l'*Authenticité* des principales *Piéces* de la *Dépofition*.

Je trouve cette *Dépofition* citée fréquemment par des Ecrivains (*h*) d'un grand poids , qui touchoient à ce premier

n'ont reconnu pour *authentiques* que les mêmes EVANGILES qui compofent aujourd'hui notre Code facré. Mais, de pareils détails choqueroient l'efprit de mon Travail, & toute cette Erudition feroit fort déplacée dans des Recherches du genre de celles-ci. Je ne veux préfenter à mes Lecteurs que les Réfultats les plus effentiels & les plus faillans. Il doit me fuffire que je puiffe toujours fournir les *Preuves de détail*,

T 3 f.

Chapitre
XXVII.

━━━mier Age , & qui faisoient profession
d'en reconnoître l'*Authenticité* , comme
ils faisoient profession de reconnoître la
validité du *Témoignage* rendu par les
premiers *Témoins* aux Faits *miraculeux.*
Je compare ces *Citations* avec la *Dépo-*
sition que j'ai en main , & je ne puis
m'en dissimuler la conformité.

En continuant mes Recherches , je
m'assure , qu'assez peu de tems après
la naissance de la *Société* dont je parle ,
il se répandît dans le Monde une foule
de *fausses Dépositions* , dont quelques-
unes étoient *citées* comme *vrayes* par
des *Docteurs* de cette *Société* qui étoient
fort

───────────────

si on me les demande. Je me bornerai donc dans
cette Note au seul ORIGENE, qui s'exprimoit ainsi :
Je sçais par une Tradition constante, que les quatre Evan-
giles de MATTHIEU *, de* MARC *, de* LUC *, de* JEAN *sont*
les seuls qui ayent été reconnus sans aucune contestation dans
toute l'Eglise de DIEU *, qui est sous le Ciel.* Ceux de mes
Lecteurs qui désireront plus de détails sur l'*Authen-*
ticité

fort refpeêtés. Je fuis d'abord porté à

en inférer, qu'il n'étoit donc pas auffi
difficile que je le penfois, d'en impofer
à cette *Société*, & même à fes principaux *Conducteurs*. Ceci excite mon
attention autant que ma défiance, &
j'examine de fort près ce Point délicat.

Je ne tarde pas à m'appercevoir, que
c'eft ici le lieu de faire ufage de ma
diftinction logique entre l'*Authenticité*
d'un Ecrit & fa *Vérité*. Si un Ecrit
peut être *vrai* fans être *authentique*, les
fauffes Dépofitions dont il eft queftion,
pouvoient être *vrayes* quoiqu'elles ne
fuffent point du tout *authentiques*. Ces
Doc-

---

ticité des EVANGILES, confulteront en particulier, le
Difcours fi folidement penfé & fi fagement écrit de
Mr. de BEAUSOBRE ; *Hiftoire du Manichéifme*, T. I., &
l'excellent Ecrit de M. BERGIER intitulé la *Certitude
des Preuves du Chriftianifme.* On trouvera encore des
Chofes intéreffantes fur cette importante Matière
dans les fçavantes *Notes* de M. SEIGNEUX fur ADDISSON.

CHAPITRE
XXVII.

Docteurs contemporains qui les *citoient*,
sçavoient bien apparemment si elles
étoient conformes aux *Faits essentiels*,
& je sçais moi‑même qu'on a de bon‑
nes preuves qu'elles y étoient confor‑
mes. Elles étoient donc plutôt des His‑
toires *inauthentiques*, que de *fausses*
Histoires ou des *Romans*.

Je vois d'ailleurs que les Docteurs
dont je parle, *citoient* rarement ces
Histoires inauthentiques, tandis qu'ils
citoient

(i) Le sçavant FABRICIUS, dans sa *Notice des Evangi‑
les Apocryphes*, compte jusqu'à cinquante de ces *faux
Evangiles*; il fait remarquer néanmoins, qu'il s'en
trouve plusieurs qui ne diffèrent que par l'*intitulation.*
L'illustre BEAUSOBRE dans son excellente *Histoire du
Manichéisme*, Tome I. pag. 453, s'attache à montrer,
qu'un bon nombre de ces Evangiles *Apocryphes* n'é‑
toient au fond que l'Evangile de S. MATTHIEU plus
ou moins altéré ou changé. Tels étoient entr'autres
les Evangiles *selon les Hébreux*, *selon les Egyptiens*, *se‑
lon les Ebionites*, *selon* S. BARTHELEMI, *selon* S. BARNA‑
BE' &c. Cet habile Critique distingue soigneusement
les Ecrits *Apocryphes* ou *inauthentiques* qui parurent
dans

‹ *citoient* fréquemment les Hiſtoires *au-*
‹ *thentiques.* Je découvre même , qu'il y
‹ avoit de ces Hiſtoires *inauthentiques* ,
‹ qui n'étoient que l'Hiſtoire *authentique*
‹ elle ‑ même modifiée ou interpolée çà
‹ & là.

Je ne puis m'étonner du grand nombre de ces Hiſtoires *inauthentiques* qui
ſe répandirent alors dans le Monde :
je m'étonnerois plutôt qu'il n'y en aît
pas eu davantage. (*i*) Je conçois à merveille ,

_____

dans le premier Siécle , de ceux qui parurent dans les
Siécles ſuivans : ces derniers étoient beaucoup moins
exaċts que les premiers , ſoit à l'égard de la Doċtrine , ſoit à l'égard des Faits. Il n'eſt pas difficile d'en
aſſigner la raiſon. Les *Héréſies* ne commencèrent à
ſe multiplier qu'après la mort des premiers Témoins ;
& il étoit fort naturel , que des Hommes qui s'éloi-
gnoient plus ou moins de la Doċtrine reçue , alté-
raſſent plus ou moins la vérité dans leurs Ecrits. Le
Témoignage formel que de pareils Ecrivains ne laiſſoient pas de rendre aux Faits *les plus eſſentiels* , n'en
eſt donc que plus remarquable & plus convaincant.
   Au reſte ; ſi l'on prétendoit que les Ecrits *Apocry-*
phes

Chapitre XXVII.

veille, que des Disciples zélés des *prin-*
cipaux Témoins, purent être portés tout
naturellement à écrire ce qu'ils avoient
ouï dire à leur Maître, & à donner à
leur *Narration* (*k*) un *Titre* semblable à
celui des *Pièces authentiques*. De pareilles

---

phes détruisent l'Authorité des Ecrits *Canoniques* ; je
répondrois avec notre judicieux Critique, pag. 462.
qu'il vaudroit autant dire : » qu'il n'y a point d'Ac-
» tes certains, parce qu'on en a supposé quantité de
» faux : qu'il n'y a point d'Histoires véritables, parce
» qu'il y en a de fabuleuses ; qu'il n'y a point de
» bonne Monnoye, parce qu'il y en a de fausse &
» de contrefaite. «
　　» Si l'on recherche, dit encore cet Ecrivain, en
» quoi les Evangiles Apocryphes du premier Siécle
» différoient des véritables, on verra que tout con-
» sistoit dans quelques particularités de la vie de
» Notre Seigneur, qui étoient ou retranchées, ou
» ajoutées : dans quelques paroles, dans quelques.
» Sentences attribuées à J. Christ, & omises par
» nos Evangelistes. Tel est, par exemple, ce mot
» du Sauveur, *il est plus heureux de donner que de rece-*
» *voir*. *Euthalius* rapporte, qu'il se trouvoit dans le
» Livre intitulé *la Doctrine des Apôtres*. . . . . . .
» Ces Sentences étoient prises de quelques Livres.
» reçus parmi les Chrétiens, ou s'étoient conservées
　　　　　　　　　　　　　　　　　　　　» par

reilles *Hiſtoires* pouvoient facilement être très conformes aux *Faits eſſentiels*; puiſque leurs Auteurs les tenoient de la Bouche des *premiers Témoins* ou du moins de celle de leurs premiers Diſciples. (*l*)

CHAPITRE XXVII.

Je

***

» par la Tradition. De là auſſi pluſieurs paſſages, » que les Copiſtes inſérérent dans les Evangiles, & » que *St. Jerome* en retrancha, lorſqu'il reforma les » Exemplaires de ſon tems ſur les plus anciens Ma- » nuſcripts. » pag. 462.

(*k*) Les *Evangiles apocryphes* connus ſous les *titres* d'E-*vangile* de S. JAQUES, d'*Evangile* de S. THOMAS, &c.

(*l*) » La Vie du SEIGNEUR étoit ſi belle, ſon Ca- » ractére ſi ſublime & ſi divin, ſa Doctrine ſi excel- » lente; les Miracles, par leſquels il l'avoit confir- » mée ſi éclatans & en ſi grand nombre, qu'il n'étoit » pas poſſible que pluſieurs Ecrivains n'entrepriſſent » d'en compoſer des Mémoires. Cela produiſit plu- » ſieurs Hiſtoires de notre SEIGNEUR, plus ou moins » exactes les unes que les autres. . . . S. LUC, qui » parle des Rélations, ou des Evangiles, qui avoient » précédé le ſien, inſinue bien qu'ils étoient défec- » tueux, mais il ne les condamne pas comme des » Livres fabuleux, ou mauvais. « BEAUSOBRE: *Diſc.* *ſur l'Authenticité* &c. *Hiſt. du Manich.* Tom. I. pag. 449.

Je trouve que les *Novateurs* avoient
aussi leurs *Histoires*, (*m*) & qui s'éloi-
gnoient plus ou moins de l'*Histoire authentique* ; mais ; il ne m'est pas difficile de m'assurer, que ces Histoires
mali-

(*m*) Tous les *faux-Evangiles* des Hérétiques n'étoient
pas des Ecrits purement *historiques* : il y en avoit qui
n'étoient guères que *dogmatiques*, & dans lesquels certains Hérétiques rassembloient, comme en un Corps,
leurs *Opinions particulières*. Tel étoit, par exemple,
l'*Evangile de* VALENTIN ou *des Valentiniens*, auquel ces
Hérétiques avoient donné le nom d'*Evangile de Vérité*.
Tel étoit encore l'Ecrit, que les Hérétiques connus
sous le nom de *Gnostiques*, avoient intitulé l'*Evangile
de Perfection*. Ibid. p. 454.

(*n*) Je veux dire, les *Miracles*, la *Résurrection* &
l'*Ascension* du FONDATEUR. Il est vrai, qu'il y avoit
des Hérétiques qui nioient qu'Il eût un *Corps semblable*
au nôtre, & qui prétendoient que sa Mort & sa Résurrection n'avoient été que de *pures apparences* ; mais,
cette singulière imagination qui choque si directement l'esprit & la lettre du Texte sacré, prouve elle-
même que ces Hérétiques reconnoissoient la validité
des Témoignages rendus à la *Résurrection* du FONDA-
TEUR ; puisque leur *Hérésie* ne consistoit pas à nier
cette Résurrection, mais à l'expliquer par des *apparences*. Ils avouoient donc le *Fait* ; & parce que l'*In-
carnation* ne s'accordoit pas avec les Idées qu'ils s'é-
toient

malicieuſement ſuppoſées , contenoient
la plupart des *Faits eſſentiels* qui avoient
été atteſtés par les *principaux Témoins.*
(*n*) Ces *Novateurs* me paroiſſent fort
animés contre le Parti qui leur étoit

Chapitre XXVII.

con-

---

toient formées de la *Perſonne* du Fondateur , ils for-
geoient un Syſtéme d'*apparences* pour concilier leurs
Idées avec les Témoignages.

Ainſi , dans ces premiers Tems , on ne s'aviſoit pas
de mettre en queſtion , ſi le Fondateur avoit fait
des *Miracles* , s'Il étoit *reſſuſcité* , s'Il étoit *monté au
Ciel* : les Témoignages rendus à ces *Faits* étoient trop
récens , trop nombreux , trop valides , & la Tradition trop certaine , pour qu'on pût raiſonnablement
les revoquer en doute. Ces *Faits* étoient donc avoués
par les *Hérétiques* comme par les *Orthodoxes* ; & on ne
diſputoit que ſur certains points de Doctrine. Aujour-
d'hui on diſpute & ſur la *Doctrine* & ſur les *Faits* ; &
au bout de dix-ſept Siécles on ſe met à entaſſer Objections ſur Objections , Doutes ſur Doutes , contre
des Faits , que les Contemporains de tous les Partis ,
plus intéreſſés encore à s'aſſurer du Vrai & plus à
portée de le faire , n'avoient ni contredit ni pu contredire. Je conviens néanmoins , qu'il eſt fort dans
l'eſprit d'un Siécle , qui porte le beau nom de *philoſophique* , de ne croire aux *Miracles* , que d'après
l'Examen le plus *logique* & le plus *critique*. Je demande ſeulement , s'il ſeroit vraiment *philoſophique* de rejetter

contraire , & puifqu'ils inféroient dans
leurs *Hiftoires* les mêmes *Faits effentiels*
que ce Parti faifoit profeffion de croire;
je ne puis point ne pas envifager une
telle conformité entre des Partis fi op-
pofés, comme la plus forte préfomption
en faveur de l'*Authenticité* & de la *Vérité* de la *Dépofition* que j'ai fous les
Yeux.

J'obferve encore , que la *Société* dépofitaire fidéle de la Doctrine & des
Ecrits des *Témoins* , ne ceffoit , ainfi
que fes Docteurs , de réclamer contre
les *Novateurs* & contre leurs *Ecrits* ,
& d'en appeller conftamment aux Ecrits
authen-

jetter les *Miracles* de l'EVANGILE fans un pareil Examen ? Je demande encore s'il feroit poffible en bonne
Philofophie de les rejetter après un pareil Examen ?

(o) L'*Hiftoire Eccléfiaftique.*

(p) Les anciens Pères avoient trois Moyens principaux de difcerner les Ecrits *Apocryphes* qui fe répandoient dans la Société Chrétienne. Le premier
étoit

authentiques comme au Juge fuprême & commun de toutes les *Controverfes.* J'apprends même de l'Hiftoire de cette *Société,* (o) qu'elle avoit grand foin de lire chaque femaine fes Ecrits, dans fes Affemblées, & qu'ils étoient précifément ceux qu'on me donne aujourd'hui pour la Dépofition *authentique* des *Témoins.*

Je ne puis donc fuppofer, en bonne Critique, que cette *Société* s'en laiffoit facilement impofer fur l'*Authenticité* des nombreux Ecrits répandus dans fon fein. (p) S'il me reftoit fur ce Point effentiel quelque doute raifonnable, il feroit

---

étoit la *Prédication* des premiers Témoins & de leurs Succeffeurs *immédiats*, qui fe confervoit & fe perpétuoit dans chaque Société particuliére. Le fecond étoit le *Témoignage* conftant, perpétuel, uniforme que la Société primitive univerfelle avoit rendu aux Ecrits des premiers Témoins & à ceux de leurs premiers Difciples : *Témoignage* que les Péres trouvoient configné

seroit diffipé par un Fait remarquable
que je découvre : c'eft que cette *Société*
étoit fi éloignée d'admettre légèrement
pour *authentiques* des Ecrits qui ne l'é-
toient point , qu'il lui étoit arrivé de
fufpecter longtems l'*Authenticité* de divers Ecrits , qu'un examen continué &
réfléchi lui apprît enfin partir de la
Main des *Témoins*. (q)

---

configné dans les Ecrits des Conducteurs de la Société Chrétienne , & qu'ils recüeilloient encore de la
Tradition , fur laquelle ils pouvoient d'autant plus
compter , que la Chaîne des Témoins étoit plus
courte , & que les Témoins eux-mêmes étoient d'un
plus grand poids. Le troifiéme Moyen enfin , confif-
toit dans la *comparaifon* que les Pères ne manquoient
point de faire des Ecrits *Apocryphes* avec les Ecrits
Authentiques , dont les *Originaux* ou au moins les Copies les plus *originales* exiftoient encore : eft-il un
Moyen plus fûr de juger de *faux-Actes* , que de les
comparer à des Actes dont l'*Authenticité* eft bien conf-
tatée ?

(q) Ce Fait eft affûrément un de ceux qui prouvent le mieux , que les Pères ne recevoient pas fans
examen tous les Ecrits qui circuloient dans l'Eglife.
Ce qui en eft encore une bonne confirmation , c'eft
le foin qu'ils prenoient de les diftribuer en différentes
Claffes ;

Un autre Fait , plus remarquable encore , vient à l'appui de celui-ci : je lis dans l'Hiſtoire du Tems , que les Membres de la *Société* dont je parle , s'expoſoient aux plus grands Supplices , plutôt que de livrer à leurs Perſécuteurs, ces Livres qu'elle réputoit *authentiques* & ſacrés , & que ces ardents Perſécuteurs

CHAPITRE
XXVII.

Claſſes , rélativement à leur degré d'*Authenticité*. L'infatigable & profond Origene , qui vivoit dans le 3e. Siécle , faiſoit trois de ces Claſſes. Il plaçoit dans la première les Écrits *vraiment Authentiques* : il mettoit dans la ſeconde les Ecrits *Apocryphes* ; & il compoſoit la troiſiéme des Ecrits *mixtes* ou *douteux*. C'étoit dans cette dernière Claſſe , qu'il rangeoit entr'autres la ſeconde Epitre de St. Pierre , la ſeconde & la troiſiéme de St. Jean , l'Epitre de St. Jude &c. Le Père de l'Hiſtoire Eccléſiaſtique , le judicieux & docte Eusebe , qui fleuriſſoit dans le Siécle ſuivant , faiſoit une Diviſion aſſez ſemblable. Conſultez l'excellent *Diſcours* de Mr. de Beausobre ſur l'*Authenticité* des Écrits Evangeliques ; *Hiſtoire du Manichéiſme* , Tome I. page 438 & ſuiv. Des Hommes qui ſçavoient faire des Diſtinctions auſſi *logiques* & auſſi *critiques* , ne recevoient donc pas ſans diſcernement tous les Ecrits qui tomboient entre leurs mains.

V.

teurs deftinoient aux flammes. Préfu-
merai-je que les plus zèlés Partifans de
la Gloire des Grecs fe fuffent facrifiés
pour fauver les Ecrits de THUCYDIDE
ou de POLYBE ?

Si je jette enfuite les Yeux fur les
meilleures *Notices* des *Manufcripts* de
la *Dépofition* , je m'affurerai , que les
principales *Piéces* de cette Dépofition
portent dans ces *Manufcripts* les *Noms*
des mêmes Auteurs , auxquels la *Société* dont je parle , les avoit toujours
attribuées. Cette preuve me paroîtra
d'autant plus convaincante , qu'il fera
plus probable , que quelques - uns de
ces *Manufcripts* remontent à une plus
haute antiquité. (*r*)

J'ai

(*r*) Entr'autres le Manufcript du *Vatican* & celui
d'*Alexandrie*, eftimés du 4ᵉ. ou 5ᵉ. Siécle.

J'ai donc en faveur de l'*Authenticité* de la *Dépofition* qui m'occupe, le *Té-moignage* le plus ancien, le plus conf-tant, le plus uniforme de la *Société* qui en eft la dépofitaire; & j'ai encore le *Témoignage* des plus anciens *Novateurs*, celui des plus anciens *Adverfaires*, & l'Authorité des *Manufcripts* les plus ori-ginaux.

Comment m'éléverois-je à préfent contre tant de *Témoignages* réünis & d'un fi grands poids? Serois-je mieux placé que les premiers *Novateurs* ou les premiers *Adverfaires*, pour contredire le *Témoignage* fi invariable, fi unanime de la *Société primitive?* Connois-je au-cun Livre du même Tems, dont l'*Au-thenticité* foit établie fur des Preuves auffi folides, auffi fingulières, auffi frappantes, & de genres fi divers?

CHAPITRE VINGT-HUIT.

*Si la Déposition écrite a été altérée
dans ses Parties essentielles
ou supposée.*

JE n'insisterai pas beaucoup avec moi-même sur la *possibilité* de certaines *altérations* du Texte *authentique* : je ne dirai point que ce *Texte* a pu être *falsifié*. Je vois tout d'un coup combien il seroit improbable qu'il eût pu l'être pendant la Vie des *Auteurs* : (a) leur opposition & leur Authorité auroient confondu bientôt les Faussaires.

Il me sembleroit tout aussi improbable, que de pareilles *falsifications* eussent pu être exécutées avec quelque succès,

---

(a) LES APÔTRES,

cès, immédiatement après la mort des Auteurs : leurs Enseignemens & leurs Ecrits étoient trop récens, & déjà trop répandus.

L'improbabilité me paroîtroit accroître à l'indéfini pour les Ages suivans ; car il me paroîtroit très évident qu'elle accroîtroit en raison directe de ce nombre prodigieux de *Copies* & de cette multitude de *Versions* qu'on ne cessoit de faire du Texte *authentique*, & qui voloient dans toutes les Parties du Monde connu. Comment *falsifier* à la fois tant de *Copies* & tant de *Versions* ? Je ne dis point assez : comment la seule pensée de le faire, seroit-elle montée à la Tête de Personne ?

Je sçais d'ailleurs, qu'il est bien prouvé par l'Histoire du Tems, que les premiers *Novateurs* ne commencèrent

V 3   à

à écrire qu'après la mort des premiers Témoins. Si ces *Novateurs* , pour favorifer leurs Opinions particulières, avoient entrepris de *falſifier* les *Ecrits* des *Témoins* ou ceux de leurs plus illuſtres Diſciples ; la *Société* (b) nombreuſe & vigilante qui en étoit la gardienne , ne s'y feroit - elle pas d'abord fortement oppofée ? Et fi cette *Société* elle-même , pour réfuter avec plus d'avantage les *Novateurs*, avoit ofé *falſifier* le Texte *authentique* ; ces *Novateurs* qui en appelloient eux-mêmes à ce *Texte* , auroient-ils gardé le filence fur de femblables impoſtures ?

Ceci s'applique de foi-même aux *Suppofitions*. Il ne me femble pas moins improbable , qu'on aît pu dans aucun Tems *fuppoſer* des Ecrits aux *Témoins* ; qu'il ne me le paroît , qu'on aît pu

(b) L'Eglife Chrétienne.

·£ dans aucun Tems *falfifier* leurs propres
₊ᵢ *Ecrits.*

En y regardant de près , il m'eſt fa-
› cile de reconnoître , que les *Diviſions*
› continuelles & ſi multipliées de la *So-*
· *ciété* fondée par lęs *Témoins* , ont dû
: naturellement conſerver le Texte *au-*
: *thentique* dans ſa premiére intégrité.

Si ces *Diviſions* dégénérèrent enſuite
en Guerres ouvertes & acharnées ; ſi
les Parties belligérentes en appelloient
toujours au Texte *authentique* , comme à l'Arbitre irréfragable de leurs
querelles ; ſi l'on vint enfin à découvrir
un *Moyen* nouveau (c) de multiplier à
l'infini & avec autant de préciſion que
de promptitude , les Copies du Texte
authentique ; ne ſerai-je pas dans l'obligation la plus raiſonnable de convenir,

_____

(c) L'Imprimerie.

V 4

CHAPITRE
XXVIII. que la *Crédibilité* de la *Déposition écrite* n'a rien perdu par le laps du Tems, & que ces *Ecrits* qu'on me donne aujourd'hui

---

(d) Je me refferre beaucoup : confultez la *Note* que le Traducteur du célèbre DITTON a mife au bas de la page 46 du Tom. II. 1728.

Voici le Précis des Raifonnemens de ce Traducteur, qui étoit, comme l'on fçait, un habile Critique.

» Il s'agit de fçavoir fi le *Témoignage écrit* que nous
» avons à cette heure, eft le *même* que celui que les
» Apôtres prêcherent, & écrivirent. Certaines gens
» tâchent d'en affoiblir la *Certitude* ou par des Calculs
» de probabilité qui dépérit tous les jours, ou par
» le nombre des *Variantes* qui fondent, à leur avis,
» le foupçon, que les Livres facrés d'aujourd'hui ne
» font pas ceux des Apôtres. Il me paroît que ces
» Calculs & ces foupçons tombent à terre, fi l'on
» partage les Siécles de l'Eglife, en quatre *Périodes*,
» ou quatre *Générations périodiques.*

» La première eft depuis les Apôtres jufqu'au Ré-
» gne de CONSTANTIN. La feconde eft depuis ce Prin-
» ce jufqu'à la Domination temporelle des Papes.
» La troifiéme eft depuis le commencement de l'Em-
» pire Papal jufqu'au Siécle de l'Imprimerie, qui fut,
» ou peu s'en faut, celui de la Réformation.

» Or, je trouve qu'à bien prendre les chofes, la
» Certitude du *Témoignage écrit* a été dans ces quatre
» Générations, en croiffant au lieu de diminuer.
» Dans la première qui fut un tems continuel de per-
fécution

jourd'hui pour ceux des *Témoins* , font bien les mêmes qui leur ont toujours été attribués ? (*d*)

CHA-

» fécution ou de dégoût pour les Chrétiens , on ne
» peut nier que cette Certitude ne fût bien vive
» pour infpirer tant de courage & de fermeté aux
» Chrétiens. La feconde fut un tems d'orage dans
» l'Eglife. Il n'y eut que difputes cruelles fur la Re-
» ligion , & fi les Livres auxquels tous les Partis ap-
» pelloient euffent été falfifiés ou fuppofés dans la
» Génération précédente , le Myftère dût naturelle-
» ment éclater dans celle-ci. « . . . Lorfqu'enfuite
fous la troifiéme Génération , l'établiffement du Pouvoir temporel des Papes eût fait naître dans l'Eglife
de nouvelles Difputes , on juge aifément , que l'*Authenticité des* ECRITS *Apoftoliques* , devenoit d'autant
plus certaine , que les Partis contendans reclamoient
également l'Authorité de ces ECRITS , & que l'un des
Partis paroiffoit à l'autre s'éloigner davantage de
l'*efprit* ou de la *lettre* du TEXTE SACRE'. Enfin ; fous
la quatriéme Génération arriva la fameufe Décou-
verte de l'*Imprimerie* , & prefqu'en même tems , le
grand Schifme qui divifa l'Eglife & la divife encore.
. . . . Le refte du Raifonnement faute aux Yeux ,
& il n'eft pas befoin que je l'achéve.

Ainfi , par une difpenfation particulière de la PRO-
VIDENCE , les Divifions de la Société Chrétienne
ont contribué à conferver dans fon intégrité primitive la CHARTRE vénérable de l'Immortalité.

CHAPITRE VINGT-NEUF.

Les Variantes :

Solution de quelques difficultés qu'elles font naître.

LA *Dépofition imprimée* que j'ai en main, me *repréfente* donc les meilleurs *Manufcripts* de cette *Dépofition* qui foient parvenus jufqu'à moi ; & ces Manufcripts me *repréfentent* eux-mêmes les *Manufcripts* plus anciens ou plus *originaux*, dont ils font les *Copies*.

Mais ; combien d'*altérations* de genres différens ont pu furvenir à ces *Manufcripts* par l'injure des Tems ; par les Révolutions des Etats & des Sociétés ; par la négligence, par l'inattention, par l'impéritie des Copiftes ! & combien

CH.XXIX.

bien d'autres Sources d'*altération* que je découvre encore ! Il ne faut point que je me diffimule ceci : puis-je maintenant me flatter , que la Dépofition *authentique* des *Témoins* , foit parvenue jufqu'à moi dans fa pureté originelle , à travers dix - fept Siécles , & après avoir paffé par tant de milliers de Mains , la plupart imbécilles ou ignorantes ?

J'approfondis ce Point important de *Critique* , & je fuis effrayé du nombre prodigieux des *Variantes*. (a) Je vois un habile Critique (b) en compter plus de *trente mille* , & ce Critique fe flatte pourtant d'avoir donné la meilleure Copie

_____

(a) On nomme *Variantes* les différentes *maniéres* dont le même Paffage eft écrit dans différentes Copies du même Livre. Ces différentes *manières* portent encore le nom de *Leçons*.

(b) Le Docteur MILL.

Ch.XXIX pie de la *Dépofition* des *Témoins* , & affure l'avoir faite fur · plus de *nonante Manufcripts* , recueillis de toutes parts & *collationnés* - exaĉtement.

J'ai peine à revenir de mon étonne-ment : mais ; ce n'eft point pendant qu'on eft fi étonné , qu'on peut réflé-chir. Je dois me défier beaucoup de ces premières impreffions , & recher-cher avec plus de foin & dans le fens froid du Cabinet , les Sources de ce nombre prodigieux de *Variantes*.

Les Réflexions s'offrent ici en foule à mon Efprit : je m'arrête aux plus effen-tielles. Je ne connois , il eft vrai, aucun *Livre ancien* , qui préfente , ni à beau-coup près , un auffi grand nombre de *Leçons* diverfes , que celui dont je fais l'examen. Ceci a-t-il néanmoins de quoi me furprendre beaucoup ? Depuis qu'il
eft

eſt des Livres dans le Monde , en eſt - il Ch.XXIX aucun , qui aît dû être lu , copié , traduit , commenté auſſi ſouvent , en autant de Lieux , & par autant de Lecteurs , de Copiſtes , de Traducteurs , d'Interprêtes que celui-ci ? Un Sçavant laborieux conſumeroit ſes veilles à lire & à collationner les nombreuſes *Verſions*, qui ont été faites de ce Livre en différentes Langues , & dès les premiers Tems de ſa publication. Je l'ai déja remarqué : un *Livre* qui contient les Gages d'un *bonheur éternel* , pouvoit-il ne pas paroître le plus important de tous les Livres à cette grande *Société*, à laquelle il avoit été confié , qui en reconnoiſſoit l'*Authenticité* & la *Vérité* , & qui en a tranſmis d'Age en Age le précieux Dépôt ?

Je ne ſuis donc plus ſi étonné de ces *trente mille Variantes*. Il eſt bien dans

CH.XXIX la nature de la Chofe , que plus les *Copies* d'un Livre fe multiplient , & plus les *Variantes* de ce Livre foient nombreufes. Mon étonnement fe diffipe même en entier , lorfque retournant au Sçavant Critique , j'apprends de lui-même , que ces trente mille *Variantes* ont été puifées , non feulement dans les *Copies* du Texte *Original* ; mais encore dans celles de toutes les *Verfions* , &c.

Je parcours ces *Variantes* , & je me convaincs par mes propres Yeux , qu'elles ne portent point fur des Chofes *ef-fentielles* ,

---

(c) Perfonne n'ignore , que les Epitres de S. PAUL contiennent tout l'effentiel des Evangiles. L'*Authen-ticité* de treize de ces Epitres n'a jamais été contef-tée : on n'a douté que de l'Authenticité de l'Epitre *aux Hébreux* , & l'on s'eft réüni enfuite à l'attribuer à l'Apôtre , au moins pour la Matière. Les Criti-ques obfervent , qu'il y a beaucoup moins de *Varian-tes* dans ces Epitres , que dans les Evangiles. » C'eft » que

sentielles, sur des Choses qui affectent le *Fond* ou l'*Ensemble* de la *Déposition*. Ici je trouve un Mot substitué à un autre : là, un ou plusieurs Mots transposés ou omis : ailleurs, quelques Mots plus remarquables, qui paroissent avoir passé de la *Marge* dans le *Texte*, & que je ne rencontre point dans les *Manuscripts* les plus originaux, &c. (c)

Si malgré les *Variantes* assez nombreuses des Ecrits de Ciceron, d'Horace, de Virgile, les plus sévères Critiques pensent néanmoins posséder le Texte *authentique* de ces Auteurs ;

pour-

» que les Copistes en écrivant des Histoires ou des
» Discours parallèles, & ayant dans l'Esprit les ex-
» pressions d'un autre Evangeliste, pouvoient faci-
» lement les mettre dans celui qu'ils copioient. Ils
» semblent même quelquefois l'avoir fait à dessein,
» pour éclaircir un endroit par l'autre. Cela est fort
» peu arrivé dans les Epitres de St. Paul, « &c.
Préface Générale sur les Epitres de S. Paul. N. T. de Berlin, 1741 ; pag. III.

Ch.XXIX pourquoi ne croirai-je pas poſſéder auſſi le Texte *authentique* de la *Dépoſition* dont il s'agit ? Si les *Variantes* de cette Dépoſition étoient un Titre ſuffiſant pour me la faire rejetter ; ne faudroit-il pas que je rejettaſſe pareillement tous les Livres de l'Antiquité ?

Cette Remarque me ramène aux Ré-flexions de même genre, que je faiſois dans le Chapitre xxviii, au Sujet des *Antinomies* (d) vrayes ou prétendues de la *Dépoſition*. Si je veux raiſonner ſur cette Matière avec quelque juſteſſe, je dois me conformer aux *Règles* de la plus ſaine *Critique*, & je ne dois pas prétendre juger du *Livre* en queſtion, autrement que de tout autre Livre.

Mais ; un *Livre* deſtiné par la SA-GESSE

(d) Les Oppoſitions.

GESSE à accroître les Lumières de la Raifon, & à donner au Genre-humain les affurances les plus pofitives d'un *Bonheur à venir* ; n'auroit - il pas dû être préfervé par cette SAGESSE de toute efpèce d'*altération* ? & s'il en eut été préfervé cela même n'auroit-il pas été la preuve la plus démonftrative que le LÉGISLATEUR avoit *parlé* ?

Je me livre fans referve aux Objections : je pourfuis la Vérité : je ne cherche qu'elle , & je crains toujours de prendre l'Ombre pour le Corps. Que voudrois - je donc à cette heure ? je voudrois que la PROVIDENCE fût intervenue *miraculeufement* pour préferver de toute *altération* ce Livre pré-cieux , qu'ELLE paroît avoir abandonné, comme tous les autres , à l'influence dangereufe des *Caufes fecondes*.

X

Je

Je ne démêle pas bien encore ce que je voudrois. J'entrevois en gros le be-soin d'une Intervention *extraordinaire* propre à conferver la *Dépofition* dans fa pureté natale. Je défirerois donc que la PROVIDENCE eût *infpiré* ou di-rigé *extraordinairement* tous les Copif-tes, tous les Traducteurs, tous les Li-braires de tous les Siècles & de tous les Lieux ou qu'ELLE eût prévenu les Guer-res, les Incendies, les Inondations, & en général toutes les Révolutions qui ont fait périr les *Ecrits originaux* des *Témoins*.

Mais ; cette Intervention *extraordi-naire* n'auroit-elle pas été un *Miracle perpétuel*, & un Miracle *perpétuel* au-roit-il bien été un *Miracle* ? une pa-reille *Intervention* auroit-elle bien été dans l'Ordre de la SAGESSE ? Si les

Moyens

Moyens naturels (e) ont pu fuffire à Ch.XXIX. conferver dans fon intégrité primitive l'*Enfemble* de cette *Dépofition* fi nécef-faire ; ferois-je bien Philofophe de re-quérir un *Miracle perpétuel* pour pré-venir la fubftitution, la tranfpofition ou l'omiffion de quelques Mots ? Au-tant vaudroit que j'exigeaffe un Mira-cle *perpétuel* pour prévenir les erreurs de chaqu'Individu en matière de *Croyan-ce* , (f) &c.

Je rougis de mon Objection ; je con-feffe que mes défirs étoient infenfés. Ce qui les excufe à mes propres Yeux, c'eft que je les formois dans la fimpli-cité d'un Cœur honnête, qui cherchoit fincèrement le Vrai , & qui ne l'avoit pas d'abord apperçu.

(e) Confultez la Note de la page 318.

(f) Confultez ici ce que j'ai expofé fur la *Nature* & le *But* des *Miracles* dans les Chapitres VI , & XV.

X 2　　　　CHA,

CHAPITRE TRENTE.

La Vérité
de la Dépofition écrite.

SI je me fuis affez convaincu de l'*Au-thenticité* de cette *Dépofition* qui eft le grand Objet de mes Recherches ; fi je fuis *moralement* certain qu'elle n'a été ni *fuppofée* ni effentiellement *alté-rée* ; pourrai-je *raifonnablement* douter de fa *Vérité* ?

Je l'ai dit : la *Vérité* d'un Ecrit *hifto-rique* eft fa conformité avec les *Faits*. Si je me fuis fuffifamment prouvé à moi-même que les Faits *miraculeux* contenus dans la *Dépofition* font de na-ture à n'avoir pu être *fuppofés* ni admis comme *vrais* , s'ils avoient été *faux* ;

s'il

» s'il m'a paru encore ſolidement établi,
» que les *Témoins* qui atteſtoient publi-
» quement & unanimément ces Faits, ne
» pouvoient ni *tromper* ni *être trompés*
» ſur de ſemblables Faits ; pourrai-je re-
» jetter leur *Dépoſition* ſans choquer , je
» ne dis pas ſeulement toutes les Régles
» de la plus ſaine Logique ; je dis ſimplement les Maximes les plus reçues
en matière de Conduite ? (*a*)

Je fais ici une Réflexion qui me frappe : quand il ſeroit poſſible que je con-
çuſſe quelque doute raiſonnable ſur
l'*Authenticité* des Ecrits *hiſtoriques* (*b*)
des *Témoins* ; quand je fonderois ces
doutes

(*a*) Je prie qu'on veuille bien relire avec attention
ce que j'ai dit ſur le *Témoignage* , dans les Chapitres
VII , VIII , X , XI , XIV. J'évite les répétitions , &
je ne reviens pas aux Choſes , dont je penſe avoir
aſſez montré la *Probabilité.*

(*b*) Les Evangiles.

Ch. XXX. doutes fur ce que ces *Ecrits* n'ont été adreſſés à aucune Société *particuliére* chargée fpécialement de les conferver ; je ne pourrois du moins former le moindre doute légitime ſur ces *Epîtres* adreſſées par les *Témoins* à des Sociétés *particulières* & nombreuſes , qu'ils avoient eux-mêmes fondées & gouvernées. Combien ces *Sociétés* étoient-elles intéreſſées à conferver précieuſement ces *Lettres* de leurs propres *Fondateurs* ! Je lis donc ces *Lettres* avec toute l'attention qu'elles méritent , & je vois qu'elles fuppoſent par - tout les Faits *miraculeux* contenus dans les Ecrits *hiſtoriques* , & qu'elles y renvoyent fréquemment , comme à la Baſe inébranlable de la *Croyance* & de la *Doctrine*.

CHA.

Je ferois bien plus frappé encore de cette *Preuve* , fi par une Difpenfation *particulière* de la SAGESSE SUPRÊ-ME , les *Oracles* dont je parle , avoient été confiés aux *Adverfaires* , mêmes de l'Envoyé & de fes Miniftres , & fi ces premiers & ces plus obftinés Adverfai-res avoient fait jufqu'alors une profef-fion conftante d'appliquer ces *Oracles* à cet Envoyé qui devoit venir.

J'ouvre donc ce *Livre* , (c) que me produifent aujourd'hui comme *authen-tique & divin* , les *Defcendans* en li-gne directe de ces mêmes Hommes qui ont crucifié l'Envoyé & perfécuté fes Miniftres & fes premiers Sectateurs. Je parcours divers morceaux de ce *Li-vre* , & je tombe fur un *Ecrit (d)* , qui

---

(c) Le V. Teftament.

(d) Esaïe liii : Esaïe ou Isaïe , de la Race Roya-le ; le premier des quatre *Grands Prophétes*. Il pro-phétifoit

qui me jette dans le plus profond étonnement. Je crois y lire une Histoire
anticipée & circonstanciée de l'Envoyé:
j'y retrouve tous ses Traits , son Caractère , & les principales Particularités de sa Vie. Il me semble , en un mot,
que je lis la *Déposition* même des *Témoins.*

Je ne puis détacher mes Yeux de
ce surprenant Tableau : quels Traits !
quel Coloris ! quelle expression ! quel
accord avec les *Faits* ! quelle justesse ,
quel naturel dans les Emblêmes ! que
dis-je ! ce n'est point une peinture em-
blêmatique d'un *Avenir* fort éloigné ;
c'est une représentation fidèle du *Pré-
sent* , & ce qui n'est point encore est
peint comme ce qui est.

Il

___

phétisoit environ sept siécles avant notre Ere. On
a dit avec raison de ce Prophéte , qu'il étoit , en
quelque sorte , un *cinquiéme Evangeliste.*

Il a paru comme une foible Plante, & comme un Rejetton qui sort d'une Terre aride. Il n'y a en lui ni beauté ni éclat ; nous l'avons vu & nous n'avons rien trouvé qui nous attirât vers lui.

Méprisé, à peine au rang des Hommes, Homme de douleur & qui a connu les souffrances, semblable à ceux dont on détourne les Yeux, il a été un objet de mépris, & nous n'en avons fait aucun cas.

Cependant il s'est chargé de nos maladies, & il a pris sur lui nos douleurs.....

..... Il étoit percé pour nos forfaits & froissé pour nos iniquités ; le châtiment qui nous procure la paix, est sur lui, & c'est par sa meurtrissure que nous sommes guéris.

Il

..... *Il a été opprimé & affligé ;* CH. XXXI
cependant il n'a point ouvert la bouche ;
il a été conduit à la mort comme un
Agneau & comme une Brebis qui eſt
muette devant celui qui la tond.....

Il a été tiré de l'oppreſſion & de la
condamnation ; & qui pourra expri-
mer ſa durée ? Il a été retranché de la
Terre des Vivans, mais c'eſt à cauſe
des péches de mon Peuple qu'il a été
frappé.

On avoit ordonné ſon Sépulchre a-
vec les méchans , & il a été avec le
riche dans ſa mort : car il n'avoit point
commis de violence & il n'y avoit
point eu de fraude dans ſa bouche.

..... *après qu'il aura donné ſa Vie*
en ſacrifice pour le péché , il ſe verra
de la Poſtérité ; ſes jours ſeront prolon-
                              gés ;

gés , & le bon plaiſir de l'ETERNEL proſpérera entre ſes mains.

Il verra le fruit de ſes peines ; il en ſera ſatisfait ; & ce Juſte juſtifiera un grand nombre d'Hommes par la connoiſſance qu'ils auront de lui.....

C'eſt pour cela que l'ETERNEL lui donnera ſa portion parmi les Grands ; il partagera le butin avec les Puiſſans ; parce qu'il ſe ſera offert lui-même à la mort , qu'il aura été mis au rang des criminels , qu'il aura porté les péchés de pluſieurs , & qu'il aura intercédé pour les coupables.

.... Il (e) ſera haut & puiſſant. Comme il a été pour pluſieurs un ſujet d'étonnement , tant il a paru abject & infé-

_____

(e) LII.

inférieur même aux plus petits des Hommes ; ainsi sera-t-on frappé d'étonnement, quand il répandra sa lumiére sur plusieurs Nations.....

CELUI qui peignoit ainsi aux Siécles futurs l'Orient d'en haut, leur auroit-il désigné encore le Tems de son Lever ? J'ai peine à en croire mes propres Yeux, lorsque je lis dans un autre *Ecrit* (f) du même *Livre*, cet Oracle admirable, qu'on prendroit pour une *Chronologie* composée après l'Evénement.

Il

(f) Daniel IX : le dernier des quatre *Grands Prophétes*. Il nâquit environ l'an 616 avant notre Ere. Il fut emmené Captif à Babylone environ l'an 606 ; & instruit dans toutes les Sciences des Chaldéens. On sçait comment il fut élevé aux premières Dignités de l'Empire. Il mourut vers la fin du règne de Cyrus, âgé de près de 90 ans.

On sçait encore que les *Prophéties* de Daniel sont celles qui exercent le plus la sagacité & le sçavoir

des

Ch.XXXI *Il y a septante Semaines déterminées sur ton Peuple, & sur ta Sainte Ville, pour abolir l'infidélité, consumer le péché, faire propiciation pour l'iniquité, pour amener la Justice des Siécles, pour mettre le Sceau à la Vision & à la Prophétie, & pour oindre le Saint des Saints:*

Tu sçauras donc & tu entendras, que depuis la sortie de la Parole portant qu'on

des plus habiles Interprêtes; je pourrois ajouter des plus profonds Astronomes: car j'en connois un, dont je regretterai toujours la mort prématurée, qui avoit fait dans ces admirables *Prophéties* des Découvertes *astronomiques*, qui avoient étonné deux des premiers Astronomes de notre Siécle, Mrs. de Mairan & Cassini. Je parle de feu Mr. de Cheseaux, mort à 33 ans, en 1751, & dont les rares & nombreuses Connoissances étoient relevées par une modestie, une candeur & une piété plus rares encore. Voyez l'*Avertissement* de ses *Mémoires posthumes sur divers sujets d'Astronomie & de Mathématiques*: Lausanne 1754, in 4°. Ouvrage profond, trop peu connu & si digne

CH. XXXI

» qu'on s'en *retourne* , *& qu'on rebâtiffe*
» *la Ville* , *jufqu'au* CHRIST *le Conduc-*
» *teur* , *il y a fept Semaines & foixante*
» *deux Semaines*....

Et après ces foixante deux Semaines ,
» *le* CHRIST *fera retranché* , *mais non pas*
pour foi....

Et il confirmera l'Alliance à plufieurs
dans une Semaine , *& à la moitié de*
cette

---

digne de l'être ; mais , qui ne fçauroit être entendu
que des Sçavans les plus initiés dans les fecrets de la
haute Aftronomie.

Il n'y a pas moyen de difconvenir des Vérités & des
Découvertes qui font prouvées dans votre Differtation ,
écrivoit l'illuftre MAIRAN *au jeune Aftronome* : *mais ,*
je ne puis comprendre comment & pourquoi elles font auffi
*réellement renfermées dans l'*ÉCRITURE SAINTE. Eut-on
foupçonné que l'étude d'un Prophête enrichiroit
l'Aftronomie tranfcendante , & qu'elle nous vaudroit
fur certains Points très difficiles de cette belle Science , un degré de précifion fort fupérieur à celui que
le Calcul avoit donné jufqu'alors ?

Ch.XXXI *cette Semaine il fera ceſſer le Sacrifice & l'Oblation….*

Je ſçais que ces *Semaines* de l'Oracle ſont des *Semaines d'Années*, chacune de ſept Ans. Il s'agit donc ici d'un *Evénement* qui ne doit arriver qu'au bout de 490 Ans.

Je ſçais par l'Hiſtoire le Tems de la Venue de ce CHRIST que l'Oracle annonce. Je remonte donc de ce CHRIST juſqu'à 490 Ans ; car l'*Evénement* doit être l'*Interprête* le plus ſûr de l'*Oracle*.

J'ar-

(g) ARTAXERXES *longue-main* ; environ la 20ᵉ. année de ſon Règne, ſelon quelques Chronologiſtes, & la 7ᵉ. ſelon PRIDEAUX. Ce célébre Ecrivain a montré, en effet, que ſi l'on compte les 70 *Semaines* en partant de la 7ᵉ. année du Règne d'ARTAXERXES *longue-main* ou de l'*Edit* que ce Prince accorda à ESDRAS, on trouve préciſément 70 *Semaines* ou 490 ans, mois par mois, juſqu'à la mort du CHRIST : préciſion étonnante ! accord merveilleux avec l'Evénement ! le *hazard* opéreroit-il ainſi ? un Eſprit judicieux & impar-

J'arrive ainfi au Règne de ce Prince (g) dont *fort* en effet la dernière (h) *Parole pour le rétabliffement* de cette *Nation*, captive dans les Etats de ce Prince ; & c'eft de la Main de cette Nation elle-même que je tiens cet O-*racle* qui la trahit & la confond.

Douterai-je de l'*Authenticité* des E-*crits* où ces étonnans Oracles font con-fignés ? mais ; la Nation qui en a tou-jours été la Dépofitaire n'en a jamais *douté* : qu'oppoferois-je à un *Témoigna-ge* fi ancien, fi conftant, fi uniforme ? Je n'imaginerai pas que cette Nation a

fup-

___

impartial fe refufera-t-il à de femblables Preuves ? Voyez l'*Hiftoire des Juifs* du Docte Anglois ; Tom. II. pag. 10 & fuiv. de l'Edit. de 1722.

(h) Il y avoit eu deux *Edits* antérieurs : le premier avoit été accordé par CYRUS, la première année de fon Règne à Babylone , environ l'an 537 avant le CHRIST. Le fecond *Edit* avoit été donné par DARIUS, Fils d'HYSTASPE, environ l'an 518 avant le CHRIST.

Ch. XXXI. ——*ſuppoſé* de pareils Ecrits : combien cette imagination ſeroit-elle abſurde ! les
Oracles eux-mêmes ne la démentiroient-
ils pas ? ne ſeroit-elle pas démentie encore par tant d'autres endroits des mêmes *Ecrits* , qui couvrent cette Nation
d'ignominie , & qui lui reprochent ſi
fortement ſes déſordres & ſes crimes ?
elle n'a donc rien ſuppoſé , rien altéré,
rien retranché ; puiſqu'elle a laiſſé ſubſiſter des Titres ſi humilians pour elle ,
& ſi favorables à la grande *Société* qui
reconnoît le Christ pour ſon fondateur.

Recourrai-je à l'étrange ſuppoſition,
que l'*accord* des Evénemens avec les
Oracles , eſt le fruit du *Hazard ?* mais ;
trouverai-je dans la *coïncidence* de tant
de Traits & de Traits ſi divers , l'empreinte d'une Cauſe *aveugle ?* (*i*)

Un

(*i*) Voyez le Chapitre III.

Un Doute plus raisonnable s'élève dans mon Esprit : puis-je me démontrer à moi-même, que ces *Oracles*, dont je suis si frappé, ont bien précédé de cinq à six Siécles les *Evénemens* qu'ils annonçoient en termes si exprès & si clairs ? connois-je des Monumens contemporains qui m'attestent, que les Auteurs des *Ecrits* dont je parle, ont bien vécu cinq à six Siécles avant le CHRIST? Je ne m'engage point dans cette sçavante & laborieuse Recherche : j'apperçois une route plus courte, plus facile, plus sûre, & qui doit me conduire à un Résultat plus décisif.

J'ai appris de l'Histoire, que sous un Roi d'Egypte, (*k*) on fit une *Version Grecque* des *Ecrits* dont il est question. Je consulte cette fameuse *Version*, & j'y

(*k*) PTOLOMÉE *Philadelphe.*

Y 2

Ch. XXXI j'y retrouve ces mêmes *Oracles* , que me préfente le Texte *original.* Cette *Verfion* , exécutée par des *Interprêtes* (*l*) de cette même Nation Dépofitaire du *Texte original* , avoit précédé d'environ trois Siècles la naiffance du Christ. Je fuis donc certain que les *Oracles* qui m'occupent , ont précédé au moins de trois Siècles , les *Evénemens* qu'ils annonçoient.

Je ne ferois pas le moins du monde fondé à foupçonner, que des Membres de la *Société* fondée par le Christ, ont *interpolé* (*m*) dans cette *Verfion* ces *Oracles* , qui leur étoient fi favorables.

(*l*) Les LXX Interprêtes. On lira, fi l'on veut, dans l'*Hiftoire des Juifs* du fçavant Prideaux , tout ce qu'on a débité fur ces *Interprêtes* & fur leur *Verfion*, d'après le faux Arifte'e. Il refte toujours très certain que cette célèbre *Verfion* fut faite par des Juifs d'Alexandrie, à l'ufage de ceux de leur Nation qui vivoient

CH.XXXI

f bles. La Nation gardienne du *Texte original*, n'auroit-elle pas réclamé d'abord contre une telle Imposture? D'ailleurs n'auroit-il pas fallu *interpoler* encore tous les Écrits des Docteurs de cette Nation? car ces Docteurs citent ces mêmes *Oracles*, & n'héfitent point à les appliquer à cet ENVOYÉ qui devoit venir.

Si pour donner au Genre-humain un plus grand nombre de *Preuves* de fa *Deſtination future*, l'AUTEUR du Genre-humain a voulu joindre au *Langage de Signes*, (*n*) déjà fi perſuaſif, le *Langage prophêtique* ou *typique*, IL n'aura

---

vivoient parmi les Grecs ou qui parloient la Langue Grecque. On trouvera un Précis de cette Difcuffion critique dans l'excellente *Préface générale* du N. T. de Berlin pag. CLVI & CLVII de l'Edit. de 1741.

(*m*) Ce Mot déſigne les *Additions* qu'une Main étrangère infere furtivement dans un Manuſcript.

(*n*) Les *Miracles*: voyez les Chapitres IV, VI.

CH.XXXI n'aura pas donné à ce *Langage* des *Ca-ractères* moins expreffifs qu'à celui *de Signes*. IL l'aura tellement approprié aux *Evénemens futurs* qu'il s'agiffoit de *re-préfenter*, qu'il n'aura pu s'appliquer *exactement* ou d'une maniére *complette*, qu'à ces feuls *Evénemens*. IL l'aura fait entendre dans un *Tems* & dans des *Cir-conftances* tels qu'il fût *impoffible* à l'Ef-prit humain de déduire *naturellement* de ce *Tems* & de ces *Circonftances* l'exiftence *future* de ces *Evénemens*. Et parce que fi ce *Langage* avoit été de la clarté la plus parfaite, les Hommes au-roient pu s'oppofer à la naiffance des *Evénemens*, il aura été mêlé d'*ombres*

(o) Pfaum. XXI. Je me ferois étendu davantage fur les *Prophéties*, & je les aurois préfentées fous un au-tre point de vue, fi j'avois adreffé ces *Recherches* à ce Peuple illuftre, l'ancien & fidèle Gardien de ces Oracles facrés. Peut-être néanmoins, en ai-je dit affez, pour faire fentir à un Lecteur judicieux & exempt de préjugés, combien les deux principaux Oracles auxquels je me fuis borné, font décififs en fa-

& de *lumiére* : Il y aura eu affez de lu-
miére pour qu'on pût reconnoître à la
naiffance des *Evénemens* que le LÉGIS-
LATEUR avoit *parlé* ; & il n'y en
aura point eu affez pour exciter les
Paffions criminelles des Hommes.

Je découvre tous ces *Caractères* dans
les *Oracles* que j'ai fous les yeux. Je
vois dans le même *Livre* beaucoup
d'autres *Oracles* femés ça & là , & qui
ne font guères moins fignificatifs. *Ils*
ont percé mes Mains..... *Ils ont par-*
tagé entr'eux mes Vêtemens , & jetté
ma Robe au fort (o) &c.

Quel

---

faveur du MESSIE que les Chrétiens reconnoiffent.
Je ne vois pas, que les Docteurs modernes de ce
Peuple infortuné, réüffiffent mieux que leurs Prédéceffeurs à infirmer les *Conféquences* que le Chrétien
tire fi légitimement de ces admirables Prophéties.
Divers Apologiftes du CHRISTIANISME ont approfondi
ce grand Sujet : on ne confultera , fi l'on veut, que
les excellens Ecrits d'un ABBADIE & d'un JAQUELOT,
qui font entre les mains de tout le monde.

Ch. XXXI Quel autre que CELUI pour qui tous les *Siécles* font comme un *inftant*, pouvoit dévoiler aux Hommes cet A-venir fi reculé, & *appeller les Chofes qui ne font point, comme fi elles étoient.*

CHA-

CHAPITRE TRENTE-DEUX.

La Doctrine du FONDATEUR.

S'IL est bien vrai, que la SAGES-SE ELLE-même, aît daigné descendre sur la Terre, pour éclairer des Hommes mortels ; je dois, sans doute, retrouver dans la *Doctrine* de SON ENVOYÉ l'empreinte indélébile de cette SAGESSE ADORABLE.

Je médite profondément ce grand Sujet : je commence par me tracer à moi-même les *Caractères* que cette *Doctrine* devroit avoir, pour me paroître conforme aux Lumières les plus pures de la *Raison*, & pour ajouter à ces Lumières ce que les *Besoins* de l'Humanité exigeoient, & qu'elles ne peuvent fournir. (*a*)

(*a*) Consultez le Chapitre II.

Je ne puis difconvenir, que l'*Homme* ne foit un Être *Sociable* , & que
plufieurs de fes principales *Facultés* n'a-
yent pour Objet *direct* l'État *de Société*. Le Don feul de la *Parole* fuffiroit pour m'en convaincre. La *Doctrine* d'un ENVOYÉ CELESTE devroit donc
repofer effentiellement fur les grands
Principes de la *Sociabilité*. Elle devroit
tendre le plus directement à perfectionner & à ennoblir tous les Sentimens
naturels qui lient l'*Homme* à fes Semblables : elle devroit multiplier & prolonger à l'indéfini les Cordages de l'*Humanité* : elle devroit préfenter à l'*Homme* l'Amour de fes Semblables , comme
la Source la plus féconde & la plus
pure de fon Bonheur *préfent* & de fon
Bon-

(b) Je ne dis pas *fi nouveau* , quoique je le puffe
dans un certain fens. CICERON avoit dit dans ce beau
Paffage qu'on lit dans fon Livre des *Fins* v , 23 ; *in
omni autem honefto , nihil eft tam illuftre , nec quod latius
pateat ;*

Bonheur *à venir*. Eſt-il un Principe de *Sociabilité* plus épuré, plus noble, plus actif, plus fécond, que cette Bienveuil-lance ſi relevée, qui porte dans la *Doc-trine* de l'Envoyé le nom ſi peu *uſité* (b) & ſi expreſſif de *Charité* ? *Je vous donne un commandement nouveau, c'eſt de vous aimer les uns les autres.... C'eſt à ceci qu'on reconnoîtra que vous êtes mes Diſciples, ſi vous avez de l'Amour les uns pour les autres...* **Il** *n'eſt point de plus grand Amour que de donner ſa Vie pour ſes Amis.....* **Et** qui étoient les *Amis* de l'Envoyé? les Hommes de tous les Siécles & de tous les Lieux : il eſt *mort* pour le *Genre-humain*.

A

___

pateat, quam conjunctio inter homines hominum, & quaſi quædam Societas & communicatio utilitatum, & ipſa ca-ritas Generis humani: &c. Ce Sage faiſoit entendre à ſon Siécle les premiers Accens de la Charité.

A ces *Préceptes* fi réïtérés d'*Amour
fraternel* , à cette *Loi* fublime de la
Charité , méconnoîtrai - je le FONDA-
TEUR & le LEGISLATEUR de la *Société
Univerfelle* ? A ce grand *Exemple* de
Bienfaifance , à ce *Sacrifice* fi volon-
taire , méconnoîtrai-je l'AMI DES HOM-
MES le plus vrai & le plus généreux?

C'eft toujours le *Cœur* qu'il s'agit de
perfectionner : il eft le Principe *univerfel* de toutes les *Affections* : une
DOCTRINE CELESTE ne fe borneroit point
à *régler* les Actions extérieures de
l'*Homme* : elle voudroit porter encore
fes heureufes influences jufques dans les
plus profonds Replis du Cœur. *Vous
avez ouï dire ; vous ne commettrez point
d'Adultère : mais ; moi je vous dis ; que
celui qui regarde une Femme avec des
yeux de convoitife , a déjà commis l'A-
dultère dans fon Cœur.* Quelle eft donc
                                    cette

cette nouvelle DOCTRINE qui condamne le Crime *penſé* comme le Crime *commis* ? c'eſt la DOCTRINE de ce PHILOSOPHE par excellence, qui ſçavoit bien comment l'*Homme* étoit fait, & que telle étoit la *Conſtitution* de ſon Être, qu'un *mouvement* imprimé trop fortement à *certaines* Parties du Cerveau, pouvoit le conduire inſenſiblement au *Crime*. Un *Pſychologue* (c) ne doit pas avoir de la peine à *comprendre* ceci. Le *Voluptueux* inſenſé le *ſentiroit* au moins, s'il pouvoit appercevoir ſon Cœur à travers les immondices de ſon Imagination. *Mais ; moi je vous dis : c'eſt un Maître qui parle ; & quel* MAITRE *! il parloit comme ayant authorité.* L'*Homme de bien tire de bonnes Choſes*

ſes

____

(c) La *Pſychologie* eſt la Science de l'Ame & de ſes Opérations. Le *Pſychologue* eſt le Philoſophe qui s'attache particulièrement à cette Science.

CHAPITRE XXXII. *ses du bon Trésor de son Cœur, & le Méchant Homme tire de mauvaises Choses de son mauvais Trésor :* que de simplicité dans ces expressions ! que de vérité dans la Pensée ! que la Chose est bien faite comme cela ! l'*Homme de bien* . . . . . ce n'est pas le *grand Homme* ; c'est mieux encore . . . . . *son bon Trésor* . . . . *son Cœur* . . . . *le Cœur de l'Homme de bien.*

Il n'y a pas de *Passion* plus antipathique avec l'*Esprit social* que la *Vengeance.* Il n'en est point non plus qui tyrannise plus cruellement le Cœur, qui a le malheur d'en être possédé. Une DOCTRINE CÉLESTE ne se borneroit donc pas à réprouver un Sentiment si

dan-

(d) Punition pareille à l'offense : *Œil pour Œil*, &c.

(e) Je sçais que ces belles Paroles, ainsi que plusieurs autres de cet admirable Discours, s'adressoient plus directement aux Disciples du MAITRE, qu'au Peuple.

dangereux & si indigne de l'*Etre So-*
cial : elle ne se borneroit pas même à
exiger de lui le sacrifice de ses propres
ressentimens : bien moins encore lui
laisseroit - elle la Peine du *Talion* : (d)
elle voudroit lui inspirer le Genre d'*Hé-*
roïsme le plus relevé , & lui enseigner
à punir par ses Bienfaits l'Offenseur.
Vous avez appris qu'il a été dit ; Oeil
pour Oeil & Dent pour Dent : & moi
je vous dis ; ...... aimez vos Enne-
mis ; bénissez ceux qui vous haïssent ;
priez pour ceux qui vous maltraitent &
qui vous persécutent..... car si vous
n'aimez que vos Fréres, que faites-vous
d'extraordinaire ? (e) Et quel *Motif*
présente ici l'AUTEUR d'une DOCTRINE
si propre à ennoblir le Cœur de l'Être
So-

Peuple qui l'écoutoit. Mais ; qui ignore , que la
DOCTRINE de ce MAITRE exige ces heureuses Disposi-
tions de tous ceux qui la professent ?

Social? *afin que vous foyez les Enfans de votre* PÉRE CÉLESTE *qui fait lever fon Soleil fur les Méchans & fur les Gens de bien, & qui répand la Pluye fur les Juftes & fur les Injuftes.* L'Être vraiment *Social* répand donc fes Bienfaits comme la PROVIDENCE répand les Siens. Il fait du bien à tous, & s'il agit par des Principes *généraux*, les *Exceptions* à ces Principes, font encore des *Bienfaits*, & de plus grands Bienfaits. Difpenfateur judicieux des Biens de la PROVIDENCE, il fçait, quand il le faut, les proportionner à l'excellence des Êtres auxquels il les diftribue. Il tend fans ceffe vers la plus grande Perfection, parce qu'il fert un MAITRE *parfait*......*Soyez parfaits*.....

Une DOCTRINE qui profcrit jufqu'à l'*Idée* de *Vengeance*, & qui ne laiffe au Cœur que le choix des Bienfaits,

pref-

prefcrira , fans doute , la *Réconcilia-* *tion* & le Pardon des Injures *perfon- nelles*. L'Être vraiment *focial* eft trop grand pour être jamais inacceffible à la Réconciliation & au Pardon. *Lors donc que vous préfenterez votre Offrande, pour être mife fur l'Autel , fi vous- vous fouvenez que votre Frère a quel- que chofe contre vous ; laiffez votre Of- frande devant l'Autel & allez premié- rement vous réconcilier avec votre Frè- re : après cela , venez & préfentez vo- tre Offrande.* C'eft encore que le DIEU de paix , qui eft le DIEU de la Socié- té *univerfelle* , veut des Sacrificateurs de la *Paix* ..... *fur l'Autel* ..... elle le prophaneroit ..... devant l'*Autel* ...... elle n'y demeurera qu'un mo- ment. *Combien de fois pardonnerai-je à mon Frère ? fera-ce jufqu'à fept fois ?* demande ce Difciple dont l'Ame n'étoit pas encore affez ennoblie : *jufqu'à fep-*

Z   *tante*

tante fois sept fois, répond CELUI qui pardonne *toujours*, parce qu'Il a *toujours* à pardonner.

Une DOCTRINE qui ne respireroit que *Charité*, seroit apparemment de la *To-lérance* une des premières *Loix* de l'È-tre *Social*: car il seroit contre la nature de la Chose, qu'un Être *Social* fût *into-lérant*. Des Hommes encore *charnels* voudroient disposer du *Feu du Ciel*: ils voudroient . . . . SEIGNEUR ! *Voulez-vous*. . . . . que répond l'AMI DES HOM-MES à cette demande aussi inhumaine qu'insensée ? *vous ne sçavez, de quel Esprit vous êtes animez : je ne suis pas venu pour perdre les Hommes, mais je suis venu pour les sauver*. Des Hom-mes qui se disent les Disciples de ce bon MAITRE, poursuivront-ils donc leurs Semblables, parce qu'ils ont le malheur de ne pas attacher à quelques

Mots

Mots les mêmes *Idées* qu'eux? Employeront-ils le Fer & le Feu pour..... je ne puis achever ..... je frémis d'horreur ..... cette affreuse Nuit commence à se dissiper ..... un Rayon de Lumière y pénètre ..... puisse le SOLEIL DE JUSTICE y pénétrer enfin *!*

Une DOCTRINE CELESTE devroit éclairer l'Homme sur les *vrais Biens.* Il est un Être *sensible :* il a des *Affections :* il faut des *Objets* à sa Faculté de *désirer :* il en faut à son *Cœur.* Mais; quels Objets une telle DOCTRINE présenteroit-elle à un Être qui n'est sur la Terre que pour quelques momens , & dont la vraye Patrie est le *Ciel* ? Cet Être dont l'Ame immortelle engloutit le *Tems* & *saisit l'Eternité* , attacheroit-il son Cœur à des Objets que le *Tems* dévore? Cet Être , doué d'un si grand discernement, prendroit-il les Couleurs

Z 2   chan-

changeantes des Gouttes de la Rofée
pour l'éclat des Rubis ? *Ne vous amaſſez
pas des Tréſors ſur la Terre , où les
Vers & la Rouille les conſument , &
où les Voleurs percent & dérobent. Mais;
amaſſez-vous des Tréſors dans le Ciel,
où les Vers & la Rouille ne gâtent rien,
& où les Voleurs ne percent ni ne dérobent : car où ſera votre Tréſor , là auſſi
ſera votre Cœur.* Quoi de plus vrai,
& quoi de plus ſenti par celui qui eſt
aſſez heureux pour ſe faire un ſemblable *Tréſor* ! Son *Cœur y eſt* tout entier.
Cet Homme eſt déja *aſſis dans les Lieux
céleſtes. Il eſt affamé & altéré de la
Juſtice , & il ſera raſſaſié.*

CHA

CHAPITRE TRENTE-TROIS.

Continuation du même Sujet.

Objection : Réponse.

SI une DOCTRINE CELESTE prescrivoit un *Culte*, il seroit en rapport direct avec la Nature de l'*Intelligence*, & aussi approprié à la noblesse de l'Être moral, qu'à la MAJESTÉ & à la SPIRITU-ALITE' de l'ÊTRE DES ÊTRES. *Apprenez ce que signifient ces Paroles ; je veux Miséricorde & non point Sacrifice . . . . . miséricorde . . . . la Chose signifiée, & non le Signe. Le Tems vient, & il est même déja venu, que les vrais Adorateurs adoreront DIEU en Esprit & en Vérité ; car ce sont là les Adorateurs qu'IL demande. DIEU est un ESPRIT, & il faut que ceux qui l'a-*

Z 3 *dorent ;*

dorent, *l'adorent en Esprit & en Véri-*
té .... en Esprit .... en Vérité ....
ces deux Mots épuisent tout & ne peuvent être épuisés ; mais, ils peuvent
être oubliés : l'aveugle *superstition* ne
les connut jamais. *En Esprit .... en*
Vérité : que ces deux Mots caractéri-
sent bien encore cette RELIGION *uni-*
verselle, opposée ici à cette RELI-
GION *locale*, donnée à une seule Famille, pour être ainsi la Dépositaire
de ces grandes & éternelles Vérités utiles à tous les Siècles & à toutes les Nations ! (*a*)

_____

(*a*) Les Vérités les plus importantes de la Religion
Naturelle. Reprocherai-je à la Famille qui en a été
la Dépositaire, son ignorance dans les Sciences de
Raisonnement ? Si elle avoit été un peu *dialecticienne*
n'auroit-elle point altéré le Dépôt, ou n'auroit-elle
point passé pour l'avoir elle-même enfanté ? Je médite avec plaisir sur cette Conduite de la PROVI-
DENCE. Il me paroît assez remarquable, que le
meilleur, le plus court & le plus ancien *Abrégé* des
Loix Naturelles, nous soit produit par cette Famille, qui le possède depuis plus de 32 Siècles, & dont
le

Mais ; parce que l'Homme est un Être *sensible*, & qu'une Religion qui réduiroit tout au pur *Spiritualisme*, pourroit ne point convenir assez à un tel Être ; il seroit fort dans le Caractére d'une DOCTRINE CELESTE de frapper les *Sens* par quelque chose d'extérieur. Cette DOCTRINE établiroit donc un *Culte extérieur* ; elle institueroit des *Cérémonies* ; (b) mais, en petit nombre, & dont la noble *simplicité* & l'*expression* seroient exactement appropriées au *But*

parti-

---

le Législateur, n'inventa ni la Métaphysique ni la Logique. Quelles hautes Idées encore ce Législateur ne donne-t-il point de la CAUSE PREMIERE ! Quel Volume à commenter dans tous les Mondes, dans le Tems & dans l'Eternité, que le seul JE SUIS CELUI QUI SUIS ! Pensée prodigieuse, & qui ne pouvoit venir que de CELUI à QUI seul il appartient de dire ce qu'IL EST ! Le premier Législateur annonçoit le JEHOVA, L'ETERNEL DES ARME'ES ; le second LEGISLATEUR a annoncé l'UNIQUE BON, le DIEU DES MISERICORDES.

(b) Les *Sacremens*.

Z 4

particulier de l'Inftitution, & au *Spiri-
tualifme* du Culte *intérieur.*

De même encore : parce qu'un des
Effets *naturels* de la *Prière*, eft de retracer fortement à l'Homme fes foiblef-
fes, fes mifères, fes befoins ; parce
qu'un autre Effet *naturel* de cet *Acte
religieux* eft d'imprimer au *Cerveau* les
difpofitions les plus propres à furmonter
la trop forte impreffion des Objets fenfibles ; enfin, parce que la *Prière* eft
une partie effentielle de cet Hommage
raifonnable que la Créature *intelligente*
doit à fon CRÉATEUR : une DOC-
TRINE CELESTE rappelleroit l'Homme
à la *Prière*, & lui en feroit un *Devoir.*
Elle lui en prefcriroit même un *Formulaire*, (c) & l'exhorteroit à *n'ufer point
de vaines redites.* Et comme l'Ame ne
fçau-

(c) L'Oraifon *Dominicale.*

ſçauroit demeurer longtems dans ce profond recueillement que la *Prière* exige,
le *Formulaire* preſcrit ſeroit très court,
& ne contiendroit que les Choſes les
plus *néceſſaires*, exprimées en Termes
énergiques & d'une ſignification très
étendue.

Il ſeroit bien encore dans l'Eſprit
d'une Doctrine celeste de redreſſer
les Jugemens des Hommes ſur le *Dé-
ſordre moral*, ſur la *Confuſion* des *Méchans* avec les *Bons*, & en général ſur
la *Conduite* de la PROVIDENCE. La
Philoſophie moderne s'élève bien haut
ici, & n'atteint pas encore à la hauteur
de cette Philosophie populaire, qui
cache ſous des Images familières les Vérités les plus tranſcendantes. Seigneur
*n'avez-vous pas ſemé du bon Grain dans
votre Champ ? d'où vient donc qu'il y
a de l'Yvraie ? .... Voulez-vous que*
nous

*nous allions la cueillir ? Non, dit - il ;
de peur qu'en cueillant l'Yvraie, vous
n'arrachiez auffi le bon Grain. Laiffez
croître l'un & l'autre jufqu'à la Moiffon ; & au Tems de la Moiffon, je dirai aux Moiffonneurs ; cueillés premiè-
rement l'Yvraie & liez - la en Bottes ;
.... mais amaffez le bon Grain dans
mon Grenier.* Des Ignorans en Agricul-
ture voudroient dévancer la *Saifon*, &
nettoyer le champ avant le *Tems*. Ils
ne le voudroient plus , s'il leur étoit
permis de lire dans le *Grand Livre* du
MAITRE du Champ.

Si l'*Amour de foi-même* eft le Principe *univerfel* des Actions de l'*Homme* ; fi l'Homme ne peut jamais être
dirigé plus *fûrement* au Bien , que par
l'*efpoir* des *Récompenfes* ou par la *crainte* des *Peines* ; fi une DOCTRINE CE-
LESTE doit étayer la *Morale* de *Motifs*

tifs capables d'influer fur des Hommes de tout Ordre ; une telle DOCTRINE annoncera, fans doute, au Genre-humain un *Etat Futur* de *Bonheur* ou de *Malheur* rélatif à la Nature des Actions *morales*. Elle donnera les plus magnifiques Idées du *Bonheur à venir*, & peindra des Couleurs les plus effrayantes le *Malheur futur*. Et comme ces *Objets* font de nature à ne pouvoir être repréfentés à des *Hommes*, que par des *Comparaifons* tirées de Chofes qui leur foient très connues ; la DOCTRINE dont je parle, recourra fréquemment à de femblables Comparaifons. Ce feront des *Feſtins*, des *Noces*, des *Couronnes*, des *raſſaſiemens de joye*, des *Fleuves de délices*, &c. ou ce feront des *pleurs*, des *grincemens de dents*, des *Ténèbres*, un *Ver rongeant*, un *Feu dévorant*, &c. Enfin ; parce que les *Menaces* ne fçauroient être trop

repri-

reprimantes, puifqu'il arrive tous les jours que les Hommes s'expofent volontairement pour un Plaifir d'un moment, à des années de misère & de douleur ; il feroit fort dans l'efprit de la Chofe, que la DOCTRINE dont il s'agit, repréfentât les *Peines* comme *éternelles*, ou du moins comme un *Malheur* d'une Durée *indéfinie*. Mais ; en ouvrant cet épouvantable *Abîme* aux Yeux des Hommes *fenfuels*, cette DOCTRINE DE VIE exalteroit, en même tems, les *Compaffions* du PÉRE commun des Hommes, & permettroit d'entrevoir fur le Bord de l'Abîme une MAIN bienfaifante qui..... Si dans l'ÊTRE SUPREME la JUSTICE eft la BONTÉ *dirigée* par la SAGESSE..... fi la SOUVERAINE BIENFAISANCE veut effentiellement le *Perfectionnement* de tous les Etres *fentans* & de tous les Etres *intelligens*...... fi les *Peines* pouvoient être un *Moyen natu-*

rel

rel de Perfectionnnement .... fi elles étoient dans l'Oeconomie morale , ce p que les *Remèdes* font dans l'Oeconomie q phyfique ..... *s'il y a plus de joye au Ciel pour un Pécheur qui fe repent ..... fi l'on aime beaucoup, parce qu'il a été beaucoup pardonné .....* mon Cœur tref-faille ..... je fuis dans l'admiration ..... quelle merveilleufe Chaîne qui unit ....: les Compaffions du SEUL BON *font in-finies ..... Il ne veut point la mort du Pécheur ; mais* IL *veut fa Converfion &* fa Vie ...... IL veut ..... & veut-IL en vain?

Mais ; une DOCTRINE qui prendroit les Hommes par l'*Intérêt* feroit-elle une DOCTRINE CELESTE ? Ne devroit - elle pas , au contraire , *diriger* les Hom-mes *au Bien* , par l'Amour *pur & de-fintéreffé* du Bien ? Une Ame qui aime la Perfection , peut être facilement fé-

duite

duite par une Idée fublime de Perfection. N'ai-je point à me défier ici de
cette forte d'illufion ? Une Doctrine
qui ne préfenteroit point d'autre *Motif*
aux Hommes , que la Confidération
toute philofophique de la *Satisfaction*
attachée à la *pratique du bien* , feroit-
elle une Doctrine affez *univerfelle* , affez *efficace* ? Le *Plaifir* attaché à la
Perfection *intellectuelle* & *morale* , feroit-il bien fait pour être fenti par toutes les Ames ? Ce Plaifir fi délicat ,
fi pur , fi angelique fuffiroit-il dans tous
les Cas , & principalement dans ceux
où les *Paffions* & les *Appetits* tyranni-
fent ou follicitent l'Ame fi puiffamment ?
Que dis-je ! l'*Homme* eft-il un Ange ?
fon Corps eft-il d'une Subftance éthé-
rée? la *Chair & le Sang* n'entrent-ils
point dans fa compofition ? CELUI
Qui a fait l'Homme connoiffoit mieux
ce qu'il lui falloit , que le Philofophe
trop

trop épris d'une Perfection *imaginaire.*

L'AUTEUR de toute *vraye* Perfection a approprié à la plus importante *Fin* des *Moyens* plus sûrs & plus agiſſans: IL a aſſorti SES Préceptes à la *Nature* & aux· *Beſoins* de cet *Etre-mixte* qu'IL vouloit exciter & retenir. „ IL a *parlé* „ au Sage par la Voix de la Sageſſe; „ au Peuple, par celle du Sentiment & „ de l'Autorité. Les Ames grandes & „ généreuſes peuvent ſe conformer à „ l'*Ordre* par *Amour* pour l'Ordre. Les „ Ames d'une moins forte trempe peu- „ vent être dirigées au même But par „ l'eſpoir de la *Récompenſe*, ou par la „ crainte de la *Peine.* " (d) En rappel- „ lant l'Homme à *l'Ordre moral*, l'AU- „ TEUR de l'Homme le rappelle en „ même tems à la *Raiſon.* IL lui dit; „ fais bien & tu feras heureux : *ſémes* „ *&*

(d) *Eſſai de Pſychologie*, Préf. X, XI.

CHAPITRE
XXXIII.
„ *& tu recueilleras :* c'eſt l'expreſſion
„ fidèle du Vrai, la *Rélation* de la Cau-
„ ſe à l'Effet : une Graîne miſe en terre
„ s'y développe. (*e*)

Si l'*Homme* eſt de ſa nature un *Etre-mixte* ; ſi ſon *Ame* exerce toutes ſes *Facultés* par l'intervention d'un *Corps* ; ſi le Sentiment de la *Perſonnalité* eſt attaché au Jeu de *certaines Parties* de ce Corps ; (*f*) une DOCTRINE qui vien-droit du CIEL né ſe borneroit pas à enſeigner à l'Homme le Dogme de

l'Im-

(*e*) *Ibid.* pag. 184, 185. Conſultez encore le commencement du Chapitre IV, & la *Note* de la pag. 68.

(*f*) Revoyez ici le Chapitre I.

(*g*) C'eſt cette *Préordination* que j'ai tâché de développer dans le Chapitre XXIV de l'*Eſſai Analytique*, & dont j'ai crayonné les Elémens dans le Chapitre I de ces *Recherches ſur le* CHRISTIANISME. Un habile Journaliſte (*Bibliot. des Scienc.* Tom. XVI. Part. II.) m'a objecté que dans cette Hypothèſe, il n'y auroit proprement ni *Mort* ni *Réſurrection* : qu'il n'y auroit point de *Mort*, parce que le *Corps incorruptible* que je ſuppoſe

l'*Immortalité* de son *Ame* ; elle lui en-

seigneroit encore celui de l'*Immortalité* de son *Etre*. Et si cette DOCTRINE empruntoit des *Comparaisons* tirées de ce qui se passe dans les *Plantes* , elle parleroit au Peuple un langage familier , mais très expressif ; & sous cette enveloppe , le Philosophe découvriroit une *Préordination* , qui le frapperoit d'autant plus , qu'elle seroit plus conforme aux Notions les plus *psychologiques* de la Raison. (g) Il admireroit ici, comme ailleurs , l'Accord merveilleux

de

----

pose ne *meurt* point , & que l'Ame ne *s'en sépare* point : qu'il n'y auroit donc point aussi de *Résurrection* , puisque les deux *Substances* n'étant jamais *séparées* , ne seroient jamais *réünies*. Il m'oppose cette déclaration de la REVELATION ; *que ceux qui sont dans les Sépulchres en sortiront en résurrection de vie ou en résurrection de condamnation &c.*

Je proposerai à mon tour , quelques Questions sur l'Opinion commune. Sçait-on bien ce que c'est que la *Mort* ? A-t-on de bonnes preuves qu'il soit nécessaire que l'*Ame se sépare* entièrement de *tout Corps* ;

pour

de la *Nature* & de la GRACE, & re-connoîtroit dans cette DOCTRINE CE-LESTE la Perfection ou le *Complément* de la vraye Philosophie. *Le tems vien-dra où ceux qui font dans les Sépulchres entendront la Voix du* FILS de DIEU, *& en fortiront, les uns en Réfurrec-tion de Vie, les autres en Réfurrection de*

---

pour qu'il y aît *une Mort proprement dite?* La REVE-LATION nous apprend-elle que l'Ame de LAZARE fe *fépara* de fon *Corps* pour *s'y réünir* quatre jours après? La *rupture* de toute efpèce de *commerce* entre le Corps *incorruptible* que je fuppofe, & le Corps groffier ou *terreftre*, la ceffation abfolue des mouvemens *vitaux* de celui-ci, ne pourroient-elles fuffire à conftituer la *Mort* proprement dite? Dans la rigueur philofo-phique & même théologique, la *Réfurrection* exige-roit-elle indifpenfablement, que l'Ame allât fe réü-nir à un *Corps* qu'elle auroit *entièrement* abandonné, & ne fuffiroit-il pas, que le Corps *incorruptible* auquel elle auroit été *unie* dès le commencement, & qu'elle n'auroit point dépouillé, *fe développât* pour prendre une *nouvelle Vie?* Convient-il de preffer ces expref-fions de la REVELATION; *que ceux qui font dans les Sé-pulchres en fortiront &c?* La REVELATION devoit-elle parler au Peuple une Langue toute *philofophique?* JOSUÉ,

» *de condamnation* ..... *Réfurrection de*
» *vie* ..... Heureufe Immortalité ! ce ne
fera donc pas l'*Ame feule* qui jouira
de cette Félicité : ce fera *tout l'Hom-*
me. Je fuis la Réfurrection & la Vie
.... Paroles étonnantes ! Langage que
l'Oreille n'avoit jamais entendu ! Expreffions dont la majefté annonçoit le
PRIN-

Chapitre XXXIII.

Josue' auroit-il été entendu, s'il avoit dit ; *Terre ar-*
rête-toi ? Combien eft-il dans l'ECRITURE de ces *ex-*
preffions, dont il ne faut prendre que l'*Efprit* ? celles
de la belle Parabole du *Grain femé en terre,* ne font-
elles pas de ce nombre ? Si le grand But de la REVE-
LATION étoit d'annoncer au Genre - humain, que
l'Homme *tout entier* étoit appellé à jouir d'une *Vie*
Eternelle, étoit-il néceffaire qu'elle s'exprimât plus
exactement fur la *Mort* & fur la *Réfurrection* ? Falloit-
il qu'elle nous enfeignât le fecret de l'*Union* des deux
Corps ; car c'eft là qu'eft cachée la Science de la
Mort ?

Ce n'eft pas ici le lieu de pouffer plus loin ces
Queftions : j'en accumulerois facilement un grand
nombre d'autres : j'y reviendrai peut-être ailleurs.
On comparera mon Opinion avec celle qui eft plus
généralement admife ; & on jugera de la préférence
que la mienne peut mériter.

A a 2

PRINCE *de la Vie !* .... *Je suis la Ré-surrection* ..... Il commande à la *Mort* & arrache au *Sépulchre sa victoire.*

CHAPITRE XXXIII.

Que n'aurois-je point à dire encore ! car ce grand Sujet est inépuisable, & je n'ai fait que l'effleurer. Une DOCTRINE qui viendroit du CIEL, devroit être dans une harmonie si parfaite avec la *Nature* de l'Homme & ses *Rélations* diverses, que l'Expérience que l'Homme feroit des Préceptes & des Maximes de cette DOCTRINE, lui en prouvât elle-même la Vérité. CELUI qui auroit annoncé une pareille DOCTRINE, n'auroit donc pas craint d'en appeller à l'Expérience : l'*Homme qui voudra faire la Volonté de mon* PERE, *connoîtra si ma Doctrine vient de* LUI *ou si je parle de mon chef.* Que de Vérités *pratiques* je découvre dans ce peu de mots !.... *la Volonté de mon* PERE

PERE .... l'amour de l'Ordre, l'obfer-
vation des *Rapports*, qui lient l'Homme à fes Semblables & à tous les Etres
.... *La Volonté de mon PERE* ; ce
qu'IL *veut* eft *bon , agréable & parfait* .... *De mon chef* : cet ENVOYE',
qui en appelle ailleurs *à fes Oeuvres ,*
n'en appelle ici qu'à l'Expérience jour-
nalière de chaqu'Individu : c'eft que le
PRECEPTEUR de l'Homme connoiffoit
l'*Homme :* c'eft qu'IL fçavoit que la
Confcience parleroit un langage affez
clair : c'eft qu'en obfervant les Loix de
la Raifon , l'Homme reconnoîtroit que
la RAISON ÉTERNELLE parloit :
*il connoîtra fi ma Doctrine vient de
DIEU*. (h)

(h) Que le Lecteur qui a une Ame faite pour fentir , pour favourer , pour palper le vrai, le bon , le
beau , le pathétique , le fublime , life , relife , relife
encore les Chapitres XIV, XV, XVI, XVII de l'Evangile du Difciple chéri de l'ENVOYE' ; & qu'il fe demande à lui-même , dans la douce émotion qu'il

A a 3　　　　éprou-

CHAPITRE
XXXIII.

éprouvera, fi ces admirables Difcours ont pu fortir de la Bouche d'un fimple Mortel? je n'ajoute pas d'un *Impofteur* ; car le Lecteur que je fuppofe, feroit trop ému, trop attendri, trop étonné pour que l'odieux foupçon d'*impofture* pût s'élever un inftant dans fon Ame. Combien regrette-je que mon Plan ne me conduife pas à effayer d'analyfer ces derniers Entretiens du meilleur & du plus refpectable des MAITRES, de ce MAITRE qui alloit *donner fa vie pour fes Amis*, & qui en confacroit les derniers momens à les inftruire & à les confoler ! mais ; que dis-je ! l'admiration m'égare, & m'ôte jufqu'au fentiment de mon incapacité : de pareils Entretiens ne pouvoient être analyfés que par ceux auxquels le MAITRE difoit, qu'*Il ne leur donnoit plus le nom de Serviteurs &c.* O que je plains l'Homme affez dépourvu de Sentiment ou d'Intelligence, ou affez dominé par fes préjugés, pour demeurer froid à des Entretiens où le BIENFAITEUR de l'Humanité fe peignoit Lui-même avec une vérité & une fimplicité fi touchantes & fi majeftueufes !

CHA-

CHAPITRE TRENTE-QUATRE.

La Doctrine

des premiers Difciples du FONDATEUR.

Parallèle de ces Difciples
& des Sages du Paganifme.

SI après avoir ouï la SAGESSE ELLE-
même, j'écoute ces Hommes extraordinaires qu'ELLE infpiroit ; je croirai
l'entendre encore : c'eft qu'ELLE parlera
encore. Je ne me demanderai donc plus
à moi-même, comment de fimples Pêcheurs ont pu dicter au Genre-humain
des Cahiers de *Morale* fort fupérieurs à
tout ce que la Raifon avoit conçu jufqu'alors ; des Cahiers qui épuifent tous
les *Devoirs* ; qui les rappellent tous à
leur véritable *Source ;* qui font des différentes *Sociétés* répandues fur le Globe ,

A a 4   une

CHAPITRE XXXIV. une feule *Famille* ; qui lient étroitement entr'eux tous les *Membres* de cet-
te Famille ; qui enchaînent cette Famille à la grande *Famille* des INTELLIGEN-
CES CELESTES ; & qui donnent pour
PÉRE à ces Familles CELUI dont la
BONTE' embraffe depuis le *Paffereau*
jufqu'au CHERUBIN ? Je reconnoîtrai facilement , qu'une fi haute Philofophie

---

(a) Les *Rabbins* & les *Thalmudiftes* : les anciens Docteurs de la Nation. *Thalmud* fignifie *Doctrine*. Le
Thalmud eft le Recueil de toutes les *Traditions* fur la
Doctrine, fur la Police , fur les Cérémonies. Deux
de ces Recueils portent le nom de *Thalmud* ; l'un eft
celui qu'on nomme *de Jérufalem* , qui eft le plus ancien ; l'autre eft celui *de Babylone* , qu'on croit avoir
été compilé dans le cinquiéme Siécle de notre Ere.
Les plus Sages entre les Docteurs modernes de la
Nation , font bien éloignés d'adopter les Rêves des
anciens *Thalmudiftes* , & tâchent d'épurer de plus en
plus la *Doctrine* , en la féparant du vil alliage , que
la barbarie ou l'ignorance des Siécles de ténèbres y
avoit introduit. On peut voir dans quelques Apologiftes du CHRISTIANISME , & en particulier dans
HOUTEVILLE T. I. pag. 188 , de l'Edit. de 1765 ,
divers traits de la Doctrine des anciens *Thalmudiftes*.
Je ferai néanmoins obferver ; que quelques efforts
que

on'eſt point ſortie des fanges du Jour-
dain , & qu'une Lumiére ſi éclatante
n'a point jailli des épaiſſes ténébres de
la *Synagogue.*

Je m'affermirai de plus en plus dans
cette penſée , ſi j'ai la patience ou l'eſpèce de courage de parcourir les Écrits
des plus fameux Docteurs , (*a*) de cet-

(a) que puiſſent faire les Sages de cette Nation , pour
épurer & perfectionner leur *Doctrine* ; ils n'y parviendront pas en entier , s'ils n'y joignent point le
Complément néceſſaire & naturel , que lui fournit le
CHRISTIANISME , & qu'elle ſuppoſe ſi évidemment.
Ils ne ſçauroient dérober aux yeux du Spectateur
clair - voyant ces nombreuſes *Pierres d'attente* , que
L'ARCHITECTE lui-même a laiſſé çà & là dans
cet Edifice majeſtueux que SA MAIN élevoit il y a
3000 ans. Je n'oſe eſpérer , que mon foible Travail
ſur le CHRISTIANISME , engagera quelques-uns de ces
Sages à examiner de plus près & avec l'impartialité
la plus ſoutenue , une DOCTRINE , *qui auroit pour eux les*
Promeſſes de la Vie préſente , & des Promeſſes plus ex-
preſſes *de celle qui eſt à venir :* mais , mon Cœur m'inſpi-
re ici des vœux dans leſquels il ſe complaira toujours,
& qu'il déſireroit ardemment qui fuſſent exaucés par
le PERE *des Lumières* & *l'AUTEUR de tout Don parfait.*

te fanatique & orgueilleufe Synagogue, & fi je compare ces Écrits à ceux de ces Hommes qu'elle perfécutoit avec tant de fureur, parce que leurs Vertus l'affligeoient & l'irritoient. Quels monftrueux Amas de Rêves & de Vifions ! que d'abfurdités entaffées fur d'autres abfurdités ! quel abus de l'interprêtation ! quel étrange oubli de la Raifon ! quelles infultes au Bon-fens ! &c. Je tente de fouiller dans ce Marais ; fa profondeur m'étonne ; je fouille encore, & j'en tire un *Livre* précieux tout défiguré, & que j'ai peine à reconnoître.

Je me tourne enfuite vers les Sages du *Paganifme* : j'ouvre les Écrits immortels d'un PLATON, d'un XENOPHON, d'un CICERON, &c. & mes Yeux font réjouïs par ces premiers Traits de l'Aurore de la Raifon. Mais ; que ces Traits font ſont foibles , mélangés , incertains ! que de nuages ils ont à percer ! la Nuit finit à peine ; le Jour n'a pas commencé ; l'ORIENT d'ENHAUT n'a pas paru encore ; mais , les Sages eſpérent ſon lever , & l'attendent. (b)

CHAPITRE XXXIV.

Je ne refuſe point mon admiration à ces beaux Génies. Ils conſoloient la Nature humaine des outrages qu'elle recevoit de la Superſtition & de la Barbarie. Ils étoient , en quelque ſorte , les *Précurſeurs* de cette RAISON qui devoit *mettre en évidence la Vie & l'Immortalité.* Je leur appliquerois , ſi je l'oſois , ce qu'un Ecrivain , qui étoit mieux encore qu'un beau Génie , diſoit des Prophêtes ; *ils étoient des Lampes qui luiſoient dans un lieu obſcur.*

Mais ;

––––––––––––––––––––––––––––

(b) Voyez le ſecond *Alcibiade* de PLATON.

Mais ; plus j'étudie ces Sages du *Paganiſme*, & plus je reconnois, qu'ils n'avoient point atteint à cette *plénitude* de Doctrine, que je découvre dans les Ouvrages des *Pécheurs*, & dans ceux du *Faiſeur de Tentes*. Tout n'eſt point *homogène* (c) dans les Sages du *Paganiſme* ; tout n'y eſt point du même prix, & j'y apperçois quelquefois la *Perle ſur le Fumier*. Ils diſent des Choſes admirables, & qui ſemblent tenir de l'*Inſpiration* ; mais, je ne ſçais ; ces Choſes ne vont point autant à mon Cœur, que celles que je lis dans les Écrits de ces Hommes, que la Philoſophie humaine n'avoit point éclairés. Je trouve dans ceux-ci un genre de *pathétiſme,*

(c) Voyez la *Note* de la page 215.

(d) Le plus ſage des Philoſophes Grecs. Il illuſtroit la Grèce plus de 4 Siécles avant notre Ere. On ſçait, que CICERON diſoit de lui ; *qu'il avoit fait deſcendre du Ciel la Philoſophie pour l'introduire dans les Villes*

fthétifme , une onction , une gravité, ═══
une force de Sentiment & de Penfée ; Chapitre
j'ai prefque dit , une Force de Nerfs XXXIV.
& de Mufcles , que je ne trouve point
dans les autres. Les premiers atteignent
aux moëlles de mon Ame ; les feconds,
à celles de mon Efprit. Et combien
ceux - là me perfuadent - ils davantage
que ceux-ci ! c'eft qu'ils font plus perfuadés : ils ont *vu* , *ouï* & *touché*.

Je découvre bien d'autres *Caractè-*
res , qui me paroiffent différencier beaucoup les Difciples de l'Envoyé, de ceux
de Socrate, (*d*) & fur-tout des Difciples de Zenon. (*e*) Je m'arrête à confidérer ces différences, & celles qui me
frap-

& *dans les Maifons* , &c. Il s'étoit confacré tout entier à la *Morale* , &c. Platon & Xenophon furent les
plus Illuftres Difciples de ce grand Maître.

(*e*) Autre Philofophe Grec, Fondateur de la Secte
des *Stoïciens*. Ce nom fut donné à cette Secte de celui
d'un

CHAPITRE XXXIV. frappent le plus font cet entier oubli de foi-même, qui ne laiffe à l'Ame d'autre Sentiment, que celui de l'importance & de la grandeur de fon Objet, & au Cœur, d'autres Defirs que celui de remplir fidèlement fa Deftination, & de faire du Bien aux Hommes : cette Patience *réfléchie* qui fait fupporter les épreuves de la Vie, non point feulement parce qu'il eft grand & philofophique de les fupporter ; mais, parce qu'elles font des Difpenfations d'une PROVIDENCE SAGE, aux Yeux de LAQUELLE la Réfignation eft le plus bel

hom-

---

d'un Portique où ZENON enfeignoit. Il faifoit confifter le *Souverain Bien* à vivre d'une manière conforme à ce qu'il nommoit *la Nature*, & à fuivre les confeils de la Raifon. Il fleuriffoit plus de 2 Siécles avant notre Ere. La Secte des *Stoïciens* eft de toutes les Sectes de l'Antiquité, celle qui a produit les plus grands Hommes. *Si je pouvois ceffer un inftant de penfer que je fuis Chrétien, je voudrois être Stoïcien,* difoit l'Auteur de l'*Efprit des Loix.*

hommage : cette hauteur de Penſées &
de Vues , cette grandeur de courage
qui rendent l'Ame ſupérieure à tous les
Événemens , parce qu'elles la rendent
ſupérieure à elle-même : cette conſtan-
ce dans le Vrai & le Bien que rien ne
peut ébranler , parce que ce Vrai &
ce Bien ne tiennent pas à l'*Opinion*,
mais qu'ils repoſent ſur une *Démonſ-*
tration d'Eſprit & de Puiſſance : cette juſte appréciation des Choſes ....
mais ; combien de tels Hommes ſont-
ils au-deſſus de mes foibles éloges ! ils
ſe ſont peints eux-mêmes dans leurs
Écrits : c'eſt là qu'ils veulent être con-
templés ; & quel Parallèle pourrois-je
faire entre les Éléves de la SAGESSE
DIVINE & ceux de la Sageſſe humaine ?

CHA-

CHAPITRE TRENTE-CINQ.

L'Eglife primitive :

Ses Principes : Ses Mœurs.

Aveux tacites ou exprès des Adverfaires.

CEs Sages du Paganifme , qui di-
foient de fi belles Chofes , & qui
en faifoient tant penfer aux Adeptes ,
avoient - ils enlevé au Peuple un feul
de fes Préjugés & abbattu la moindre
Idole ? SOCRATE , que je nommerois
l'Inftituteur de la *Morale Naturelle* ,
& qui fut dans le Paganifme le Premier
Mar-

(a) EPICTETE, Philofophe Grec , & l'un de ceux
qui ont le plus honoré la Secte des *Stoïciens.* Il vivoit
dans le premier Siécle. Il fut efclave d'un Officier
de NERON qui le traitoit durement. Il mourut dans
une extrême vieilleffe. On a dit de lui ; qu'il étoit
de tous les anciens Philofophes , celui dont la Doctrine

Martyr de la Raifon ; le prodigieux So- CRATE avoit-il changé le Culte d'Athè- nes, & opéré la plus légére révolution dans les Mœurs de fon Pays ?

Peu de temps après la Mort de l'ENVOYÉ, je vois fe former dans un coin obfcur de la Terre, une *Société* dont les Sages du Paganifme n'avoient pas même entrevu la poffibilité. Cette Société n'eft prefque compofée que de SOCRATES & d'EPICTETES. (*a*) Tous fes Membres font *unis étroitement* par les liens de l'Amour fraternel & de la Bienveuillance la plus pure & la plus agiffante. Ils n'ont tous qu'un même Efprit, &

---

trine fe rapprochoit le plus du Chriftianifme. Ses Mœurs étoient plus douces & plus fociables que celles de la plupart des Stoïciens. Il difoit, que toute la Philofophie étoit renfermée en ces deux mots ; *fupportez & abftenez-vous.* Il fut toujours un Exemple vivant de cette admirable Philofophie pratique.

B b

& cet Esprit est Celui de leur Fondateur. Tous adorent le GRAND ÊTRE
en Esprit & en Vérité, & la *Religion*
de tous *consiste à visiter les Orphelins*
& les Veuves dans leurs afflictions,
& à se préserver des impuretés du Siè-
cle.... Ils prennent leurs repas avec
joye & simplicité de Cœur..... Il n'est
point de Pauvres parmi eux, parce
que tous ceux qui possédent des Fonds
de Terre ou des Maisons les vendent &
en apportent le prix aux Conducteurs
de la Société. En un mot ; je crois
contempler un nouveau *Paradis Ter-*
restre ; mais dont tous les Arbres font
des *Arbres de Vie.*

Quelle est donc la Cause secrette d'un
si grand Phénoméne moral ? par quel
Prodige inconnu à tous les Siècles qui
ont précédé, vois-je naître au sein de
la corruption & du fanatisme, une *So-*
ciété

r.*ciété* dont le *Principe* est l'Amour des Hommes ; la *Fin* , leur Bonheur ; le *Mobile* , l'approbation du SOUVE-RAIN JUGE ; l'*Espérance* , la Vie éternelle ?

M'abuserois-je ? le premier *Historien* (b) de cette Société en auroit-il exagéré les Vertus , les Mœurs , les Actions ? Mais ; les Hommes dont il parloit n'avoient guéres tardé à se faire connoître dans le Monde : ils étoient environnés , pressés , observés , persécutés par une foule d'ennemis & d'envieux ; & si *l'adversité* manifeste le *Caractère* des Hommes , je dois convenir, que jamais Hommes ne purent être mieux connus que ceux-ci. Si donc leur Historien avoit exagéré ou déguisé les Faits , est-il à croire , qu'il n'eût point

(b) Luc ; *Act.*

point été relevé par des Contemporains foupçonneux , vigilans , prévenus , & qui n'étoient point animés du même Intérêt ?

Au moins ne pourrai-je fufpecter avec fondement , le *Témoignage* que je lis dans cette fameufe *Lettre* d'un Magiftrat (c) également éclairé & vertueux , chargé par un grand Prince (d) de veiller fur la conduite de ces Hommes nouveaux , que la Police furveille par-tout. Ce *Témoignage* fi remarquable , eft celui que rendoient à la nouvelle *Société* , ceux même qui l'abandonnoient & la trahiffoient ; & c'eft ce même *Témoignage* , que le Magiftrat ne *contredit* point , qu'il met fous les Yeux du Prince.

„ Ils

––––––––––

(c) PLINE le jeune.

(d) TRAJAN.

„ Ils affuroient que toute leur erreur
„ ou leur faute avoit été renfermée dans
„ ces points : qu'à un jour marqué ils
„ s'affembloient avant le lever du So-
„ leil , & chantoient tour-à-tour des
„ vers à la louange du CHRIST , comme
„ s'il eut été DIEU ; qu'ils s'enga-
„ geoient par ferment , non à quelque
„ crime , mais à ne point commettre
„ de vol ni d'adultère , à ne point man-
„ quer à leur promeffe , à ne point
„ nier un dépôt ; qu'après cela ils a-
„ voient coutume de fe féparer , & en-
„ fuite de fe raffembler pour manger
„ en commun des mets innocents. "

Il me femble que je n'ai point changé de lecture , & que je lis encore l'*Hiſtorien* de cette *Société* extraordinaire.
Ceux qui rendoient un *Témoignage* ſi
avantageux à ſes Principes & à ſes
Mœurs , étoient pourtant des Hom-

mes

CHAPITRE XXXV.

mes qui , affurés de la protection du
Prince & de fes Miniftres , auroient
pu la calomnier impunément. Le Magiftrat ne combat point ce *Témoignage*;
il n'a donc rien à lui oppofer ? il avoue
donc tacitement ces *Principes* & ces
*Mœurs ? Eſt-ce le nom ſeul que l'on
punit en eux* , dit-il , *ou ſont-ce les
crimes attachés à ce nom ?* il infinue
donc très clairement que c'étoit un *nom
qu'on puniſſoit* , plutôt que des *crimes?*
Quel accord fingulier entre deux Écrivains , dont les Opinions religieufes &
les Vues étoient fi différentes ! quel
Monument ! quel Eloge ! Le Magiftrat eft contemporain de l'Hiftorien :
tous deux voyent les mêmes Objets,
& prefque de la même maniére. Seroit-il poffible que la Vérité ne fût
point là ?

Mais ; le Magiftrat fait un reproche

à

à cette Société d'*Hommes de Bien* ; & quel eſt ce reproche ? *une opiniatreté, & une inflexible obſtination qui lui paroiſſent puniſſables.* J'ai jugé, ajoute-t-il, *qu'il étoit néceſſaire d'arracher la Vérité par la force des tourmens* .... *Je n'ai découvert qu'une mauvaiſe ſuperſtition portée à l'excès.*

Ici, le Magiſtrat ne voit plus comme l'*Hiſtorien* ; *mauvaiſe Superſtition* : c'eſt que ce ne ſont plus des *Faits*, des *Mœurs*, que le Magiſtrat voit ; c'eſt une *Doctrine* ; & pour être bien vue, cette *Doctrine* demandoit des yeux plus exercés dans ce Genre d'Obſervation. Je fais d'ailleurs beaucoup d'attention à l'heureuſe *oppoſition* qui ſe rencontre ici entre les deux Écrivains : elle me paroît concourir, comme le reſte, à mettre la Vérité dans tout ſon jour. Ce n'eſt point comme un

Bb 4 Par-

Partifan fecret de la nouvelle *Secte*, que le Magiftrat en juge ; c'eft au travers de tous fes Préjugés de naiffance, d'éducation, de Philofophie, de Politique, de Religion, &c. J'aime à apprendre de lui cette *inflexible obftination* : quel eft donc le fujet d'une *obftination* qui réfifte à la force des tourmens ? Seroit-ce quelqu'*Opinion particulière* ? non ; ce font des *Faits*, & des Faits dont *tous les Sens* ont pu juger.

CHA-

CHAPITRE TRENTE-SIX.

Les fuccès du Témoignage.

Remarque fur les Martyrs.

LA *Société* naiffante fe fortifie de jour en jour ; elle s'étend de proche en proche, & par-tout où elle s'établit, je vois la Corruption, le Fanatifme, la Superftition, les Préjugés, l'Idolatrie tomber au pied de la Croix du FONDATEUR.

Bientôt la Capitale du Monde fe peuple de ces *Néophytes* ; elle en regorge : *multitudo ingens.* (a) Ils inondent les plus grandes Provinces de l'Empire, & c'eft encore de ce même Magiftrat,

_____

(a) TACITE fur NERON.

CHAPITRE XXXVI. giftrat, (b) l'ornement de fon Pays & de fon Siécle que je l'apprends. Il étoit Gouverneur de deux grandes Provinces , la *Bythinie* & le *Pont*. Il écrit à fon Prince : „ l'affaire m'a paru digne „ de vos réflexions par la multitude de „ ceux qui font enveloppés dans ce pé- „ ril; car un très grand nombre de Per- „ fonnes de tout Age , de tout Ordre, „ de tout Sexe , font & feront tous les „ jours impliquées dans cette accufa- „ tion. Ce mal contagieux n'a pas feu- „ lement infecté les Villes ; il a gagné „ les Villages & la Campagne....... „ Ce qu'il y a de certain , c'eſt que les „ Temples étoient prefque déferts ; les „ Sacrifices négligés , & les Victimes „ prefque fans Acheteurs.

Co-

(b) PLINE le jeune , dans la même *Lettre*.

(c) L'un des plus fçavans Pères Grecs. Il naquit dans la Grèce felon les uns , l'an 97 ; felon d'autres , l'an 120 ou 140. Il avoit été dans fa jeuneffe Difciple

de

Corinthe, Ephèse, Theſſalonique, Philippes, Coloſſes, & quantité d'au-
tres Villes plus ou moins conſidérables m'offrent une foule de Citoyens, qui embraſſent la nouvelle Doctrine. Je trouve l'Hiſtoire de la Fondation de ces *Sociétés particulières*, non ſeule-
ment dans l'*Hiſtorien* de la *grande Société* dont elles faiſoient partie ; mais encore dans les *Lettres* de ce Diſciple infatigable qui les a fondées.

Je vois la Tradition *oràle* s'unir ici à la Tradition *écrite*, & concourir avec elle à conſerver & à fortifier le *Témoignage*. Je vois les Diſciples du ſecond Siècle donner la main à ceux du premier, un Irénée (c) recevoir

d'un

___

de Polycarpe. Il fut Evêque de Lyon. On place ſa mort à l'an 202. » La Tradition des Apôtres, diſoit « ce Père, s'eſt répandue dans tout l'Univers, & « tous ceux qui cherchent la vérité dans ſa ſource,

d'un POLYCARPE, (d) ce que celui-ci avoit lui-même reçu d'un des premiers Témoins oculaires, (e) & cette *Chaîne* de Témoignages *traditionnels* se prolonger, sans interruption, dans les Ages suivans &c.

Les Princes & leurs Ministres exercent de tems en tems sur l'innocente

So-

» trouveront cette Tradition consacrée dans chaque
» Eglise. Nous pourrions faire un dénombrement de
» tous ceux que les Apôtres ont constitués Evêques
» dans ces Eglises, & de tous leurs Successeurs jusqu'à
» nos jours. . . . . C'est par une telle succession non
» interrompue que nous avons reçu la Tradition qui
» subsiste actuellement dans l'Eglise, de même que
» la Doctrine de la Vérité, telle qu'elle a été prê-
» chée par les Apôtres. « Voyez la Note (p) p. 303.

(d) Evêque de Smyrne, & Conducteur des Eglises d'Asie. Il avoit été Disciple de S. JEAN, & il se
plaisoit à raconter les Discours qu'il avoit ouï de
la bouche de cet Apôtre. » POLYCARPE, écrivoit IRE-
» NE'E, enseigne les mêmes choses qu'ont enseigné
» les Apôtres; il a conversé avec plusieurs de ceux
» qui ont vu le CHRIST. . . . . . Je l'ai vu dans ma jeu-
» nesse;

Société, des cruautés inconnues aux Nations les plus barbares, & qui font frémir la Nature ; & c'est au milieu de ces horribles persécutions, que cette *Société* s'enracine & se propage de plus en plus.

Cependant ce n'est pas tant cet effet assez naturel des *persécutions*, qui excite

CHAPITRE XXXVI.

» nesse, car il a vécu longtems, & a souffert le plus
» glorieux Martyre, dans une très grande vieillesse.
 (e) » Je pourrois, dit encore IRE'NE'E, marquer la
» place où POLYCARPE enseignoit : je pourrois dé-
» crire sa façon de vivre & tout ce qui caractérisoit
» sa Personne. Je pourrois encore rendre les Discours
» qu'il tenoit au Peuple, & tout ce qu'il racontoit
» de ses conversations avec JEAN & avec d'autres qui
» avoient vu le SEIGNEUR. Tout ce qu'il disoit de sa
» Personne, de ses Miracles & de sa Doctrine ; il le
» rapportoit comme il le tenoit des Témoins ocu-
» laires de la Parole de Vie : tout ce que disoit là-
» dessus ce saint Homme étoit exactement conforme
» à nos Ecritures. « EUSEBE, L. v, Chap. 15 & 20.
Voyez les Notes de Mr. SEIGNEUX sur l'Ouvrage
d'ADDISSON, pag. 228, 229 ; Tom. I.

cite mon attention ; que l'*Efpèce* très
nouvelle du *Martyre*. De violentes
contradictions peuvent irriter & exalter
les Ames. Mais ; ces milliers de *Martyrs* qui expirent dans les Tortures, ne
font pas des Martyrs de l'*Opinion* :
ils meurent volontairement pour atteſter des *Faits*. Je connoiſſois des *Martyrs de l'Opinion :* il y en a eu dans
tous les Tems, & preſque dans tous les
Lieux : il en eſt encore dans ces Contrées (ƒ) malheureuſes que la folle Superſtition tyranniſe : mais ; je ne connois que les Diſciples de l'ENVOYÉ,
qui foient morts pour atteſter des *Faits*.

J'obferve encore, que ceux qui fe
facrifient ſi courageuſement pour foutenir ces *Faits*, ne font point attachés
à leur *Croyance* par la naiſſance, par
l'édu-

(ƒ) L'Inde.

l'éducation, par l'autorité, ni par au- **CHAPITRE XXXVI.** cun intérêt temporel. Cette *Croyance* choque, au contraire, tout ce qu'ils ont reçu de la naiſſance, de l'éducation, de l'autorité ; & elle ne choque pas moins leur intérêt temporel. Il n'y a donc que la plus forte conviction de la *Certitude* des *Faits*, qui puiſſe me fournir la *raiſon ſuffiſante* de ce *dévoue-ment* ſi volontaire aux Souffrances & à une Mort ſouvent cruelle.

Enfin ; après trois Siècles de tra-vaux, d'épreuves, de tourmens ; après avoir combattu pendant trois Siècles avec les armes de la patience & de la charité ; la *Société* triomphe ; la nou-velle RELIGION monte ſur le Trône des CESARS ; (g) les Idoles ſont renverſées, & le *Paganiſme* expire.

_____

(g) Par la converſion de l'Empereur CONSTANTIN, environ l'an 312.

CHA.

CHAPITRE TRENTE-SEPT.

Continuation du même Sujet.

Foiblesse apparente des Causes :

grandeur, rapidité, durée de l'Effet.

Obstacles à vaincre :

Moyens qui en triomphent.

QUELLE étonnante *Révolution* viens-je de contempler ? Quels Hommes l'ont opérée ? Quels obstacles ont-ils eu à surmonter ?

Un HOMME pauvre *qui n'avoit pas où reposer sa Tête*, qui passoit pour le Fils d'un Charpentier, & qui a fini ses jours par un supplice infame, a fondé cette RELIGION victorieuse du Paganisme & de ses Monstres.

Cet

Cet Homme s'eft choifi des Difciples dans la lie du Peuple ; il les a pris
la plupart parmi de fimples Pêcheurs,
& c'eft à de tels Hommes , qu'il a confié la charge de publier fa Religion par
toute la Terre : *allez & inftruifez toutes les Nations. . . . . . Vous me fervirez
de Témoins jufqu'aux extrémités de la
Terre.*

Ils obéïffent à la voix de leur Maitre:
ils annoncent aux Nations la Doctrine
de vie : ils leur atteftent la *Réfurrection*
du *Crucifié* , & les Nations croient au
Crucifié , & fe convertiffent.

Voilà le grand *Phénomène moral* que
j'ai à expliquer : voilà cette *Révolution*
plus furprenante que toutes celles que
l'Hiftoire confacre , dont il faut que
j'affigne la *Raifon fuffifante.*

Je jette un coup d'œil rapide fur la
C c face

Chapitre XXXVII

CHAPITRE
XXXVII.

face du Monde avant la naiſſance de cette grande *Révolution*.   Deux Religions principales s'offrent à mes regards; le *Théïſme (a)* & le *Polythéïſme. (b)*

Je ne parle pas du *Théïſme* des Philoſophes Payens ; ce très petit nombre de Sages qui , comme ANAXAGORE *(c)* ou SOCRATE , attribuoient l'Origine des Choſes à un *Eſprit Eternel* ; ces Sages , dis - je , ne faiſoient point un *Corps* , & laiſſoient le Peuple dans la fange du Préjugé & de l'Idolatrie. Ils avoient la Main pleine de Vérités & ne daignoient l'ouvrir que devant les *Adeptes.*

Je parle du *Théïſme* de cette *Nation*

ſi

_____

(a) La Croyance d'un ſeul DIEU & d'une PROVIDENCE.

(b) La Croyance de la *pluralité des Dieux.*

(c) Philoſophe Grec, né 500 ans avant notre Ere.

Il

fi singulière & fi nombreuse, féparée
par ses Lóix, par ses Coutumes, par
ses Préjugés même de toutes les autres
Nations, & qui croit tenir sa *Religion*
& ses *Loix* de la Main de DIEU. Cette *Nation* est fortement persuadée que
cette Religion & ces Loix ont été ap-
puyées de *Miracles* éclatans & divers:
elle est fort attachée à son *Culte exté-*
rieur, à ses Usages, à ses *Traditions;*
& quoiqu'elle soit fort déchue de sa
première splendeur, & soumise à un
Joug étranger, elle conserve encore
tout l'orgueil de son ancienne Liberté,
& pense être l'unique Objet des com-
plaisances du CREATEUR : elle mé-
prise profondément les autres Nations,
& fait profession d'attendre un *Libéra-*
teur qui lui assujettira l'Univers.

Le

Il fut surnommé l'*esprit*, parce qu'il croyoit qu'un
Esprit étoit la Cause de l'Univers. Il appelloit le
Ciel, *sa Patrie.*

Le *Polythéïfme* eft à peu près la Religion univerfelle , & par-tout la dominante. Il revêt toutes fortes de Formes fuivant le Climat & le Génie des Peuples. Il favorife toutes les Paffions, & même les plus monftrueufes. Il abandonne le Cœur ; mais il retient quelquefois la Main. Il flatte tous les Sens , & affocie *la Chair avec l'Efprit.* Il préfente aux Peuples les Exemples fameux de fes Dieux, & ces Dieux font des Monftres de cruauté & d'impureté, qu'il faut honorer par des *cruautés* & des *impuretés.* Il fafcine les yeux de la Multitude par fes Enchantemens, par fes Prodiges , par fes Augures, par fes Devinations, par la pompe de fon Culte &c. Il élève des Autels au Vice, & creufe des Tombeaux à la Vertu.

Comment les *Pécheurs* , transformés en *Miffionnaires* , perfuaderont-ils aux *Théïftes*

Théiftes dont il s'agit, que tout ce Culte *extérieur* fi majeftueux, fi ancien, fi vénéré, n'eft plus ce que DIEU demande d'eux, & qu'il eft aboli pour toujours ; que toutes ces *Cérémonies* fi auguftes, fi myftérieufes, fi propres à étonner les Sens, ne font *que l'Ombre des Chofes dont on leur préfente le Corps* ? Comment les forcer à reconnoître, que ces *Traditions*, auxquelles ils font fi attachés de Cœur & d'Efprit, ne font que des *Commandemens d'Hommes*, & qu'elles *anéantiffent cette Loi* qu'ils croient *divine* ? Comment fur-tout les Pêcheurs perfuaderont-ils à ces orgueilleux *Théiftes*, que cet Homme fi abje&t, que leurs Magiftrats ont condamné, & qui a expiré fur une *Croix*, eft lui-même ce grand *Libérateur* qui leur avoit été annoncé & qu'ils attendoient ; qu'ils ne font plus les feuls Objets des Graces

ex-

extraordinaires de la PROVIDENCE;
& que toutes les Nations de la Terre
font appellées à y participer ? &c.

Comment des Pêcheurs abbattront-
ils ces Verres *à facettes* (d) qui font
fur les yeux du groffier *Polythéïfte*, &
qui lui font voir prefque autant de
Dieux, qu'il y a d'Objets dans la Nature ? Comment parviendront - ils à
fpiritualifer fes Idées, à le détacher
de cette Matière morte, à laquelle il
eft incorporé, & *à le convertir au*
DIEU Vivant ? Comment l'arrache-
ront-ils aux Plaifirs féduifants des Sens,
aux Voluptés de tout genre ? Comment purifieront-ils & ennobliront-ils
toutes fes *Affeftions* ? comment en feront-ils un *Sage*, & plus qu'un Sage ?
Comment retiendront - ils fon Cœur,

autant

_____

(d) Verres qui multiplient les images des objets.

autant que fa Main ? Comment fur- tout lui perfuaderont-ils de rendre fes Hommages à un Homme flétri par un Supplice ignominieux , & convertiront-ils aux yeux du *Polythéifle la folie de la Croix en Sageffe* ?

Comment les Hérauts du *Crucifié* porteront-ils leurs nouveaux Sectateurs à renoncer à leurs Intérêts *temporels* les plus chers , à vivre dans le mépris, dans l'humiliation, dans l'opprobre ; à braver tous les genres de douleurs & de Supplices , à réfifter à toutes les tentations , & à perfévérer jufqu'à la Mort dans une DOCTRINE qui ne leur promet de dédommagement que dans une autre Vie ?

Par quels *Moyens* eft-il donc arrivé que les Pêcheurs de Poiffons font devenus *des Pêcheurs d'Hommes* ? com-

ment

ment a-t-il été possible, qu'en moins d'un demi Siècle tant de Peuples divers ayent embrassé la nouvelle Doctrine ? Comment le *grain de Senevé est-il devenu un grand Arbre* ? comment cet Arbre a-t-il ombragé de si grandes Contrées ?

Je sçais qu'en général, les Hommes ne sont pas ennemis de la *Sévérité* en Morale : c'est qu'elle suppose un plus grand effort : c'est que les Hommes ont un goût naturel pour la *Perfection* : ce n'est point qu'ils la cherchent toujours ; mais, ils l'aiment toujours, au moins dans la spéculation. Une pauvreté volontaire, un grand désintéressement, un genre de Vie pénible, laborieux, s'attirent facilement l'attention & l'estime des Hommes. Ils admireront volontiers tout cela, pourvu qu'on ne les oblige point à le pratiquer.

Si donc cette nouvelle DOCTRINE qui eſt annoncée au Monde, étoit pure- ment *ſpéculative*, je concevrois ſans beaucoup de peine, qu'elle auroit pu obtenir l'eſtime & même l'admiration de quelques Peuples. Ils l'auroient re-gardée comme une nouvelle Secte de Philoſophie, & ceux qui la profeſſoient, auroient pu leur paroître des *Sages* d'un Ordre très particulier.

Mais ; cette DOCTRINE ne conſiſte point en pures *ſpéculations* ; elle eſt toute *pratique* ; elle l'eſt *eſſentiellement* & au ſens le plus étroit : elle eſt le Genre le plus relevé de l'*Héroïſme pra-tique :* elle ſuppoſe le renoncement le plus entier à ſoi-même ; combat tou-tes les Paſſions ; enchaîne tous les Pen-chans ; reprime tous les Déſirs ; ne laiſſe au Cœur que l'Amour de DIEU & du Prochain ; exige des ſacrifices

conti-

continuels & les plus grands sacrifices, & ne propose jamais que des *Récompenses* que l'Oeil ne voit point, & que la Main ne palpe point.

Je conçois encore, que les charmes de l'éloquence, l'appas des richesses, l'éclat des Dignités, l'influence du Pouvoir accréditeront facilement une Doctrine, & lui concilieront bien des Partisans.

Mais ; la DOCTRINE du *Crucifié* est annoncée par des Hommes simples & pauvres, dont l'éloquence consiste plus dans les Choses que dans les Mots ; par des Hommes qui publient des Choses, qui choquent toutes les Opinions reçues ; par des Hommes du plus bas Ordre, & qui ne promettent dans cette Vie à leurs Sectateurs, que des Souffrances, des Tortures & des *Croix*.

Et

Et ce font pourtant ces Hommes qui triomphent *de la Chair & du Sang* & convertissent l'Univers.

L'Effet est prodigieux , rapide , durable ; il existe encore : je ne découvre aucune *Caufe naturelle* capable de le produire : il doit néanmoins avoir une *Caufe* & quelque grande *Caufe* : quelle est donc cette *Caufe ? au nom du Crucifié , les Boiteux marchent , les Lépreux font rendus nets , les Sourds entendent , les Aveugles voient , les Morts reffufcitent.* Je ne cherche plus : tout est expliqué : le Problême est réfolu. Le LÉGISLATEUR de la Nature a *parlé* : les Nations l'ont écouté , & l'Univers a reconnu fon MAITRE. (*e*) CELUI qui voyoit dans *le*

CHAPITRE XXXVII.

(*e*) S'il y avoit une LOI DIVINE , qui ordonnât expreffément à une Nation de croire aux *Miracles* que des Prophêtes opéreroient au milieu d'elle ; il faudroit que cette LOI reposât elle-même fur quelque

CHAPITRE XXXVII. *Grain de Senevé le grand Arbre*, étoit donc l'ENVOYÉ de ce MAITRE, QUI *avoit choisi les Choses foibles du Monde pour confondre les fortes.*

que grand *Miracle* ; autrement elle ne seroit pas d'obligation *divine*, au sens rigoureux, puisqu'il ne seroit pas *prouvé* que DIEU LUI-même auroit *parlé*. Mais ; parce que les *Miracles* ne sçauroient être *perpétuels & universels*, il faudroit encore que ceux qui obéïroient aujourd'hui à cette LOI comme *divine*, la crussent telle sur les *Témoignages* qui auroient été rendus de *vive voix & par écrit* aux *Miracles* dont sa Publication auroit été accompagnée. Il me semble donc, que celui qui seroit né sous cette LOI, ne seroit pas fondé à dire aujourd'hui ; *ce n'est pas sur des Miracles, mais c'est sur la Législation que repose ma Foi à une Révélation* : car il faudroit toujours que cette *Législation* eût été authorisée par des *Miracles*, pour être réputée *divine* par celui qui y seroit soumis ; & s'il n'avoit pas vu lui-même ces *Miracles* ; si ses Contemporains ne les avoient pas vus non plus ; s'ils avoient été opérés un grand nombre de Siécles avant lui ; il seroit, à cet égard, dans le même cas, que ceux qui croient à la Mission du CHRIST, sur les *Témoignages* rendus aux *Miracles* destinés à la confirmer. Je prie mon Lecteur de relire attentivement la *Note* (f) du Chapitre XXV, pag. 274, à laquelle celle-ci se rapporte : il en démêlera mieux l'Objet particulier de ces Réflexions.

CHA-

CHAPITRE TRENTE-HUIT.

Difficultés générales.

*Que la Lumière de l'EVANGILE
ne s'est point autant répandue
que la grandeur de sa Fin
paroissoit l'exiger &c.*

*Que la plupart des Chrétiens
font peu de progrès dans la Vertu.*

Réponses.

NE précipite - je point mon jugement ? ne me presse-je point **trop**
de croire & d'admirer ? *L'Univers* a-
t-il reconnu son **MAITRE** ? cette **Doctrine** salutaire a-t-elle converti l'Univers *entier* ? Je jette les Yeux sur le
Globe, & je vois avec étonnement, que
cette

cette LUMIERE CELESTE n'éclaire qu'une
petite Partie de la Terre, & que tout
le reste est couvert d'épaisses ténébres.
Et encore dans les Portions éclairées,
combien découvre-je de *Taches !*

Cette Difficulté ne me paroît pas
considérable. Si cette DOCTRINE DE
VIE doit durer autant que l'*Etat Pré-
sent* de notre Globe, que sont dix-sept
Siécles rélativement à la Durée *totale ?* peut-être dix-sept jours ; peut-être
dix-sept heures, & moins encore. Ju-
gerai-je de la Durée de cette RELIGION,
comme de celle des Empires ? tout Empire *est comme l'Herbe , & toute la
gloire* des Empires *comme la Fleur de
l'Herbe ; l'Herbe séche, sa Fleur tombe , mais la* RELIGION *du* SEIGNEUR
demeure : elle survivra à tous les Empires : son CHEF *doit régner , jusques
à ce que DIEU aît mis tous ses Ennemis*

mis sous ses Pieds. Le dernier Ennemi

qui sera détruit , c'est la Mort.

J'examine de plus près la Difficulté,
& je m'apperçois , qu'elle revient précifément à celle que je pourrois élever fur la Diftribution fi inégale de tous
les Dons & de tous les Biens foit de
l'Efprit , foit du Corps. Cette feconde Difficulté , bien approfondie , me
conduit à une abfurdité palpable. Les
Dons de l'Efprit , comme ceux du
Corps , tiennent à une foule de Circonftances *phyfiques* , enchaînées les
unes aux autres , & cette Chaîne remonte jufqu'au premier inftant de la
Création. Afin donc que tous les Hommes euffent poffédé les mêmes Dons,
& au même Degré , il auroit fallu en
premier lieu , qu'ils ne fuffent point
nés les uns des autres ; car combien
la *Génération* ne modifie-t-elle pas l'Or-
gani-

ganifation *primitive* des *Germes* ! Il auroit fallu en fecond lieu, que tous les Hommes fuffent nés dans le même Climat, fe fuffent nourris des mêmes Alimens ; qu'ils euffent eu le même Genre de Vie, là même Education, le même Gouvernement ; &c. car pourrois-je nier que toutes ces Chofes n'influent plus ou moins fur l'Efprit ? Ici la plus légére Caufe porte fes influences fort au-delà de ce que je puis penfer.

Ainfi, pour opérer cette égalité *parfaite* de Dons entre tous les Individus de l'Humanité, il auroit fallu que tous ces Individus euffent été jettés dans le même Moule ; que la Terre eût été éclairée & échauffée partout également ; que fes Productions euffent été les mêmes par-tout ; qu'elle n'eût point eu de Montagnes, de Vallées,

llées , &c. &c. Je ne finirois point ſi
je voulois épuiſer tout cela.

Combien de pareilles Difficultés, qui
ſaiſiſſent d'abord un Eſprit peu péné-
trant , & dont il verroit ſortir une
foule d'abſurdités , s'il étoit capable de
les analyſer ! L'Eſprit ſe tient volontiers à la ſurface des Choſes ; il n'aime pas à les creuſer , parce qu'il redoute le travail & la peine. Quelquefois il redoute plus encore ; la *Vérité.*

Si donc l'*Etat des Choſes* ne comportoit point , que tous les Hommes
participaſſent aux mêmes Dons, & à
la même meſure de Dons ; pourquoi
m'étonnerois-je qu'ils n'aient pas tous
la même *Croyance* ? Combien la *Croyance* elle-même eſt-elle liée à l'*Enſemble* des Circonſtances *phyſiques* & des
Circonſtances *morales !*

D d

Mais;

CHAPITRE
XXXVIII

Mais ; cette RELIGION SAINTE, qui me paroît si bornée dans ses progrés, & qu'un Cœur bien-faisant voudroit qui éclairât le Monde entier, doit-elle demeurer renfermée dans ses Limites actuelles, comme dans des Bornes éternelles? Que de Moyens divers la PROVIDENCE ne peut-ELLE point s'être reservé, pour lui faire franchir un jour & avec éclat, ces Limites étroites où elle est renfermée ! Que de Monumens frappants, que de Documens démonstratifs ensevelis encore dans les entrailles de la Terre ou sous des Ruines, & qu'ELLE sçaura en tirer dans le Temps marqué par SA SAGESSE ! Que de Révolutions futures dans les grands Corps politiques, qui partagent notre Monde, dont

_____

(a) Puisse ce Peuple, si vénérable par son antiquité, & duquel vient le SALUT de tous les Peuples, ouvrir bientôt les Yeux à la Lumiére, & célébrer avec les Chrétiens le SAINT d'Israël, le CHEF & la CONSOM-

dont ELLE a préordonné le Temps & la Manière, dans des Vues dignes de SA SOUVERAINE BONTÉ ! Ce Peuple, le plus ancien & le plus singulier de tous les Peuples ; ce Peuple dispersé & comme *disséminé* depuis dix-sept Siécles dans la Masse des Peuples, sans s'incorporer jamais avec elle, sans former jamais lui-même une Masse *distincte* ; ce Peuple Dépositaire fidéle des plus anciens Oracles, Monument perpétuel & vivant de la Vérité des nouveaux Oracles ; ce Peuple, dis-je, ne sera-t-il point un jour dans la MAIN de la PROVIDENCE un des grands Instrumens de SES Desseins en faveur de cette RELIGION qu'il méconnoît encore ? (a) Cette *Chaîne des Evénemens,*

qui

CHAPITRE XXXVIII

(a) CONSOMMATEUR *de la Foi !* Puisse l'Olivier *sauvage* n'oublier jamais *qu'il a été enté sur l'Olivier franc !* Puissent tous les Enfans du CHRIST ne fermer plus leur Cœur à ce Peuple infortuné, que DIEU a aimé,

qui contenoit çà & là les *Principes fecrets* des Effets *miraculeux*, ne ren-
fermeroit-elle point de *femblables Principes* dans d'autres Portions de fon étendue, dans ces Portions que la nuit de
l'Avenir nous dérobe ; & ces Principes en fe développant, ne produiront-
ils point un jour fur le Genre-humain
des Changemens plus confidérables encore, que ceux qui furent opérés il y
a dix-fept Siècles ? (b)

Si la DOCTRINE dont je parle, ne
produit pas de plus grands Effets *mo-
raux* chez la plupart de ceux qui la
pro-

---

qu'IL aime encore, qu'IL femble avoir confié à leurs
foins, mis fous leur fauve-garde, & dont la Converfion fera un jour leur confolation & leur joye!
Que ne puis-je hâter par mes défirs ce moment heureux, & prouver aux nombreux Defcendans d'A-
BRAHAM toute la vivacité des vœux que mon Cœur
forme pour leur rétabliffement ! *Sont - ils tombés fans
reffource ? point du tous : mais leur chûte a donné occafion*

Chapitre XXXVIII.

professent, l'attribuerai-je à son *Imperfection* ou au *défaut* de Motifs suffisants ? Mais ; connois-je aucune Doctrine dont les *Principes* tendent plus directement au *Bonheur* de la Société *universelle*, & à celui de ses Membres ? En est-il aucune, qui présente des *Motifs* plus propres à influer sur l'Esprit & sur le Cœur ? Elle élève l'Homme mortel jusqu'au Trône de DIEU, & porte ses Espérances jusques dans l'*Eternité*.

Mais ; en publiant cette Loi sublime, le LÉGISLATEUR de l'Univers

---

fion au *Salut des Gentils* ; *afin que* le *Bonheur des Gentils leur donnât de l'émulation. Et si leur chûte a fait la Richesse du Monde, ... que ne sera pas la Conversion du Peuple entier ! ...... car si leur rejection a été la réconciliation du Monde, que sera leur rappel, sinon un retour à la Vie ?* Rom. XI, 11, 12, 15.

(*b*) Consultez ce que j'ai exposé sur les *Miracles* dans les Chapitres IV, V, VI, XV.

vers n'a pas transformé en pures Ma-
chines les Êtres intelligens auxquels IL
la donnoit. IL leur a laiffé le Pouvoir
phyfique de la fuivre ou de la violer. IL
a mis ainfi dans leur Main la décifion
de leur fort. IL a mis devant eux le
Bien & le *Mal*, le *Bonheur* & le *Mal-*
heur.

Objeĉter contre la DOCTRINE du
FONDATEUR, que tous ceux qui la
profeffent ne font pas *Saints*; c'eft objeĉter contre la Philofophie, que tous
ceux qui la profeffent ne font pas *Phi-*
lofophes. Hélas! pourquoi cela encore
eft-il fi vrai! S'enfuit-il néanmoins,
que la Philofophie ne foit pas propre
à faire des *Philofophes*? Jugerois-je
d'une Doĉtrine uniquement par fes *Ef-*
fets? ne ferai-je pas plus équitable,
fi j'en juge par fes Principes, par fes
Maximes, par fes Motifs, & par l'ap-
pro-

propriation de toutes ces Chofes au *But* que je découvre dans cette Doc-

trine ? Si malgré l'excellence de cette Doctrine, fi malgré fon appropriation à fon But, je fuis forcé de reconnoître qu'elle n'atteint pas toujours ce But, j'en conclurai feulement que les Préjugés, les Paffions, le Tempéramment affoibliffent ou détruifent fouvent l'impreffion que cette Doctrine tend à produire fur les Ames. Je n'en ferai point du tout furpris ; parce que je concevrai facilement, qu'un Être intelligent & *libre* ne peut être *contraint* par des *Motifs*, & que des *Raifons* ne font jamais des Caufes *néceffitantes*, des Poids, des Leviers, des Refforts. J'obferverai encore, que tous ceux qui profeffent extèrieurement une Doctrine, ne font pas intimément convaincus de fa Vérité.

D d 4   E:

Et s'il réfultoit de tout cela dans mon Efprit, que le nombre des vrais Sages qu'une certaine Doctrine peut produire, eft très petit ; je ne m'en étonnerois pas davantage ; parce que je comprendrois, qu'une grande Perfection, en quelque Genre que ce foit, ne fçauroit jamais être fort commune, & qu'elle doit l'être bien moins encore dans le Genre de la Vertu que dans tout autre. Mais ; je comprendrois auffi, qu'une Vertu moins parfaite n'en feroit pas moins *Vertu*, comme l'Or n'en eft pas moins *Or*, quoique mêlé à des Matières qui ne font point *Or*. Comme je voûdrois être toûjours équitable, je tiendrois compte à cette Doctrine des plus petits Biens qu'elle produiroit & de tous les Maux qu'elle préviendroit. Et s'il s'agiffoit en particulier d'une DOCTRINE qui prefcrivît de faire le Bien fans éclat, de faire de *bon-*

nes

nes *Oeuvres*, plutôt que de *belles Oeu-* CHAPITRE
vres ; fi elle exigeoit , *que la Main* XXXVIII
gauche ne fçût pas alors *ce que feroit la*
Main droite ; j'en inférerois l'impoffibilité de calculer tout le Bien dont la
Société pourroit être redevable à une
telle DOCTRINE.

CHA.

CHAPITRE TRENTE-NEUF.

Autre difficulté générale,
que les *Preuves* du CHRISTIANISME
ne font pas affez à la portée
de tous les *Hommes :*

Réponfe.

*Précis des Raifonnemeṇs de l'Auteur
fur les* Miracles *& fur le* Témoignage.

UNE autre Difficulté s'offre à mon
examen. Une DOCTRINE qui devoit être annoncée à tous les Peuples
de la Terre ; une DOCTRINE qui devoit donner au Genre-humain entier
les Gages de l'*Immortalité* ; une DOC-
TRINE qui émanoit de la SAGESSE
ELLE-même, ne devoit-elle pas repofer fur des *Preuves* que tous les Hommes

mes de tous les Temps & de tous les Lieux puffent faifir avec une égale fa- cilité , & fur lefquelles ils ne puffent élever aucun doute raifonnable ? Ce- pendant , combien de Connoiffances de divers genres ne font point néceffaires pour recueillir , pour entendre & pour apprécier ces Preuves ! Combien de Recherches profondes , pénibles , épi- neufes ces Connoiffances ne fuppofent- elles point ! combien le nombre de ceux qui peuvent s'y appliquer avec fuccès eft-il petit ! que de Talens , que de fa- gacité , que de difcernement ne faut- il point pour comparer les Preuves entr'elles , pour eftimer le degré de *Probabilité* de chacune ; pour juger de la fomme des Probabilités réünies , pour balancer les Preuves par les Objections, pour fixer la valeur des Objections ré- latives à chaque Genre de Preuves , pour réfoudre ces Objections & for-

mer

mer de tout cela des *Réfultats* qui engendrent la Certitude ! Une Doctrine qui fuppofoit tant de Qualités rares de l'Efprit & du Cœur , tant de Connoiffances , tant de Recherches , étoit-elle bien appropriée à tous les Individus de l'Humanité ? étoit-elle bien propre à leur fournir des affurances raifonnables d'un Bonheur *à venir* ? pouvoit-elle diffiper leurs Doutes, fortifier & accroître les Efpérances de la Raifon , *mettre en évidence la Vie & l'Immortalité* ?

Je ne me déguife point cette Difficulté : je ne cherche point à l'affoiblir à mes propres Yeux : je me la préfente à moi-même dans toute fa force : feroit-il poffible qu'elle fût infoluble ? je veux m'en affurer ; je vais donc l'examiner de fort près , & l'analyfer fi je le puis.

J'ai

J'ai reconnu avec évidence , (*a*) que l'Homme ne fçauroit s'affurer par les feules lumières de fa Raifon , de la Certitude d'un *Etat Futur*. Il ne pouvoit donc être conduit à cette Certitude , que par des Voyes *extraordinaires*. Je conçois fans peine , que l'acquifition de nouvelles Facultés ou feulement peut-être un grand accroiffement de Perfection dans fes Facultés actuelles , auroit pu mettre cet Etat Futur à la portée de fa Connoiffance *intuitive* , & lui permettre de le contempler , en quelque forte , comme il contemple fon Etat *actuel*. Je conçois encore , qu'une Révélation *intérieure* ou des Miracles *extérieurs* pouvoient donner à l'Homme cette *Certitude* fi néceffaire à fon Bonheur , & fuppléer ainfi à l'imperfection de fes Facultés actuelles.

Mais;

_____

(*a*) Chapitre II.

Mais ; l'acquisition de nouvelles Facultés ou seulement un grand accroissement de Perfection dans les Facultés actuelles de l'Homme, auroit fait de l'Homme un Être très différent de celui que nous connoissons sous le nom d'*Homme*. Et comme toutes les Parties de notre Monde font en rapport entr'elles & avec le Système entier, il est très évident, que si l'Homme, le principal Être de notre Planète, avoit été changé, il n'auroit plus été en rapport avec cette Planète où il devoit passer les premiers instants de fa durée. Une Vue beaucoup plus perçante, un Toucher incomparablement plus délicat, &c. l'auroient exposé à des tourmens continuels. Il auroit donc fallu changer aussi l'Oeconomie de la Planète elle - même, pour la mettre en rapport avec la nouvelle Oeconomie de l'Homme.

J'ap-

J'apperçois donc , que la Difficulté, confidérée fous ce point de vue , ne tend pas à moins, qu'à demander pourquoi DIEU n'a pas fait une autre *Terre* ? & demander cela, c'eſt demander pour- quoi DIEU n'a pas créé un autre *Uni- vers* ? car la *Terre* eſt liée à l'Univers, comme l'Homme l'eſt à la Terre. *L'U- nivers* eſt l'*Enſemble* de tous les Êtres créés. Cet Enſemble eſt *ſyſtématique* ou *harmonique*. Il ne s'y trouve pas une ſeule Pièce qui n'aît ſa raiſon dans le Tout. Prétendrois - je que dans l'Ouvrage de l'INTELLIGENCE SU- PRÊME il y aît quelque choſe qui ſoit ſans aucune liaiſon avec l'Ouvrage, & qui pourtant en faſſe partie ? Si mal- gré l'extrême foibleſſe de mes talens & de mes lumières ; ſi malgré la gran- de imperfection de mes Inſtrumens, je ne laiſſe pas de découvrir tant de liai- ſons, de rapports, d'harmonie entre

les

les diverfes Parties du Monde que j'lia-
bite ; fi ces liaifons fe multiplient, fe
combinent, fe diverfifient à mefure que
je multiplie , que je combine & que
je diverfifie mes Obfervations & mes
Expériences ; combien eft-il probable ,
que fi mes Facultés & mes Inftrumens
étoient incomparablement plus parfaits,
je découvrirois par-tout , & jufques
dans les moindres Parties , les mêmes
liaifons , les mêmes rapports , la même
harmonie ! Et cela devroit bien être ,
puifque les plus grandes Pièces , font
toujours formées de Pièces plus petites ;
celles-ci , de plus petites encore ; &c.
& qu'un Tout quelconque dépend effentiellement de l'ordre & des propor-
tions des Parties qui le compofent.

Il ne feroit donc point du tout philofophique de vouloir que l'AUTEUR
de l'Univers eût changé l'Oeconomie

de

de l'Homme, pour lui procurer plus Chapitre
de Certitude fur fon État à venir. Il XXXIX
ne le feroit pas plus de vouloir qu'une
Révélation *intérieure* lui en eût donné
l'affurance : car une pareille *Révéla-*
tion auroit dû être *univerfelle* ou s'é-
tendre à tous les Individus de l'Humanité ; puifqu'il n'en étoit aucun à
qui la Certitude d'un Bonheur à venir,
ne fut également néceffaire. Mais ;
je l'ai déja remarqué au commencement
du Chapitre VII : il étoit dans l'Analogie de l'Oeconomie de l'Homme,
d'être conduit par les *Sens* & par la
Réflexion : une Révélation *intérieure*
& *univerfelle* qui fe feroit perpétúee
d'âge en âge , auroit-elle été en rapport avec la Conftitution préfente de
l'Homme ? Et fi le Bonheur dont il
devoit jouir dans fon État Futur ,
avoit été lié dès l'Origine des Chofes,
à l'application qu'il devoit faire de fa

E e   Rai-

Raifon à la Recherche des Fondemens de ce Bonheur, comment auroit-il pu appliquer fa Raifon à cette belle Recherche, dès qu'une Révélation *intérieure* & *irréfiftible* auroit rendu inutile cet exercice de fon Intelligence ?

Il reftoit une autre Voye *extraordinaire*, qui pouvoit conduire l'Homme à cette *Certitude* fi défirable, que la Raifon feule ne pouvoit lui fournir. Cette Voye étoit celle de *Miracles* palpables, éclatans, nombreux, divers, enchaînés les uns aux autres & liés indiffolublement à des Circonftances qui les caractérifaffent & en déterminaffent la *Fin*. Il eft bien manifefte, que cette *Voye extraordinaire* étoit la feule, à nous connue, qui ne changeât rien à la Conftitution préfente de l'Homme, & qui laiffât un *libre* exercice à toutes fes Facultés.

Mais

Mais ; fi les *Miracles* étoient deftinés à manifefter aux Hommes les Volontés du GRAND ÊTRE ; s'ils étoient
en quelque forte, l'expreffion *phyfique*
de ces Volontés ; tous les Hommes
avoient un droit égal à cette faveur
extraordinaire ; tous pouvoient afpi-
rer à voir des *Miracles* ; & fi pour
fatisfaire , comme je le difois , (*b*) aux
befoins ou aux défirs de chaqu'Individu de l'Humanité , les *Miracles* avoient
été *univerfels* & *perpétuels* , comment
auroient-ils pu conferver leur Qualité
de *Signes extraordinaires* ? comment
auroient - ils été diftingués du Cours
ordinaire de la Nature ? (*c*)

Il étoit donc dans la nature même
des

(*b*) Au commencement du Chapitre VII.

(*c*) Je prie qu'on relife ce que j'ai dit fur ce beau
Sujet dans les Chapitres IV , V , VI.

Ee 2

des *Miracles*, qu'ils fuſſent opérés dans un certain *Lieu* & dans un certain *Temps*. Or ; cette *rélation* au Lieu & au Temps ; cette rélation *néceſſaire* ſuppoſoit évidemment le *Témoignage* ou la Tradition *orale* & la Tradition *écrite*. La *Tradition* ſuppoſoit elle-même une certaine *Langue*, qui fût entendue de ceux auxquels cette Tradition étoit tranſmiſe. Cette *Langue* ne pouvoit être univerſelle, perpétuelle, inaltérable : une telle *Langue* n'étoit pas plus dans l'Oeconomie de notre Planète, qu'une reſſemblance parfaite, ſoit *phyſique*, ſoit *morale*, entre tous les Individus du Genre-humain.

Ainſi, c'étoit une ſuite naturelle de la viciſſitude des Choſes humaines, que la Langue dans laquelle les *Témoins* des Faits *miraculeux* avoient publié leur *Dépoſition*, devînt un jour une
Lan

Langue *morte*, & qui ne fût plus entendue que des Sçavans. C'étoit encore
une suite de cette même viciflitude des
Chofes de ce bas Monde, que les *Ori-*
ginaux de la Dépofition fe perdiffent;
que les premières *Copies* de ces Originaux fe perdiffent auffi ; que les *Co-*
pies poftérieures préfentaffent un grand
nombre de *Variantes* ; qu'une multitude
de petits Faits, de petites Circonftances, très connus des Contemporains, &
propres à répandre du jour fur certains
Paffages du *Texte*, fuffent inconnus à
leurs Defcendans ; que bien d'autres
Connoiffances plus ou moins utiles, leur
fuffent inconnues encore ; &c. &c. C'é-
toit enfin une fuite naturelle de l'État
des Chofes & de la nature des Facultés
de l'Homme, qu'on inventât un *Art*, (e)

CHAPITRE
XXXIX.

***

(d) La *Critique* qu'on pourroit appeller la *Logique*
des Littérateurs ou des Commentateurs. Voyez la
Note (b) du Chap. XXVI.

qui eût pour objet direct l'*Interprétation* du plus important de tous les Livres. Ce bel Art devoit donc naître ; il devoit éclairer les Sages , diffiper ou affoiblir les Ombres qui obfcurciffoient certaines Vérités , & les Sages devoient éclairer & conduire le Peuple.

Je ne reviendrai pas à objecter , que DIEU auroit pu prévenir par une intervention *extraordinaire* , la chute de la *Langue* dans laquelle la *Dépofition* avoit été écrite , qu'IL auroit pu prévenir par le même Moyen la perte des *Originaux* de la *Dépofition* , les oppofitions , les altérations, les *Variantes* du *Texte* : j'ai vu affez (e) combien une pareille Objection feroit peu raifonnable ; puifqu'elle fuppoferoit encore des Miracles *continuels* &c. J'ai

re-

_____

(e) Confultez le Chapitre XXIX.

reconnu auſſi , que ces oppoſitions , ces altérations , ces *Variantes* du *Texte* ne portant point ſur le *fond* ou l'*enſemble* de la Dépoſition , & qu'il n'eſt même jamais impoſſible de concilier ces Textes d'une manière ſatisfaiſante. (*f*)

CHAPITRE XXXIX.

Je me rapproche de plus près de la Difficulté que j'examine. Dès que la Certitude d'un *Etat Futur* ne pouvoit repoſer que ſur des *Preuves de Fait* ; dès que la nature & le but des *Miracles* exigeoient qu'ils fuſſent opérés dans un *certain* Lieu & dans un *certain* Temps ; il en réſultoit néceſſairement, que les *Preuves* d'un État à venir devoient être ſoumiſes à l'examen de la Raiſon , comme toutes les autres *Preuves de Fait*. Les Preuves d'un

(*f*) Voyez les Chapitres XXVI, XXVIII, XXIX.

d'un État à venir devoient donc être autant du reſſort de la *Critique* , que tout autre Fait *hiſtorique* : elles devenoient donc ainſi l'Objet le plus important des Recherches des Sçavans; & il entroit dans le Plan de la PROVIDENCE que les Sçavans recueilleroient ces *Preuves* , les diſtribueroient dans un certain Ordre, les développeroient, les éclairciroient, réſoudroient les Objeſtions qu'elles feroient naître, compoſeroient de tout cela des *Traités* particuliers , & qu'ils feroient auprès du Peuple les Interprêtes de cette *Dépoſition* où étoient renfermées les *Paroles de la Vie éternelle*.

Je voudrois concentrer mes raiſonnemens. L'Homme a deux *Moyens* de connoître ; les *Sens*, & la *Réflexion*. Ni l'un ni l'autre de ces Moyens, ni tous les deux enſemble ne pouvoient le

conduire

conduire à une Certitude *morale* fur fon État *à venir* : ils étoient trop dif-proportionnés avec la nature des Cho-fes qui faifoient l'Objet de cette *Cer-titude.* Je l'ai montré. (g) L'Homme ne pouvoit donc être conduit à cette Certitude que par quelque Moyen *ex-traordinaire*. Mais ; c'étoit un *certain* Être *intelligent* & *moral* qu'il s'agiffoit d'y conduire : c'étoit l'*Homme* ; c'eft-à-dire , un *Etre-mixte* doué de *certai-nes* Facultés , & dont les Facultés étoient renfermées dans *certaines* limi-tes actuelles. Si donc le Moyen *ex-traordinaire* dont je parle , avoit con-fifté à donner à l'Homme de *nouvelles* Facultés ou à changer la portée *actu-elle* de fes Facultés ; ce n'auroit point été l'*Homme* qui auroit été conduit à cette *Certitude* dont il eft queftion ;

ç'auroit

(g) Chapitre 11.

ç'auroit été un *Etre* très différent de l'Homme *actuel*. Il étoit donc nécef-faire, que ce Moyen *extraordinaire* fût dans un tel *Rapport* avec la Conf-titution *préfente* de l'Homme, que fans y apporter aucun changement, il pût fuffire à convaincre la *Raifon* de la *Certitude* d'un État *Futur*. Les *Mi-racles* étoient ce *Moyen* ; car rien n'é-toit plus propre que des *Miracles* à prouver aux Hommes que le MAI-TRE de la Nature *parloit.* (*h*) Mais ; fi les *Miracles* avoient été opérés en *tout* Lieu & en *tout* Temps, ils feroient rentrés dans le Cours *ordinaire* de la Nature, & il n'auroit plus été poffi-ble de s'affurer, que le MAITRE de la Nature, *parloit.* Il falloit donc que les *Miracles* fuffent opérés dans un *cer-tain*

(*h*) Voyez les Chapitres III, IV, V, VI, VIII, & en particulier les pages 211, 212.

tain Lieu & dans un *certain* Temps.
Ils devoient donc être foumis aux *Ré-*
gles du *Témoignage* , comme tous les
autres *Faits*. La Raifon devoit donc
leur appliquer ces *Régles* , & juger par
cette application de la *réalité* de ces
Faits. Et parce que ces Faits étoient
miraculeux , & que des Faits *miracu-*
leux exigent pour être crus , un plus
grand nombre de *Témoignages* & des
Témoignages d'un plus grand poids ,
il étoit dans l'*Ordre* de cette forte de
Preuve , qu'elle fût donnée par des
Témoins qui réüniffent au plus haut
degré les *Conditions* qui fondent aux
yeux de la Raifon la *Crédibilité* de
quelque *Fait* que ce foit. (*i*) Je dis ,
de quelque Fait que ce foit , parce qu'il
me paroît très évident , que les *Mi-*
racles n'en font pas moins des *Faits* ,
quoi-

(*i*) Voyez le Chapitre VIII.

quoique ces Faits ne foient point renfermés dans la Sphère des Loix *communes* de la Nature. Je l'ai déja remarqué ailleurs. (*k*) La Raifon acquief-
cera donc aux *Preuves de Fait* que les
Miracles lui fourniffent, fi en appli-
quant à ces *Preuves* les *Régles* de la
plus faine *Critique* & celles d'une *Logique* exacte, ces *Preuves* lui paroiffent folidement établies.

Je n'ajoute plus qu'une réflexion, &
j'aurai fatisfait, je penfe, à la Difficulté
que je me fuis propofée au commencement de ce Chapitre. N'ai-je point exagéré beaucoup cette Difficulté ? faut-il
en effet, de fi grands Talens & des
Connoiffances fi diverfes & fi relevées,
pour juger fainement des *Preuves* de
cette RÉVÉLATION que les Befoins
de

(*k*) Je prie qu'on relife avec attention le Chap. IX.

de l'Homme follicitoient auprès de la
BONTÉ SUPRÊME ? Un bon Efprit,
un Efprit impartial & dégagé des Préjugés d'une fauffe Philofophie, un Cœur
droit, une Ame honnête, un degré affez
médiocre d'attention ne fuffifent - ils
point pour apprécier des Preuves palpables, raffemblées par les meilleurs Génies, avec autant d'ordre que de clarté,
dans des Livres qu'ils ont fçu mettre à
la portée de tout le Monde ? Afin qu'un
Lecteur fenfé puiffe juger de la Vérité
d'une certaine Hiftoire & d'une certaine
Doctrine, eft-il rigoureufement nécef-
faire qu'il poffède tous les Talens &
toutes les Connoiffances des Auteurs
qui ont raffemblé les Preuves de cette
Hiftoire & de cette Doctrine ? La décifion de quelque Procès que ce foit,
exige-t-elle indifpenfablement, que tous
les Juges aient la même mefure de Connoiffances, les mêmes Connoiffances &

les

les mêmes Talens que les Rapporteurs?
N'arrive-t-il pas tous les jours, qu'on
est obligé de s'en rapporter aux Experts
ou aux Maîtres de l'Art sur je ne sçais
combien de Choses plus ou moins nécessaires? Pourquoi donc le Peuple ne
s'en rapporteroit-il pas aux Sçavans sur
le choix & sur l'appréciation des Preuves de cette RÉVÉLATION dont ils tâchent de mettre la Certitude à sa portée? D'ailleurs parmi ces *Preuves*, n'en
est-il pas qui peuvent être saisies facilement par les Esprits les plus bornés?
Combien l'excellence de la *Morale* du
FONDATEUR est-elle propre à frapper
fortement les Ames honnêtes & sensibles! Combien le *Caractère* du FON-
DATEUR lui-même excite-t-il l'admiration & la vénération d'un Ami sincère de la Vérité & de la Vertu!
Combien ce Caractère s'est-il empreint
dans celui de ses premiers Disciples!
quelle

Chapitre XXXIX.

quelle Vie ! quelles Mœurs ! quels Exemples ! quelle Bienveuillance ! quelle CHARITÉ ! Le Peuple ne fçauroit-il faifir de telles Chofes, & demeureroit-il froid à tout cela ? Il ne croira pas, fi l'on veut, fur autant de Preuves réünies qu'un Docteur ; mais il croira fur les Preuves qui feront le plus à fa portée, & fa Croyance n'en fera ni moins raifonnable, ni moins pratique, ni moins confolante.

CHAPITRE XXXIX.

CHAPITRE QUARANTE.

Autre Difficulté générale,

tirée de la Liberté humaine:

Réponse.

TOURNERAI-JE contre la DOCTRINE du FONDATEUR la *Néceſſité mo-rale* des Actions humaines ? Prétendrai-je que cette ſorte de *Néceſſité* exclut toute *Imputation*, & conſéquemment toute *Loi*, toute *Religion* ? Ne verrai-je pas clairement, que la *Néceſſité mo-rale* n'eſt point du tout une *vraye Né-ceſſité*; qu'elle n'eſt au fond que la *Cer-titude* conſidérée dans les Actions *libres*? Parce que l'*Homme* ne peut pas ne point *s'aimer lui-même*; parce qu'il ne peut pas *ne ſe déterminer point* pour ce que ſon *Entendement* a jugé *le plus conve-nable;*

nable ; parce que sa *Volonté* tend essentiellement au Bien *réel* ou *apparent* ;
s'ensuit-il que l'*Homme* agisse comme
une *pure Machine ?* s'ensuit-il que les
Loix ne puissent point *le diriger* à sa
véritable Fin ; qu'il ne puisse point les
observer ; qu'il n'aît point un *Entendement* , une *Volonté* , une *Liberté* ; que
ses Actions ne puissent point lui être
imputées dans aucun sens ; qu'il ne soit
point susceptible de *Bonheur* & de *Malheur* ; qu'il ne puisse point *rechercher*
l'un & *éviter* l'autre ; qu'il ne soit point,
en un mot, un *Etre moral ?* Je regrette
que la pauvreté de la Langue aît introduit dans la *Philosophie* ce malheureux
mot de *Nécessité morale* , si impropre en
soi, & qui cause tant de confusion dans
une chose très-simple , & qui ne sçauroit être exposée avec trop de précision
& de clarté. (*a*)

***

(*a*) Voyez ce que j'ai dit sur la *Volonté* & sur la

Liberté

Liberté dans les Chapitres XII & XIX de mon *Essai Analytique sur les Facultés de l'Ame.* Je n'ai rien négligé pour y ramener la *Question* à ses termes les plus simples & les plus vrais. Voyez encore les Articles XII, XIII de l'*Analyse Abrégée* de cet Ouvrage que j'ai insérée dans le Tom. I. de la *Palingénésie Philosophique.*

Les *Mouvemens* des *Corps* sont d'une nécessité *physique* ; parce qu'ils résultent des Propriétés *essentielles* de la Matière. Un Corps est *mû*, & il *ment.* Il *ne peut* ni n'être pas mû ni ne pas mouvoir.

Les *Déterminations* des *Esprits* sont d'une nécessité *morale* ; parce qu'elles dépendent des *Facultés* de l'Esprit. Un Esprit n'est pas *déterminé* à agir, comme un Corps est *déterminé* à se mouvoir. Un Esprit se *détermine*, & n'est jamais *déterminé.* Il se détermine sur la vue plus ou moins distincte des *Motifs.* Ces Motifs sont des *Idées* présentes à l'Intelligence. Il *juge* du *Rapport* ou de l'*Opposition* des Motifs avec les Idées qu'il a du *Bonheur.* Ce *Jugement* est le *principe moral* de sa *Détermination.* Cette Détermination tient essentiellement à la nature de l'*Intelligence* & de la *Volonté.* Elle est d'une nécessité *morale*, parce qu'il seroit contradictoire à la nature d'un Etre *moral* ou doué d'Intelligence & de Volonté, qu'il ne *se déterminât* pas pour ce qui lui paroîtroit le plus conforme à son *Bonheur.* La Détermination est l'effet d'une *Force* qui est propre à l'Esprit, & qui n'est point mise en Action par les *Motifs*, comme la *Force motrice* des *Corps* l'est par l'*Impulsion.* Comme l'Agent est très différent, le Principe de l'Action ne l'est pas moins. Enfin ; l'*Etre moral* a toujours le Pouvoir *physique*

de

de se déterminer *autrement* dans chaque Cas particulier. Mais ; parce qu'il se détermine conformément aux *Loix* de la *Sagesse*, seroit-on fondé à dire, que ses *Déterminations* sont d'une nécessité *fatale* ? Ne seroit-ce pas confondre volontairement des Choses très distinctes , & qu'il est facile de distinguer ? Consultez la *Note* (c) de la page 188.

CHA.

CHAPITRE QUARANTE-UN.

Suite des Difficultés générales.

Que la Doctrine Evangelique ne paroît pas favorable au Patriotisme.

Qu'elle a produit de grands maux sur la Terre.

Réponses.

OBJECTERAI-je que la Doctrine de l'Envoyé n'est point favorable au *Patriotisme*, *& qu'elle n'est propre qu'à faire des Esclaves ?* Ne serois-je pas démenti sur le champ par l'*Histoire* fidèle de son Établissement & de ses Progrès ? Étoit-il des Sujets plus soumis, des Citoyens plus vertueux, des Ames plus généreuses, des Soldats plus intrépides que ces Hommes

nou-

nouveaux répandus par-tout dans l'É-
tat , perſécutés par - tout , toujours
humains , toujours bienfaiſants , toujours fidèles au Prince & à ſes Miniſtres ? Si la Source la plus pure de la
Grandeur d'Ame eſt dans le Sentiment
vif & profond de la nobleſſe de ſon
Être , quelle ne ſera pas la Grandeur
d'Ame & l'élévation des Penſées d'un
Être dont les Vues ne ſont point renfermées dans les limites du *Temps*.

Répéterai-je que de véritables Diſciples de l'Eɴᴠᴏʏᴇ́ *ne formeroient pas
un Etat qui pût ſubſiſter ?* » Pourquoi
non , répond un vrai Sage , (*a*) qui
ſçavoit apprécier les Choſes , & qui
ne peut être ſoupçonné de crédulité ni
de partialité ; » pourquoi non ? ce ſe-
» roient des Citoyens infiniment éclai-
» rés

(*a*) MᴏɴᴛᴇꞱϙᴜɪᴇᴜ : *Eſprit des Loix* ; Lɪᴠ.XXIV , Cʜ.VI.

» rés sur leurs Devoirs , & qui auroient
» un très-grand zèle pour les remplir ;
» ils sentiroient très-bien les Droits de
» la défense naturelle ; plus ils croi-
» roient devoir à la Religion , plus ils
» penseroient devoir à la Patrie. Les
» Principes de cette Religion bien gra-
» vés dans le Cœur seroient infiniment
» plus forts que ce faux Honneur des
» Monarchies, ces Vertus humaines des
» Républiques , & cette Crainte servile
» des États Despotiques. ”

Me plairai-je à exagérer les *Maux*
que cette DOCTRINE a occasionnés dans
le Monde ; les Guerres cruelles qu'elle a fait naître ; le Sang qu'elle a fait
répandre ; les Injustices atroces qu'elle
a fait commettre ; les Calamités de
tout genre qui l'accompagnoient dans
les premiers Siécles & qui se sont re-
produites dans des Siécles fort posté-
rieurs ;

CH. XLI.

rieurs ; &c ? Mais ; confondrai-je jamais l'abus ou les fuites accidentelles,
& fi l'on veut , néceffaires, d'une Chofe excellente, avec cette Chofe même ?
Quoi donc ! étoit-ce bien une Doc-
TRINE qui ne refpire que douceur,
miféricorde , charité , qui ordonnoit
ces horreurs ? Étoit-ce bien une Doc-
TRINE fi pure , fi fainte qui prefcri-
voit ces Crimes ? Étoit-ce bien la
PAROLE du PRINCE de la Paix qui ar-
moit des Frères contre des Frères , &
qui leur enfeignoit l'art infernal de raf-
finer tous les genres de Supplices ? É-
toit-ce bien la TOLÉRANCE elle-même,
qui aiguifoit les Poignards , préparoit
les Tortures , dreffoit les Échafauds,
allumoit les Buchers ? Non ; je ne
confondrai point les Ténèbres avec la
Lumière , le Fanatifme furieux avec
l'aimable Charité. Je fçais , que la *Charité eft patiente , & pleine de bonté*;

Ff 4   qu'elle

Ch. XLI. qu'elle n'est point envieuse , ni vaine ni insolente ; qu'elle ne s'enfle point d'orgueil , ne fait rien de malhonnête , ne cherche point son intérêt particulier, ne s'irrite point , ne soupçonne point le mal , ne se réjouit point de l'injustice ; mais se plait à la droiture , excuse tout , espère tout , supporte tout. Non ; CELUI qui alloit de lieu en lieu faisant du Bien , n'avoit point armé d'un Glaive homicide la Main de ses Enfans , & ne leur avoit point dicté un Code d'Intolérance. Le plus doux, le plus compatissant & le plus juste des Hommes n'avoit point soufflé (b) dans le Cœur de ses Disciples l'Esprit de persécution ; mais , il l'avoit embrasé (c) du Feu divin de la Charité.

Avan-

(b) Il souffla sur eux , &c. JEAN XX , 22. Action symbolique , mais très significative.

(c) Ne nous sentions-nous pas le cœur embrasé &c. LUC XXIV , 32.

CH. XLI.

Avancer, dit encore ce grand Homme (d) que j'ai déjà cité, & que je voudrois citer toujours; » avancer que » la Religion n'eft pas un motif répri- » mant parce qu'elle ne réprime pas » toujours, c'eft avancer que les Loix » Civiles ne font pas un motif répri- » mant non plus. C'eft mal raifonner » contre la Religion que de raffembler » dans un grand Ouvrage une longue » énumération des maux qu'elle a pro- » duits, fi l'on ne fait de même celle » des biens qu'elle a faits. Si je vou- » lois raconter tous les maux qu'ont » produit dans le Monde les Loix Ci- » viles, la Monarchie, le Gouverne- » ment Républicain, je dirois des cho- » fes effroyables. Quand il feroit inuti- » le que les Sujets euffent une Religion, » il ne le feroit pas que les Princes en » euffent,

(d) MONTESQUIEU: *Efprit des Loix*; Liv. XXIV. Ch. II.

» euſſent , & qu'ils blanchiſſent d'écu-
» me le ſeul frein que ceux qui ne
» craignent pas les loix humaines puiſ-
» ſent avoir. Un Prince qui aime la
» Religion & qui la craint , eſt un Lion
» qui cède à la main qui le flatte ou
» à la voix qui l'appaiſe : celui qui
» craint la Religion & qui la hait eſt
» comme les bêtes ſauvages qui mor-
» dent la chaîne qui les empêche de
» ſe jetter ſur les paſſans : celui qui n'a
» point du tout de Religion , eſt cet
» Animal terrible qui ne ſent la liberté
» que lorſqu'il déchire & dévore. »

Que j'aime à voir cet Écrivain ſi

pro-

(e) MONTESQUIEU : *Eſprit des Loix* ; Liv. XXIV. Ch. III.
(f) TIMUR-BEC ou TAMERLAN , Empereur des Tar-
tares , & l'un des plus fameux Conquérans , mort en
1415 , âgé de 71 ans. Il remporta diverſes victoires
ſur les Perſes , ſubjugua les Parthes , ſoumit la plus
grande partie des Indes , s'aſſujettit la Méſopotamie
&

Ch. XLI.

profond & si humain, ce Précepteur des Rois & des Nations tracer de sa Main immortelle, l'Éloge de cette RELIGION qu'un bon Esprit admire d'autant plus, qu'il est plus Philosophe ; je pourrois ajouter, plus Métaphysicien ! car il faut l'être pour généraliser ses Idées, & voir en grand. (*e*) » Que » l'on se mette devant les yeux d'un » côté les massacres continuels des Rois » & des Chefs Grecs & Romains, & » de l'autre la destruction des Peuples » & des Villes par ces mêmes Chefs ; » TIMUR (*f*) & GENGISKAN, (*g*) qui » ont dévasté l'Asie : & nous verrons » que nous devons à la RELIGION, & » dans

---

& l'Egypte, triompha de BAJAZET I Empereur des Turcs, & domina ainsi sur les trois Parties du Monde.

(*g*) GENGISKAN, l'un des plus illustres Conquérans, vainqueur des Mogols & des Tantares, & Fondateur d'un des plus grands Empires du Monde. Il mourut en 1226 à 72 ans.

» dans le Gouvernement un certain
» Droit politique , & dans la Guerre
» un certain Droit des Gens , que la
» Nature humaine ne fçauroit affez re-
» connoître."

» C'eſt ce Droit des Gens qui fait
» que parmi nous la Victoire laiſſe aux
» Peuples vaincus ces grandes choſes,
» la vie, la liberté, les Loix, les biens,
» & toujours la Religion lorſqu'on ne
» s'aveugle pas ſoi-même."

Combien de Vertus domeſtiques ,
combien d'Oeuvres de miſéricorde exer-
cées dans le ſecret des Cœurs , cette
Doctrine de vie n'a-t-elle pas produit & ne produit - elle pas encore !
Combien de Socrates & d'Épictetes
déguiſés ſous l'Habit de vils Artiſans !
ſi toutefois un honnête Artiſan peut
jamais être un Homme vil. Combien
cet

cet Artifan en fçait-il plus fur les De-voirs & fur la Deftination Future de l'Homme , que n'en fçurent SOCRATE & ÉPICTETE !

A DIEU ne plaife , que je fois ni injufte ni ingrat! je compterai fur mes Doigts les Bienfaits de la RELIGION , & je reconnoîtrai que la *vraye* Philofo-phie elle-même lui doit fa naiffance, fes progrès & fa perfection. Oferois-je bien affurer , que fi le PÉRE *des Lumières* n'avoit point daigné éclairer les Hommes , je ne ferois pas moi-même *Idolâtre?* Né peut-être au fein des plus profondes ténèbres & de la plus monftrueufe fuperftition , j'aurois croupi dans la fange de mes Préjugés; je n'aurois apperçu dans la Nature & dans mon propre Être qu'un Cahos. Et fi j'avois été affez heureux ou affez malheureux pour m'élever jufqu'au *Dou-*

te fur l'AUTEUR des Chofes , fur ma Deſtination Préfente , fur ma Deſtination Future , &c. ce Doute auroit été perpétuel ; je ne ſerois point parvenu à le fixer , & il auroit fait peutêtre le tourment de ma Vie.

La *vraye* Philoſophie pourroit-elle donc méconnoître tout ce qu'elle doit à la RELIGION ? Mettroit-elle ſa gloire à lui porter des coups, qu'elle ſçauroit, qui retomberoient infailliblement fur elle-même ? La *vraye* RELIGION s'élèveroit-elle , à ſon tour , contre la Philoſophie , & oublieroit-elle les ſervices importans qu'elle peut en retirer ?

CHA

CHAPITRE QUARANTE-DEUX.

Fin des Difficultés générales.

L'obscurité des Dogmes,
& leur opposition apparente
avec la Raison.

Réponse.

ENFIN ; attaquerai-je la RELIGION de l'ENVOYÉ par ses Dogmes ? Argumenterai-je de ses *Mystères*, de leur *incompréhensibilité*, de leur *opposition*, au moins apparente, avec la Raison ?

Mais ; quel droit aurois-je de prétendre, que tout soit *Lumière* dans la *Nature* & dans la GRACE ? Combien la *Nature* a-t-elle de *Mystères* que je je ne puis percer ! combien m'en fuis-je occupé dans les Parties XII & XIII de la *Palingénéfie* ! combien le Cata-logue que j'en dreffois , eft - il incom-plet ! combien me feroit - il facile de l'étendre , fi je le voulois ! Serois - je bien fondé après cela à m'étonner de l'obfcurité qui enveloppe *certains* Dog-mes de la RELIGION ? cette obfcurité elle - même n'emprunte - t - elle pas de nouvelles Ombres de celle qui couvre *certains* Myftères de la Nature ? Se-roit-il bien philofophique de me plain-dre que DIEU ne m'aît pas donné les Yeux & l'Intelligence d'un ANGE pour voir jufqu'au fond dans les Secrets de la *Nature* & dans ceux de la GRACE ? Voudrois - je donc que pour fatisfaire à mon impertinente curiofité , DIEU eût renverfé l'Harmonie *Univerfelle* ; & qu'IL m'eût placé fur un Échellon plus élevé de l'Échelle immenfe des

Êtres

Êtres (*a*) ? N'ai-je pas affez de *Lu-* CH. XLII.
mières pour me conduire sûrement dans
la Route qui m'eft tracée ; affez de
Motifs pour y affermir mes pas; affez
d'*Efpérance* pour animer mes efforts &
m'exciter à remplir ma deftinée ? La
Religion Naturelle , cette Religion ,
que je crois tenir des Mains de ma
Raifon , & dont elle fe glorifie , la
Religion Naturelle , ce Syftême qui
me paroît fi harmonique , fi lié dans
toutes fes Parties , fi effentiellement
philofophique , combien a-t-elle de Myftères *impénétrables !* Combien la feule Idée de l'ÊTRE NECESSAIRE ,
de l'ÊTRE EXISTANT PAR-SOI ,
renferme-t-elle d'Abymes que l'Ar-
CHANGE même ne peut fonder ! Et
fans remonter jufqu'à ce PREMIER
ÊTRE

(*a*) Je prie qu'on relife ce que j'ai dit là-deffus
dans les Chapitres ii & viii.

G g

ÊTRE qui engloutit comme un Gouf-fre, toutes les Conceptions des INTEL-LIGENCES créées, mon *Ame* elle-même, cette Ame dont la *Religion Naturelle* m'enseigne l'*Immortalité*, que de Ques-tions interminables ne m'offre - t - elle point ! &c.

Mais ; ces *Dogmes* de la RELIGION de l'ENVOYÉ, qui me paroissent, au premier coup-d'œil, si *incompréhensi-bles*, & même si *opposés* à ma Raison, le sont-ils, en effet, autant qu'ils me le paroissent ? Des Hommes, trop pré-venus peut-être en faveur de leurs pro-pres Idées ou trop préoccupés de la pensée qu'il y a toujours du *mérite à croire*, & que ce mérite augmente en raison du *nombre* & de l'*espéce* des Cho-ses qu'on *croit* ; n'auroient - ils point mêlé de fausses *Interprétations* aux Ima-ges

ges *emblématiques* & aux Paroles *mé-*
taphoriques du FONDATEUR & de ſes
premiers Diſciples? N'auroient-ils point
altéré & *multiplié* ainſi les *Dogmes* ?
Ne prens-je point ces *Interprétations*
pour les *Dogmes* mêmes ? Je vais à
la Source la plus pure de toute Vérité
dogmatique : j'étudie ce *Livre* admirable qui fortifie & accroît mes Eſpérances : je tâche de *l'interpréter* par lui-
même , & non par les Songes & les Viſions de certains Commentateurs : je
compare le *Texte* au *Texte* ; le *Dogme*
au *Dogme* ; chaqu'*Ecrivain* à lui-même ; tous les *Ecrivains* entr'eux , & tout
cela aux *Principes* les plus *évidents* de
la *Raiſon* : & après cet Examen réfléchi,
ſérieux, impartial, longtems continué,
ſouvent repris; je vois les oppoſitions
diſparoître , les ombres s'affoiblir , la
Lumière jaillir du ſein de l'obſcurité ,

la

CH. XLII. la Foi s'unir à la Raison & ne former plus avec elle que la même *Unité*. (*b*)

(*b*) On fent affez, qu'une *Expofition des Dogmes*, n'entroit point dans le Plan d'un Ouvrage calculé pour toutes les Sociétés Chrétiennes, & où je devois me borner à établir les *Fondemens* de la *Crédibilité* de la REVELATION. Mais ; je répéterai ici ce que je difois dans l'*Effai Analytique*, en terminant mon *Expofition* du Dogme de la *Réfurrection*: §. 754. » L'ex-
» plication que je viens de hazarder d'un des prin-
» cipaux Dogmes de la REVELATION montre qu'elle
» ne fe refufe pas aux Idées philofophiques, & cette
» Explication peut faire juger encore de celles dont
» les autres *Dogmes* feroient fufceptibles, s'ils étoient
» mieux entendus. «

CHA.

CHAPITRE QUARANTE-TROIS.

Confidérations générales
*fur la liaifon & fur la nature
des Preuves.*

Conclufion.

J'AI parcouru en Philofophe, les
principales *Preuves* de cette RÉ-
VÉLATION que ma Raifon avoit jugé fi
néceffaire au plus grand Bonheur de
l'Homme. (a) Je retrace fortement à
mon Efprit toutes ces Preuves. Je les
pèfe de nouveau. Je ne les fépare point:
j'en embraffe la Collection, l'*Enfemble*. Je vois évidemment qu'elles for-
ment un *Tout* unique, & que chaque
Preuve principale eft une Partie *effentielle*

(a) Voyez le Chapitre II.

tielle de ce *Tout*. Je découvre une
subordination , une liaison , une harmonie entre toutes ces Parties , une
tendance de toutes vers un *Centre commun*. Je me place dans ce *Centre* : je
reçois ainsi les diverses *Impreſſions* qui
partent de tous les Points de la circon-
férence : j'éprouve l'Effet de chaque
Impreſſion *particulière*, & celui de l'Impreſſion *totale*. Je démêle les Effets *particuliers* ; je les compare , & je ſens
fortement l'Effet *général*.

Je reconnois donc , que cet *Effet*,
qui peut tant ſur l'Eſprit & ſur le
Cœur feroit anéanti ; ſi au lieu d'em-
braſſer les Preuves *collectivement* ou
dans leur *Enſemble*, je les prenois *ſé-
parément* , pour ne les point réünir.
Ce feroit pis encore , ſi je les rédui-
ſois toutes aux ſeuls *Miracles*. Je dé-
lierois le Faiſceau ; j'en détacherois un
Trait

Trait unique , & je ne ferois ufage que
de ce Trait unique.

Ma Méthode eft naturelle , & me
paroît conduire au *But* par la ligne la
plus courte. Je me la retrace à moi-
même. Dès que je pofois mes Fondemens dans la Conftitution *phyfique*
& *morale* de l'Homme , (b) telle que
nous la connoiffons par l'Expérience &
par le Raifonnement ; je devois rechercher d'abord , s'il étoit dans l'analogie de cette *Conftitution* , que l'Homme pût parvenir par les feules Forces
de fa Raifon , à une Certitude *fuffifante* fur fa *Deftination Future ?* (c) Et
puifqu'il me paroiffoit évident , que la
Chofe n'étoit pas poffible ; il étoit fort
naturel que je recherchaffe , fi , fans
chan-

(b) Chap. I.
(c) Chap. II , XXXIX.

CHAPITRE
XLIII.
changer la Constitution *présente* de
l'Homme, l'AUTEUR de l'Homme
ne pouvoit lui donner cette *Certitude*
si desirable. Cette belle Question me
conduisoit par une route aussi philosophique que directe aux Miracles:
(*d*) car il s'agissoit d'abord d'examiner,
si DIEU LUI-même avoit *parlé*: puis,
comment IL avoit parlé; *par Qui* IL
avoit parlé; *à Qui* IL avoit parlé;
&c. (*e*)

Mais; parce que dans mes Principes, les *Miracles* ne font que l'office
d'un *Langage particulier* & que le *Langage* n'est qu'une *Collection de Signes*,
qui

(*d*) Chap. III, IV, V, VI.
(*e*) Chap. VI, VII, VIII, XV.
(*f*) Chap. VI, XV.
(*g*) Chap. VIII.
(*h*) Chap. XXXI.
(*i*) Chap. XXXII, XXXIII, XXXIV.

qui ne fignifient rien *par eux-mêmes* ; je devois porter ma vue fur le *But* ou l'emploi de ce Langage *extraordinaire* que le LÉGISLATEUR de la Nature m'avoit paru avoir adreffé aux Hommes ; (*f*) fur le *Caractère moral* des Hommes extraordinaires qui avoient été chargés d'*interpréter* ce Langage au Genre - humain ; (*g*) fur les *Oracles* qui avoient annoncé la Miffion d'un ENVOYÉ CÉLESTE ; (*h*) fur la DOCTRINE de cet ENVOYÉ ; (*i*) fur les *Succès* de fa Miffion ; &c. (*k*)

De cette réünion & de cette comparaifon des Preuves *externes* (*l*) & des Preu-

_____

(*k*) Chap. XXXVI , XXXVII.

(*l*) On appelle *externes* , les Preuves que fourniffent les *Miracles* , les *Prophéties* , le *Caractère* du FONDATEUR, celui de fes Difciples &c. Toutes ces Preuves font *extérieures* à la DOCTRINE , confidérée *en elle-même* ; mais toutes concourent avec la DOCTRINE à établir la même Vérité fondamentale,

Preuves *internes* (*m*) du CHRISTIANIS-ME réfulte dans mon Efprit cette *Conféquence* importante ; qu'il n'eft point d'Hiftoire ancienne , qui foit auffi bien atteftée que celle de l'ENVOYÉ ; qu'il n'eft point de *Faits Hiftoriques* qui foient établis fur un fi grand nombre de Preuves , fur des Preuves auffi folides , auffi frappantes , auffi diverfes , que lé font les *Faits* fur lefquels repofe la RELIGION de l'ENVOYÉ.

Une faine *Logique* m'a enfeigné à *diftinguer* exactement les différens *Genres* de la *Certitude* , & à n'éxiger point la rigueur de la *Démonftration* en matière

---

(*m*) On nomme *internes* , les Preuves qu'on tire de la nature même de la DOCTRINE ; c'eft-à-dire , de fon excellence , de fon appropriation aux Befoins de l'Homme , &c.

(*n*) Je crois avoir fuffifamment prouvé , dans le Chapitre IX , que *certains* Faits , quoique *miraculeux* , n'eſt

tière de *Faits* ou de Chofes qui dépendent *essentiellement* du *Témoignage.*
(*n*) Je sçais, que ce que je nomme la
Certitude morale n'est point & ne peut
être une Certitude *parfaite* ou *rigou-
reuse* ; que cette forte de *Certitude*
n'est jamais qu'une *Probabilité* plus ou
moins grande, & qui se rapprochant
plus ou moins de ce *Point* indivisible
où réside la Certitude *complette*, en-
traîne plus ou moins l'*assentiment* de
l'Esprit.

Je sçais encore, que si je voulois
n'adhérer jamais qu'à l'Évidence *proprement dite* ou à la *Démonstration* ;
ne croire jamais que ce que mes *pro-*

pres

---

n'en font pas moins du reffort des *Sens* , & confé-
quemment de celui du *Témoignage.* Je fuppofe toujours que mon Lecteur s'eft approprié la *Suite* de
mes *Principes*, & qu'il n'a pas lu mon *Livre* comme
un *Roman.*

pres Sens m'attesteroient ; il faudroit me jetter dans le *Pyrrhonisme* le plus absurde : car quel Pyrrhonisme plus *absurde*, que celui qui douteroit sérieusement de tous les *Faits* de l'Histoire, de la Physique, de l'Histoire Naturelle, &c. & qui rejetteroit entiérement toute espèce de *Témoignage*! Et quelle Vie plus misérable & plus courte que celle d'un Homme qui ne se confieroit jamais qu'au rapport de ses *propres Sens*, & qui se refuseroit opiniâtrément à toute Conclusion *analogique*. (o)

Je ne dirai point, que la *Vérité* du CHRIS-

(o) Consultez sur ceci les Chapitres III & VII.

(p) On voit assez, que je prens ici ce Mot dans son Sens *propre* ou *littéral*. Ceux qui se choqueroient de mon expression, n'entreroient guères dans les vues de mon Travail. J'écris pour des Lecteurs qui aiment l'exactitude, & je l'aime aussi. Je sçais très bien,

CHRISTIANISME est *démontrée* : (p) cette expression admise & répétée , avec
trop de complaisance , par les meilleurs
Apologistes , seroit assurément *impropre.* Mais ; je dirai simplement , que
les *Faits* qui fondent la *Crédibilité* du
CHRISTIANISME me paroissent d'une telle
Probabilité , que si je les rejettois , je
croirois choquer les *Régles* les plus
sûres de la *Logique* , & renoncer aux
Maximes les plus communes de la *Raison.*

J'ai tâché de pénétrer dans le fond
de mon Cœur , & comme je n'y ai découvert aucun *Motif secret* qui puisse
me

---

bien , & je l'ai répété plus d'une fois ; que dans les
Choses *morales* l'Evidence *morale* produit sur les Esprits judicieux , les mêmes Effets essentiels que l'E-
vidence *mathématique* : mais il ne me paroît pas convenable de transporter à l'Evidence *morale* , une expression qui n'est propre qu'à l'Evidence *mathématique.*

CHAPITRE XLIII. me porter à rejetter une DOCTRINE ſi propre à ſuppléer à la foibleſſe de ma Raiſon, à me conſoler dans mes épreuves, à perfectionner mon Être, je reçois cette DOCTRINE comme le plus grand Bienfait que DIEU pût accorder aux Hommes, & je la recevrois encore, quand je ne la conſidérerois que comme le meilleur Syſtême de *Philoſophie pratique.*

F I N.

Commencé d'imprimer le 18 de Décembre 1769.
Fini d'imprimer le 5 de Mai 1770.

BONNANT Typ.

Imprimé en France
FROC022047300620
24394FR00009B/124

9 782329 421742